言語聴覚士のための
事例で学ぶ
ことばの発達障害

編著 大石敬子　田中裕美子

医歯薬出版株式会社

■執筆者一覧

●編集

大石敬子　元宇都宮大学教授

田中裕美子　大阪芸術大学 初等芸術教育学科

●執筆（執筆順）

石田宏代　元地方独立行政法人東京都立病院機構 多摩北部医療センター

黒田美保　帝京大学 文学部

青木さつき　東京医療学院大学 保健医療学部 リハビリテーション学科

藤原加奈江　東北文化学園大学 医療福祉学部 リハビリテーション学科

伴　佳子　社会福祉法人東埼玉中川の郷療育センター 診療部 リハビリテーション課

菊池けい子　旭出学園教育研究所

今井智子　北海道医療大学 名誉教授

田中裕美子　同上

柴　玲子　日本心身障害児協会 島田療育センターはちおうじ リハビリテーション科
　　　　　東北文化学園大学 医療福祉学部 リハビリテーション学科 非常勤職員

北野市子　静岡県立こども病院 診療支援部 リハビリテーション室

大石敬子　同上

下嶋哲也　国立障害者リハビリテーションセンター学院 言語聴覚学科

高見葉津　東京都立北療育医療センター 非常勤職員

虫明千恵子　東京都立北療育医療センター

弓削明子　京都先端科学大学 健康医療学部 言語聴覚学科

This book is originally published in Japanese
under the title of：
GENGOCHOKAKUSHI NO TAMENO JIREIDEMANABU KOTOBANO HATTATSUSHOUGAI
(Learning by Example−A Casebook for Child Language Disorders for Speech-Language Therapists)

Editors：
OHISHI, Noriko
　Former Professor
　Utsunomiya University

TANAKA, Yumiko
　Professor
　Department of Primary Education in the Science of Arts
　Osaka University of Arts

© 2014 1st ed.

ISHIYAKU PUBLISHERS, INC.
　7-10, Honkomagome 1 chome, Bunkyo-ku,
　Tokyo 113-8612, Japan

序文

　本書は，まだ臨床経験の浅い言語聴覚士が子どもを前にしたとき，どのような評価を行いその結果をどのように解釈し，それを基に支援をどう組み立てるかを考えるときの，道しるべとなることを目指して編纂された．

　本書では，知的障害，自閉症スペクトラム障害，言語発達障害（特異的言語発達障害，レイト・トーカー，発達性語聾），読み書き障害，脳性麻痺の各障害について，1例から数例の事例をあげて，評価と支援の方法，子どもの支援への反応を述べた．記した事例数は全16例である．執筆者は，小児領域で言語聴覚士として臨床や研究に長く関わってこられたベテランの方々とともに，今後この領域を担うことを期待される中堅の方々である．また2名の臨床心理士の先生（黒田美保氏，菊池けいこ氏）も加わっていただいている．本事例集の出版を企画後，これらの方々とともに約2年にわたって各障害の事例について検討会を行った．本書はその産物である．

　各事例の執筆は共通の枠組みに則って行われた．障害の種類ごとに，その第一例の冒頭に疾患の医学的，あるいは心理学的概要を述べた．続いて事例についての記載を初診評価から発達の経過にそって記した．数年の指導経過の事例もあるが，乳幼児期から十数年にわたる長期指導事例もある．読者が事例の姿や指導の方法をありありとイメージできるよう，評価や指導はできるだけ具体的に述べるよう心掛けた．ただしそれらが「how to」のマニュアル本にならないよう，なぜその評価が必要だったのか，どうしてその指導を行ったのかの根拠が，どの事例のどの時期の評価・指導にも記されている．読者には該当する事例を参考にして，ことばの発達が遅れた子どもの指導モデルを作っていただきたい．それによって本書に書かれている一事例の評価や指導が一般化され，読者が担当する子ども達に汎化されることを期待する．

　本書は前述したように，臨床経験の浅い言語聴覚士に臨床現場で役立つ目的で書かれた．各執筆者の臨床経験から紡ぎ出された「臨床で大切なこと」のメッセージである．この目的のために，事例が重複してもつ複数の問題を整理し，改変し，あるいは創作を加えた部分がある．ただその場合も事例の特徴の本質を損なうことがないよう十分注意した．こうすることによって読者が事例の問題をよりよく理解できることを願った．以上の意味で本書は事例研究の報告書ではない．事例の記載には先にも述べたように改変や創作を加えているが，特異な障害や症状のために個人が特定される可能性がある事例については，本書の掲載について家族の了承を得ている．

　読者は臨床を行ううえでの指南書として本書を役立てていただきたい．また長期指導事例を通して，子どもの今後の発達の道のりを予測する道標に使っていただければ幸いである．

なお，DSM-5ではこれまで複数にあった自閉症関連の診断名を自閉症スペクトラム障害に統一した（2013年）．これに基づいて本書でも，目次，およびセクションの題名は「自閉症スペクトラム障害」という用語を使った．しかし各事例の解説に記した診断名は，その当時に当該事例が実際に受けた診断名をそのまま記した．

重症事例を担当した執筆者は石田宏代氏に多くの助言をいただいた．ここに深く感謝を申し上げたい．また医歯薬出版の編集担当者には企画の最初から多くの助言をいただいた．厚く御礼申し上げる．

2014年6月

大石　敬子
田中裕美子

目次

序 .... 大石敬子・田中裕美子 iii
目次 v

知的障害

Section 1
ダウン症候群―1～14歳の指導を通して― .... 石田宏代 1

自閉症スペクトラム障害

Section 2
ことばのない自閉症スペクトラム障害 ―コミュニケーション支援 (6～11歳) を中心に― ...... 黒田美保 9

Section 3
知的障害を伴う自閉症スペクトラム障害 ―2～12歳の長期指導例― .... 青木さつき 21

Section 4
知的障害を伴う自閉症児 ―神経心理学的アプローチ― .... 藤原加奈江 34

Section 5
知的障害を伴う自閉症スペクトラム障害 (幼児例) の評価と指導 ―LCスケールを用いて―
.... 伴　佳子 45

Section 6
自閉症スペクトラム障害 (中学生事例) のコミュニケーションの評価と指導
―ASA旭出式社会適応スキル検査を用いて― .... 菊池けい子 53

Section 7
構音障害を伴う自閉症スペクトラム障害 .... 今井智子 61

言語発達障害

Section 8
レイト・トーカー (late talker) .... 柴　玲子・田中裕美子 69

Section 9
特異的言語発達障害 (SLI) .... 田中裕美子 83

Section 10
発達性語聾 .... 北野市子 95

読み書き障害

Section 11
発達性読み書き障害の小学生事例 .... 大石敬子 105

Section 12
発達性読み書き障害の中学生事例 ―英語を中心に― .... 大石敬子 117

Section 13
書字困難が主症状の発達性読み書き障害 .... 下嶋哲也 123

脳性麻痺

Section 14
アテトーゼ型の脳性麻痺 ―1～13歳までコミュニケーション支援を行った事例― …… 虫明千恵子・高見葉津 — 134

Section 15
PVLによる痙直型両麻痺の脳性麻痺 …………………………………………………… 虫明千恵子 — 150

Section 16
脳性麻痺と重度知的障害の重複障害の評価と指導（3～7歳） ………………………… 弓削明子 — 159

■■■ コラム ■■■

TEACCHとは？　TEACCHでの言語評価 ……………………………	黒田美保	16
自閉症スペクトラム障害の検査 ―PEP, TTAP, CARS, ADOS, ADI-R―	黒田美保	18
PECS（Picture Exchange Communication System）とは …………	黒田美保	20
LCSA（言語・コミュニケーション発達スケール：学齢版）とは ……	青木さつき	32
太田ステージ …………………………………………………………	青木さつき	33
LCスケールとは ………………………………………………………	伴　佳子	51
ASA旭出式社会適応スキル検査 ………………………………………	菊池けい子	60
DSM-5が子どもの言語臨床に持つ意義 ………………………………	田中裕美子	82
NBLI（narrative-based language intervention）とは ………………	田中裕美子	94
音韻検査 ………………………………………………………………	大石敬子	133

● 索引 ……………………………………………………………………………………………………… 169

[知的障害]

Section 1 ダウン症候群 —1～14歳の指導を通して—

概要

　ダウン症候群は，21番染色体が1本過剰であることにより生じる疾患である．染色体の特徴から，21トリソミー，転座型，モザイク型の3種がある．転座型は過剰な21番染色体が他の染色体に転座しているもので，遺伝性の可能性がある．モザイク型は正常な染色体の細胞と21トリソミーの細胞が混在しているもので，正常の細胞が多いほど臨床症状は軽くなる．新生児期には，筋緊張が弱く，泣き声が弱々しいなどに加え，前後に扁平な頭蓋，外上方につりあがった眼裂，鼻根が低く小さい鼻，小さく薄い口唇，舌の突出，太くて短い指などの身体的特徴を持っており，臨床的にも診断がつけやすい．発生頻度は1,000人に1人くらいとされている．合併症としては，先天性心疾患，消化器官の狭窄・閉鎖，点頭てんかん，白内障，中耳炎，難聴などがあり，知的発達，運動発達，言語発達などに影響する．とくに中耳炎，難聴の問題は，その後の言語発達や構音にも関係する．

　全体的な発達特徴としては，筋緊張の弱さなどに伴う運動発達の遅れと歪み，知的発達の遅れがある．運動発達は，順調にいけば2歳までには歩けるようになるが，発達の順序性の乱れ（通常の発達順序とは異なる飛び越し現象）や特異な運動パターン（ブリッジ姿勢による移動など）がみられる．また手指や舌・口唇など口腔周辺の微細運動にも不器用さがみられ，とくに口腔機能の問題は構音運動にも少なからず影響する．知的発達は中度知的障害を中心として正規分布しており，正常値に近いものから重度知的障害まで様々である．

　ダウン症児の言語・コミュニケーションの発達特徴としては，運動発達，精神発達，非言語性知能に比して，言語発達が有意に遅れるというものである．語用面に比し，とくに，語彙，概念（意味），文法などの発達の遅れが大きいことと，構音に問題を持つことが指摘されている．ただ，言語発達経過をみると，①知的発達に相応して言語理解，表出の発達が遅れるタイプ，②知的発達に比して，言語理解，表出が遅れるタイプ，③知的発達，言語理解の発達に比し，言語表出の発達が遅れるタイプ，④言語表出のなかでもとくに，構音の発達が遅れるタイプなどに分かれることが明らかになっている．

　今回は，知的発達，言語理解の発達に比して，言語表出，とくに構音の発達の遅れが大きかった事例の乳幼児期から学童期までの発達経過を整理し，それぞれの時期における特徴や評価・指導についてまとめる．

事例

対象児

事例：男児，1～14歳．
主訴：ダウン症児の早期療育に参加したい．
診断名：ダウン症候群．

生育歴：妊娠中，特記事項なし．満期産で，生下時体重3,050g．心室中核欠損症が指摘されたが，経過観察の後，問題は解消した．運動発達は，定

頸3か月，座位6か月，這い這い12か月，始歩17か月で，ダウン症児としては順調な発達であった．

家族歴：父，母，本児．その後，2年程度の間隔で3名の男児が生まれる．弟達には問題なく順調に成長．兄弟関係はきわめて良好であった．

相談歴：出生直後より，医学的な経過観察を受け，育児相談に参加した．

　1歳：T療育園のダウン症児のための早期療育指導に参加．月2回のグループ指導を受ける．並行して，地域で行われていた体操教室，リトミック，わらべ歌教室などにそれぞれ月1回参加．

　2歳5か月：T小児病院で月1回のグループ指導に1年間参加．合わせて，個別指導を月1回，就学まで受ける．

　3歳4か月：保育園入園．

　7歳4か月：1年間就学を猶予し，通常学級に入学．学校側の受け入れもよく，小学校時代は通常学級で過ごす．

　13歳4か月：地元の中学校支援学級に入学．

評価および指導経過

第1期（1歳〜2歳5か月）

ダウン症児のための集団による早期指導を受ける．指導は月2回，各2時間，5〜6名のダウン症児を親子一緒にグループで行った．指導には言語聴覚士（ST）・心理士・運動療法士・作業療法士・音楽療法士がグループで当たった．グループ参加に当たっては，聴力検査および津守式乳幼児精神発達質問紙を行い，母親からの日常生活場面での様子を聞いて評価した．ここでは，言語・コミュニケーションの指導についてのみ報告する．

● **臨床像**

運動面は，つかまり立ちが可能で，移動は這い這いで行っていた．食事は全介助．水分は哺乳瓶で摂取．物に手をのばしてつかみ，少し上下にふる．聴力は聴性行動反応聴力検査（BOA）で70dB，生活場面での音への興味関心は薄い．言語指示の理解はなく，声かけにはどうにか視線は向ける程度．発声は少なく，周囲の人への働きかけは育っていない．津守式乳幼児精神発達質問紙で，運動8か月，探索操作5か月，社会4か月，食事4〜5か月だった．

● **指導目標**

(1) 周囲の人・物・音への興味・関心を育てる．
(2) 注意の集中持続力を育てる．
(3) 手指の機能的操作能力（つかむ・手放す・入れる・引き抜く・さす・はめるなど）を高めるとともに，個々の物の機能的操作（帽子をかぶる・靴を履くなど）を習得させる．
(4) 物のマッチング行動を形成する．
(5) 母親に対し，育児への自信をつけるよう働きかける．

● **指導内容**

グループで動くことにより，周囲の子どもに気付き，一緒に楽しませる．

(1) 挨拶のうた・呼名・手遊び歌—自分の名前に気付かせる（注目行動の形式）．動作模倣を促す．
(2) リトミック（運動遊び）—音のon-offに気付かせ，音楽に合わせ，身体を動かす．
(3) 玩具・楽器・小物に触れて遊ぶ—物をつかんで意識的に手放す，容器に入れる，鈴をふる，タイコをたたくなどを経験させる．
(4) 母親指導—ダウン症児の発達特徴や指導内容，家庭での子どもへの具体的な働きかけ方などを説明するとともに，母親の子育ての不安などについて一緒に考え，子育てへの自信を持ち，その楽しさに気付いてもらうように働きかける．

家庭での様子を記録してもらい，コメントをする．

（具体的なグループ指導のスケジュールについては，表1に示した．）

● **指導結果（2歳5か月）**

物の視覚的な弁別ができ始めた．しかし，物と音を対応させる（ことばの理解）ことには気付いていない．状況を手がかりに言語指示が理解できるようになり，手伝いなどを喜んでやるようになった．

表1　1日のスケジュール（1歳児グループ）

時間	指導内容	ねらい
9：45〜10：00	自由遊び 　出席カードのやり取り 　シール貼り	形のマッチング行動の形成 手指の巧緻性を高める
10：00〜10：15	朝の集まり 　挨拶の歌 　呼名 　手遊び歌	注目行動の形成 動作模倣の形成
10：15〜10：45	運動 　リトミック 　運動遊び	リズムや曲の違いに気付く 音楽に合わせて動く 応用動作（トンネルくぐり，はしごを渡るなど）の獲得
10：45〜11：15	言語 　入れる・さすなどの基本的操作 　物の慣用的操作 　はめ板を使った形のマッチング 　楽器音のマッチング	音や形の違いに気付かせる マッチング行動を形成する
11：15〜11：30	自由遊び 　感触遊び 　わらべ歌遊び 　紙芝居	触感覚の刺激 動作模倣 歌に合わせて動作する 絵話への注目
11：30〜	帰りの会	

第2期（2歳5か月〜3歳2か月）

● 評価と臨床像

聴力—条件詮索反応聴力検査（COR）にて40〜45dB．音に気付いているようだが，音源定位が不安定．

津守式乳幼児精神発達質問紙—運動1：8，探索・操作1：6，社会1：8，食事・排泄・生活習慣1：6，理解・言語1：3．

言語理解—日常の言語指示が状況を手がかりにわかるようになり，「イヤ・ウン」サインもはっきりしている．個々の名称の理解は身体部位がわかる程度．

言語表出—「イタイ・イヤ・ウン」が出る程度．動作表現はみられない．要求は指差しと「ウウン」という発声で表現する．

視知覚認知面—帽子を頭にのせたり，鉛筆を持って書こうとするなど事物の機能的操作ができる．形や色のマッチングは1/2選択で気付き始めたところ．

発声発語器官—日常的には口唇は閉鎖されている．摂食行動にも大きな問題はない．

● 指導目標

(1) 形・色のマッチング行動を確実にする．
(2) 日常の言語指示理解を拡大する．
(3) 個々の名称の理解を促す．
(4) 発声・発語を促す．

● 指導内容

(1) 具体物や名詞のはめ板などを利用して，ふるい分け・選択を促す．1/2選択から徐々に選択肢を増やし，1/6選択くらいまでのマッチングを確実にする．

(2) カラーボール，カラーリング，シール貼りなどを利用し，色のマッチングを確実にする．1個ずつのマッチングから始め，複数色を同時に渡して，マッチングさせる．さらには自分から色別に分けるなどを行う．

(3) 事物を提示する時は，名詞や色名を言いながら手渡し，物とことばの対応に気付くように仕向ける．

● 指導結果（3歳2か月）

・絵のマッチングが確実になるとともに，名詞の理解が始まる．
・形の異なる絵について，色分けすることなどができる．
・不明瞭ではあるが，発語が出始め，「トッテ」などことばでの要求が出始める．

第3期（3歳2か月～4歳）

● 臨床像

視覚的なマッチングが確実になり，名詞の理解ができてきている．発語が出始めている．

種々の面で発達してきたが，理解課題での反応が不安定で，注意の問題か，聴覚の問題なのかが気になった．中耳炎を起こしやすく，時々耳鼻科を受診していたが，3歳8か月時のCORでは平均20dBで，やや閾値が高い程度であった．

● 指導目標

(1) 名詞の語彙を増やすとともに，物の用途・特徴などの理解を進める．
(2) 動詞，大小，色名，大小＋名詞，色名＋名詞，S＋V，O＋Vなどの理解力を伸ばす．
(3) 発語を促す．

● 指導内容

(1) 絵カードを利用して，個々の名称の表出を促しながら，カテゴリーごとに分類させる．分類させた後，カテゴリー名や用途・特徴などの理解課題を行う．
(2) 大小については，大小に分類させたり，大小＋名詞のマッチングを行うとともに，2語連鎖の理解を行う．大小については，初期には動作表現を併用する．
(3) 絵カードを利用し，個々の絵の呼称を促しながら，関連のある絵（机と椅子，ポストと手紙など）をマッチングさせる．
(4) 動作語の理解と表出を促す．動詞については，初期には動作も併用する．

● 指導結果

・3歳7か月頃：音の模倣をするようになってきた．名詞の呼称の際，文字付き絵カードを利用すると発語しやすいようだった．
・3歳9か月頃：名詞，動詞，色名，大小などの理解が進み始める．
・4歳：不明瞭ではあるが，「ギューニュー ノム，パン クダサイ」などの2語文が出てきた．

第4期（4歳～5歳4か月）

● 臨床像

ことばの理解は進んできて，発語も出てきているが安定せず，不明瞭である．ただ，文字を併用すると発話が促される．

● 指導目標

(1) ことばの理解力を伸ばしながら，発話へ意識的にアプローチする．
(2) 文字を利用して発語を増やす．

● 指導内容

(1) 語彙力の拡大—上位語・場所・職業・形容詞など概念の拡大．
(2) 数字を利用し，数字の読み・数唱・量のマッチング・数字と量の対応などの指導を行いながら，数概念を育てる．
(3) 単文字のマッチング・文字単語のマッチングなどを行いながら，音—文字対応の成立を図るとともに，文字を指差しながら読ませることから，名詞の呼称を促す．

● 指導結果

[理解面]

上位語・場所名・形容詞などの語彙の理解力は伸び，色名＋名詞，大小＋名詞，O＋Vなど2語連鎖の理解が可能になった．

[表出面]

・4歳2か月：復唱したり自発することが増えたが，音節数は合っているものの個々の音は不明瞭だった．
・4歳4か月：絵の呼称にも応じるようになり，数唱がスムースにできるようになる．
・4歳11か月：単音の復唱ができるようになり，保育園でも発話がはっきりしてきたと言われた．
・5歳2か月：色名＋名詞，大小＋名詞，O＋Vなどの2語連鎖の表出が出るようになったが，動詞は理解に比べ，表出はやや少なかった．

[文字・数の学習]

・4歳6か月：数字が読めるようになったが，聞いて数字を選択することがよくできなかった．
・4歳8か月：名詞を手がかりに単文字が理解でき始めた．

・5歳2か月：ひらがな（18文字）が読めるようになった．

第5期（5歳6か月～小学校入学）

● **評価と臨床像**

言語理解・表出ともに伸びてきているが，発語の不明瞭さが目立ってきた．

(1) 構音検査（5歳7か月）

50単語中38語が自発．12語は復唱．

38語中正しく構音できた語は3語（めがね・らっぱ・いぬ）で，35語に子音の省略や置換がみられた．

単音（清音）62音では，/to de Φw ra ho he cja wa/は子音の脱落．/k/→/t/，/g/→/d/，/s/→/t・tʃ/，/r-o e i/→/n/の置換がみられた．

単語レベルでは，/p t k tʃ d g s ts dz ʃ dje hye h r j/などの子音の省略がみられた．その他，単音レベルの置換が単語レベルでもみられた．

(2) ITPA言語学習能力診断検査（CA 6：2）

　ことばの理解　3：1 SS19　絵の理解　5：7 SS34
　ことばの類推　2：8 SS 9　絵の類推　3：10 SS19
　ことばの表現　2：5↓SS20　動作の表現　6：8 SS38
　数の記憶　　　2：5↓SS18　形の記憶　　3：5 SS23

視知覚認知面に比し，音声言語面の発達がかなり落ちている．記憶に関しては，視覚・聴覚ともに落ちているが，聴覚面の落ち込みが大きい．

(3) 田中ビネー知能検査

CA 6：4，MA 3：7，IQ 57

2歳級まではすべて通過．3歳級は「ことりの絵の完成・理解（A），犬と自動車の配置」が通過．4歳級は「長方形の組合せ，迷路」が通過．

● **指導目標**

(1) すでに単音レベルで構音可能な「p　b　t」を含む単語レベルで，構音練習をする．
(2) 文字単語の理解を進めるとともに，文字単語構成を行う．
(3) 数概念の確立を目指す．
(4) 言語理解力の拡大．

● **指導内容**

(1)「p　b　t」を含む2～3音節レベルの単語を用いて，絵の呼称・文字を指差しながら読む・文字カードのマッチング・文字なしで絵カードを呼称させる．
(2) 口唇の閉鎖・舌圧子を用いて，舌を安定させるなど口腔周辺へのアプローチを行う．
(3)「タ行」と「カ行」の聞き分けを行う．
(4) おはじきなどを利用し，指差しをしながら数唱し，量としてとらえ，数字と対応させる．
(5) 絵本などの読み聞かせを通し，内容についての質問―応答を行う．

● **指導結果**

・5歳9か月：口唇閉鎖が意識的にできるようになり，単語レベルでも破裂音が出てくる．文字を見る方が，音が出やすい．/k/と/t/が混同してしまう．/t/である単語まで，/k/になることがある．

・6歳：/k/が舌圧子や指を使わなくても出るようになる．

・6歳6か月：模写をするようになる．

・7歳：動詞の文字単語と絵が対応するようになる．3音節文字単語の構成ができるようになる．S＋O＋Vの絵について，「だれ，なに？」などの質問に答えられるようになる．

・7歳3か月：田中ビネー知能検査

CA 7：3，MA 4：1　IQ 56

3歳級は，文の記憶・絵の異同弁別が不通過．4歳級は順序の記憶・長方形の組合せ・迷路が通過．4歳級の語彙は，14/15，数概念（c）は1/2，5歳級の絵の欠所発見は3/5で，通過基準には満たなかったが，全く意味が理解できていないわけではなかった．

・7歳3か月：構音検査

構音はまだ不明瞭さは残るものの，だいぶ聞き取りやすくなった．しかし，/t/と/k/の混同と/s/がやや/ts tʃ/に置換気味であった．

第6期（小学校入学以後）

構音の不明瞭さは残っていたが，入学以後は，数か月ごとの経過観察とし，学習面と構音を中心に経

過観察し，指導・助言を行った．

● 評価と臨床像

[構音]
(1) 就学後も相変わらず「カ行」と「タ行」での置換が時々みられた．「タコ―カコ，イタ―イカ」などの聞き分けが曖昧であったり，「カ行」と「ガ行」，「タ行」と「ダ行」の聞き誤りもみられた．
(2) 9歳6か月時に行った発語明瞭度検査（構音検査カード50語の自発語について，一般人4名にどのように聞こえたかについて書いてもらう）では，正しく他の人に伝わったのは30％だった（4歳児の平均は95％以上）．また，日本語100音節を正しく構音できているかを2名のSTが判定した結果は，53％（4歳児の平均は94％）で，単語・単音節とも構音はかなり不明瞭であった．

[聴覚]
(1) 8歳3か月頃になって，担任の話を聞かなくなったという訴えがあったことから，聴力検査を行ったところ，右耳平均55dB，左耳平均45dBであり，耳鼻科医より，両側滲出性中耳炎・両混合性難聴と診断された．中耳炎の治療後の結果をみて，補聴器も考えようということであったが，その後の聴性脳幹反応（auditory brainstem response：ABR）で20dBであることが確かめられ，補聴器装用には至らなかった．
(2) 9歳6か月に行った単語の聴取率（似通った2音節単語の聞き取り）は，88％（4歳児の平均は94％），2～5音節の単語の音節分解は100％（4歳児の平均99％）で，音節の聞き取り・分解とも4歳程度で，ほぼ知的レベルに相応した状態であった．

[書字]
「は―ほ，め―ぬ」など形態が似通った文字の弁別を誤ることがみられた．また，書字の際，「うんとかい/うんどうかい」，「ひわまり/ひまわり」，「かたつり/かたつむり」など音韻認識の不十分さがみられた．

[評価]
(1) 田中ビネー知能検査
　　CA 9：0，MA 4：8，IQ 52
　　数値的には軽度知的障害．

4歳級の数概念・長方形の組合せ・迷路，5歳級の数概念・絵の欠所発見，6歳級の曜日の理解などは通過しているが，3歳級の3数詞の復唱・文の記憶・犬と車の配置・絵の異同弁別が不通過となっていた．聴覚のみならず，視覚記憶も落ち込みが大きかった．

(2) K-ABC心理・教育アセスメントバッテリー
　　CA 9：6
すべての検査項目を検査することはできなかったが，検査できた項目について相当年齢で検討した．

魔法の窓	5：0	手の動作	8：0
顔さがし	4：0	数唱	3：0
絵の統合	5：0	語の配列	4：0
模様の構成	4：0		

各検査の相当年齢をみると，継次処理・同時処理に大きな差はみられなかったが，継次処理の数唱が他の項目に比して，かなり落ちていた．

以上のことから，単語として意味的にとらえることはできても，単語を構成する音の認識・記憶の悪さがあり，それらが表出語彙や書字に問題を起こしてしまうのではないかと考えられた．

● 指導目標
単語レベルでの音の認知に注意を向け，音読の際，発音にも気をつけるよう促す．

● 指導内容
音の聞き取り，構音訓練，書字表現などを行った．
学校では，国語については音読以外は個別指導で対応してもらった．

● 指導結果
(1) 4年生になると電卓を使って掛け算なども行っている．よくしゃべるが相手に通じないことが多く，自分から言いなおしたりするが，やはり聞き取りにくさはみられるとのことだった．
(2) 単語を聞いて書くなどの練習では，「たなか」を「かなた」，「ちりとり」を「ちりこり」，「たいこをたたく」を「かいこをかかく・たかく・かたく」と書くなどの書き誤りがみられた．
(3) 構音練習にも嫌がらず取り組み，文字をキューとして注意深く表出するようになっている．
(4) 1年の頃から漢字への興味は高く，読んだり，書いたりしていたが，4年後半には弟に刺激さ

れ，歴史ものなどへの興味も出てきた．学校では係り活動などにも積極的に取り組み，友人関係も良好であったが，学習面の遅れの問題が大きく，STとしては本児の効果的指導に悩み，家族には支援学級や通級指導も視野に入れてはどうかと話したが，小学校時代は卒業まで通常学級で過ごした．

(5) 11歳2か月頃には，表出面では，「タ行」「ダ行」の誤りはないものの，聞き取りではまだ曖昧さが残っていた．それでも「○○○クン　ウマレテクレテ　アリガトウ」「ボクネ　ユメミタ　ソレハヒミツ」など弟や自分のことを色々話してくれるようになり，兄弟関係も良好で，日常生活から本児なりに種々のことばや意味を獲得し，充実した生活を送っているようだった．

(6) 14歳1か月時のWISC-Ⅲ

言語性の類似は粗点0だったが，その他の項目はいくつかできていた．

評価点は，言語性の数唱5，理解2，動作性の絵画完成5，迷路4，組合せ2で，その他はいずれも1で，VIQ 45，PIQ 50，知覚統合50，注意記憶59，処理速度50，全検査IQおよび言語理解は評価不能という結果だった．

1歳からグループ指導・個別指導を行ってきた．言語発達は決して順調に発達したタイプではなく，理解・表出とも遅れは大きく，発語意欲はあるものの，発語の不明瞭さが続いたタイプである．ダウン症児の構音については，構音運動の不器用さの問題が指摘されることもあるが，聴覚記憶・音韻認識の問題など聴覚的な情報処理の問題が背景にあるのではないかと指摘されている．本児例の場合には，幼児期から中耳炎を繰り返すなど耳鼻科的な問題が影響してきたことはあるだろう．しかし，種々の検査結果からもわかるように，単に聴こえの問題だけではなく，音韻認識やワーキングメモリーなどの問題も併せて持っていたのではないかと思われる．聴覚記憶の悪さや音韻認識を中耳炎の問題に単純に結びつけることはできないが，指導の過程で聴覚についてはきちんと対応すべきだったとの反省はある．

本児の発達については，家族の協力・学校の対応のよさが大きな力になっていたと思う．指導場面に弟達も参加したり，本児の参加している種々のグループ活動などにも積極的に参加し，家族全員で本児の成長を見守ってきていた．そうしたことが学級担任やクラスの友人達をも巻き込み，本児の発達を支えていったのではないかと思っている．

指導目標と留意点

一人のダウン症児の発達を通して，それぞれの時期における問題点をあげ，それについて行った指導内容を整理した．ダウン症児は知的障害があるので，言語発達に制限があるのはしかたがないが，それぞれの子どもが持っている力を最大限に伸ばすために必要なことは何かを考えていくことが大切である．

以下に指導目標と指導上の留意点を発達期ごとにまとめて記す．

1) 指導目標
● 乳幼児期
(1) 両親や家族の子育てへの不安を軽減させる．
(2) 子どもに対しては，周囲の刺激に注意を向け，物の扱い方，ことばの理解，人との関わり方に気付かせていき，自分から刺激を受け止める力を育てる．
(3) ことばの存在に気付かせ，ことばの世界に入るようにさせる．そのためには，ことばの世界に入りやすいように入り方を提示する．
(4) ことばの世界に入ってきたら，その世界をできるだけ拡げ，周囲の人との関わりを楽しめるように仕向ける．

● 幼児期後期
(1) ことばの理解力を高める―語彙力の拡大（名詞・動詞・形容詞・2語文……）．
(2) 語彙の概念を拡大する．
(3) 表出へのアプローチを行う―発語することを楽しませ，単語から2語連鎖・文レベルへ進める．
(4) 文字や数の指導も取り入れる―構音指導にも有効．

● 学童期
(1) ダウン症児の知的レベルは様々であるので，目標は異なってくるが，学校での生活を楽しみ，持っている力を少しでもレベルアップして，意

欲的に生きていけるようにする．
(2) 子どものニーズ（構音・学習……）に合わせて，必要な指導を行う．
(3) 生活を楽しむ趣味（音楽・絵画・陶芸・ダンス……）を見つけるように助言する．

2) 指導上の留意点
(1) 聴力障害を併発しやすいので，指導に当たっては子どもの聴性反応に気をつけ，必要に応じた対応（聴力検査・耳鼻科医との連携）をする．
(2) 音の弁別や聴覚記憶の悪さなどがあることが多いので，音の違いに気付かせるような指導（文字やキューどサインなどの利用）を行う．
(3) 低緊張で運動の不器用さがあり，口腔周辺の動きもよくないので，低年齢時には摂食嚥下の指導も行う．
(4) 構音の不明瞭さについては，音への認識が高まり，文字などが理解できるようになったら，音の出し方の指導を行う．
(5) ダウン症児の言語は指導により発達はするが，定形発達児と同じような言語発達レベルには追いつかないということを療育者に認識してもらう．

まとめ

ダウン症児は，知的発達も言語発達も運動発達も定形発達児よりも遅れてしまう．しかし，物事に真摯に向かう姿勢，興味あるものに積極的に向かい，頑張ろうとする意欲，相手のことを思いやる優しさなど，すばらしいものをたくさん持っている子ども達である．何を標準とするか，何を目標とするかは人によって異なるだろうが，一番の目標は子どもがこの世界で自分の持っている力を最大限に活かし，周囲の人と関わり，積極的に生きていく力を育てることではないかと思っている．

（石田宏代）

●参考文献

1) 一色　玄，安藤　忠編：ダウン症児の発達医学．医歯薬出版，1990．
2) 石田宏代：ダウン症児の発語の明瞭さと音韻認識との関連．特殊教育学研究，36（5）：17-23，1999．
3) 斉藤佐和子：Down症候群の言語・コミュニケーション能力．発達期言語コミュニケーション障害の新しい視点と介入理論（笹沼澄子編）．2007，pp165-180．

[自閉症スペクトラム障害]

Section 2 ことばのない自閉症スペクトラム障害
―コミュニケーション支援(6～11歳)を中心に―

概要

自閉症は発達障害の一つで，①相互的対人関係の質的異常，②コミュニケーションの質的異常，③活動と興味の範囲の著しい限局性（こだわり）の3領域の障害を持つ．この3領域の障害は，発達段階や知的水準によって現れ方は異なってくる．

①では，興味関心の共有が少なく，共同注意に遅れがみられる．したがって，興味のあるものを見せに来ない，指差した方を見ない，指差しで伝えないといった行動特徴がみられる．大人を見て確認しない，視線が合わないということも多い．また，他者との接し方（距離感）が疎遠もしくは密であり，人見知りがなく誰にでも抱かれるような子どもも多いが，その反面，親しい人，例えば父親やよく会う祖母などにも，全く慣れないという場合もある．

②で幼児期によくみられる特徴は以下である．表出の問題としては，全体的な言語面の遅れがみられることも多い．また，オウム返し，独特の抑揚，妙に大人びた言い回しなどの特徴を示す子もいる．理解の問題としては，話しているのに理解していない，字義通りの解釈（「お口にチャック」などの比喩がわからない），言外の意味がわからないなどである．非言語性コミュニケーションの表出および理解に関する問題もあり，他者のするアイコンタクト，表情，ジェスチャーの意味が読み取れなかったり，子ども自身がそれを使用することの乏しさもみられる．ただ，なかにはまるでアニメのような大げさすぎるジェスチャーを使用する子どももいる．

③では，新しいことや変化を怖がる，例えば初めての食べ物には手をつけたがらない，母親が髪型を変えると怖がる，家具の位置を変えると元に戻そうとするなどがみられたり，自分なりのやり方や手順を変えられず，食事で食べる順序が決まっている，出かける道順が決まっているなどがみられる．また，予定が変わると混乱したり，切り替えが苦手で一度ぐずるとなかなか気分が変わらないということもある．独特な身体の使い方（ぴょんぴょん跳ぶ，手をひらひらさせる，ロッキングといわれる身体を前後や左右に揺する）がみられることもある．

この3領域の障害以外に，感覚の偏り（過敏であったり，鈍感であったりし，視覚としては光るものや回るものが非常に好きだったり，聴覚としては，普通の音を大きく感じて耐えられなかったり，普通では気にならないような特定の音を嫌がることがあったりする．痛覚では，全く痛がらない子どももいれば，異常に痛がる子どももいる），不注意，多動といったADHD症状や，気分が変わりやすい，偏食，睡眠の問題などが併存している場合も多い．これらは，自閉症の主症状ではないが，生活上の困難の原因になることも多い．また，本事例にもみられるように，自閉症児・者の多くは視覚優位という特性をもっており，生活全般において，音声言語による指示ではなく視覚的な方法で理解を促したり，発信したりできるようにすることが重要である．

自閉症の診断には，本書の初版刊行の2014年4月時点，操作的診断基準として，DSM-IV-TR（精神疾患の診断・統計マニュアル第4版-TR）(American Psychiatric Association, 2000) およびICD-10（国際疾病分類第10版）(World Health Organization, 1990, 2003改訂) が日本では使われていた．前述の3症状があり，かつ症状の発現が3歳以前であれば「自閉性障害 (autistic disorder；DSM-IV)」もしくは「(小児)自閉症 (childhood autism；ICD-10)」と診断される．また，自閉症を含む障害群を広汎性発達障害と呼び，アスペルガー障害 (ICD-10ではア

スペルガー症候群），特定不能の広汎性発達障害などが含まれる．しかしながら，近年，これらの診断基準に用いられているカテゴリー概念に基づく広汎性発達障害という名称より，自閉症スペクトラム障害という用語がよく使用されている．それは，自閉症を中核群とする障害の連続性（スペクトラム）が指摘されているからである[7,8]．こうした流れを受けて，2013年5月に改定されたDSM-5では，広汎性発達障害という診断名はなくなり，自閉症スペクトラム障害とされ，同時にアスペルガー障害という診断名もなくなっている．診断基準も3領域から対人コミュニケーションとこだわりの2領域となっている．また，その有病率は，近年1〜2%と報告されており，決してまれな障害ではなく，むしろ，よくみられる（common）障害といえる[2,3,5]．

事例

対象児

事例：男児，初診3歳8か月，指導6〜11歳．
主訴：クリニック受診時の主訴は，医療機関で継続的な支援を受けたい．小学校入学後も療育を受けたい．自分のやり方にこだわり，間違えを修正したいと思っても，怒って受け入れてくれない．
診断名：自閉性障害
生育歴：妊娠時・周産期にはとくに問題はなかった．

定頸：4か月，座位：9か月，歩行：1歳2か月．1歳2か月頃に，母親が「○○（本児の名前）くん，はい」と何度も声かけをしたところ，名前を呼ぶと2，3回だけ「はい！」と言って手をあげて，真似をした．しかし，その後，発語はいっさいなくなり，働きかけに応える動作もなくなった．乳幼児期から人への関心が乏しく，あやされても笑うことがみられなかった．人よりもアニメやビデオなど物に対する興味が強く，1歳を過ぎる頃には，興味のあるものが見えると一人で触りに行こうとして，親の姿が見えなくなっても不安になることがなかった．人見知りがなかったため，初めて会う人に預けられても平気な様子だった．自分から指差しをすることがなく，また大人が指差した方を見ることができなかった．母親への後追いや，姿が見えないと積極的に探しまわったりすることもなかった．遊びでは，キャラクターの絵本や図鑑に興味がありよく見るが，その他の玩具で遊ぶことには興味が乏しく，見立て遊びやごっこ遊びを楽しむこともなかった．

初診は3歳8か月時であったが，実際の指導は療育センターの指導が終わる6歳時であった．当時，要求はクレーンで伝えるが，それ以外の要求手段がないため何が欲しいのかがわかりにくいことがあった．3歳過ぎからは，おやつなど好きなものなら写真カードを使って要求することがみられるようになったが，相手に伝える意識が弱いため，カードを持ったままウロウロしているだけのこともあった．他者の表情や仕草，ジェスチャーに注意を向けたり，その意味を理解することが困難で，自発的にジェスチヤーを使用することもできなかった．また，パターン的な行動へのこだわりや変化への抵抗があるため，場面を切り替えたりこだわりを崩してしまうと怒り出してしまうことがあった．

幼稚園では，同年代の子どもに対して自分から関わることがほとんどなく，走っている子どもの後ろを追いかけたりすることはたまにあるが，たいてい一人で過ごしていた．周囲の子どもと遊びを共有したり，相手からの働きかけに応じて相互的で対等なやり取りをすることはできなかった．

家族歴：父，母，本児．父母ともに本児のことをとても可愛がっており，療育に熱心であるが，日常生活のなかで，どう対応してよいかわからないことも多い．

相談歴および受診の経緯：1歳半健診にて，ことばの遅れ・視線の合いにくさを指摘され，地域の自治体が行っている親子教室に通い始める．2歳11か月時に，自閉性障害と精神遅滞と診断される．3歳時より幼稚園に通い始め，地域の小学校の特

別支援学級に入学した．また，幼稚園入園時に，療育手帳を取得した．医療機関による継続的な支援と小学校入学後の療育を希望して民間の児童精神科Aクリニックを，3歳8か月時に受診した．

評価

Aクリニックでの初診では，医師が両親より発達歴を聞き取っている間，本児は別室で心理士とPEP-R（Psychoeducational Profile-Revised）（「PEP-R」は「コラム：自閉症スペクトラム障害の検査」，p18参照）に取り組んだ．

● PEP-Rの結果（図1）

PEP-Rでは発達の各領域と全領域の発達年齢が求められる．

生活年齢：3歳8か月

模倣発達年齢：0歳3か月（芽生え年齢10か月）

知覚発達年齢：1歳0か月（芽生え年齢2歳0か月）

微細運動発達年齢：0歳11か月（芽生え年齢1歳6か月）

粗大運動発達年齢：1歳3か月（芽生え年齢2歳1か月）

目と手の協応発達年齢：2歳7か月（芽生え年齢3歳3か月）

言語理解発達年齢：1歳0か月（芽生え年齢1歳7か月）

言語表出発達年齢：0歳7か月（芽生え年齢1歳0か月）

全領域発達年齢：1歳3か月（芽生え年齢1歳9か月）

＊芽生えについてはコラム「自閉症スペクトラム障害の検査」（p18）参照

● PEP-R実施中の行動

・マッチングや分類・照合などの視覚的な課題や，材料が具体的になくなっていったり，完成品が出来上がるような課題が得意である（例：パズル，見本によるビーズ通し）．

・見通しを伝える時に絵や写真だと注目しないことがよくみられ，実物を手渡した方が容易に活動や

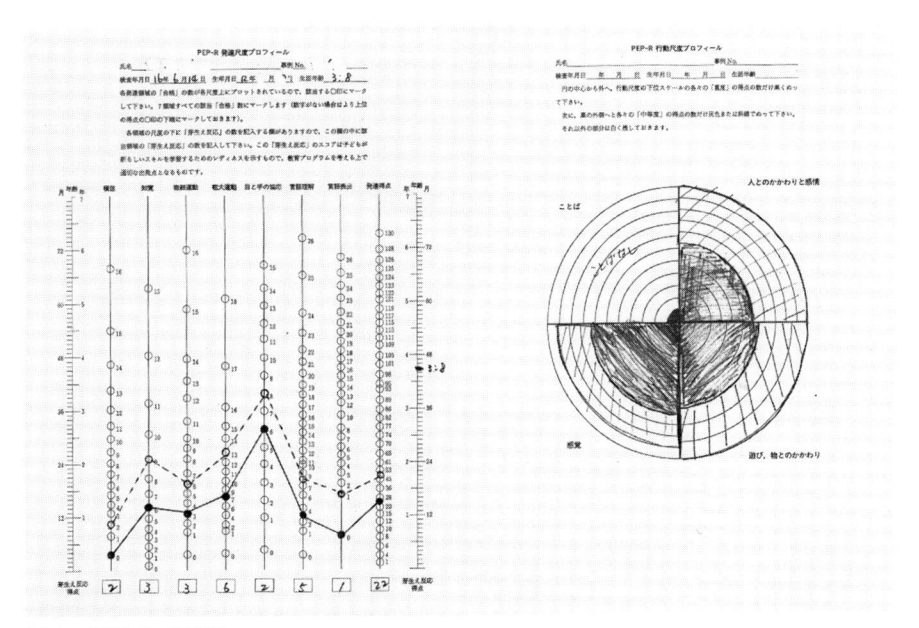

図1 PEP-Rの結果
　PEP-Rでは，結果を図で表すことができ，高い能力と低い能力がわかりやすくなっている．左図の折線グラフの黒丸は，合格得点（合格した項目数），白丸は芽生え得点（芽生えの項目数）を示している．本児の場合，「目と手の協応」が得意な反面，「模倣」「言語表出」が苦手であることがわかる．また，芽生え得点が大きいほど，到達しやすいスキルが多いことを示しているので，そのスキルについて指導していくことが推奨される．本児の場合は，「言語理解」に多くのスキルの芽生えがみられる．右図の円グラフは，行動尺度のプロフィールで，「人とのかかわりと感情」「遊び，物とのかかわり」「感覚」「ことば」の領域に分けて重症度が示されており，黒で塗りつぶされている部分は重度，斜線は中等度である．本児の場合，すべての領域で，かなり重度であることがわかる

場面を切り替えることができた.
- コミュニケーションについては,言語理解はかなり乏しいので,それを最低限にとどめ身振り手振りや絵,写真,実物などを組み合わせて,よりわかりやすく伝えることが必要だった.
- 曖昧な声かけや複雑な指示は混乱や不安を招く.
- 1つのことに集中してしまうと,他のことに注意を移すことがむずかしいが,活動を具体的に終えるようにすると(片付け箱に材料や完成品を片付けるなど),次の活動に移りやすくなる.
- 「○○が欲しい」「手伝って下さい」などの表現方法を計画的に教えるため,「2〜3個の具体物の中から選択をする」「絵・写真カードと交換して,欲しいものを手に入れる」「自発的に絵・写真カードを使って欲しいものを手に入れる」といったステップでプログラムを進めると,無理がないと考えられた.
- 音や光などの感覚刺激に反応しやすい面がある.

● 6歳時の個別指導実施時の個別指導計画（両親からの聞き取り,PEP-Rおよび行動観察からみられた本児の特徴と指導内容）(図2)

6歳時にAクリニックでの療育が始まった.療育を始めるに当たり,PEP-Rの結果や現在の行動に関する両親からの聞き取り,および本児の行動観察を行った結果,以下の特徴がみられた.

- 文字への関心が高く,いくつかの単語や数字が読める.数字はまだ数量とは結びついていないが,1〜10までの数字の順はわかっている.
- 視覚的な記憶力がよく,手順の理解や記憶がよい.身についた手順はきちんと守る.
- 実物の写真は理解できるものもあるが,活動を示す場所の写真を理解して,その場所に移動するのはむずかしい.
- マッチングや模写の能力が優れており,文字や数字に強い関心がある.
- 几帳面できちんとやりたいという気持ちが強いが,不器用なため思うようにできないことがあり,そういった場合イライラして不機嫌になる.
- ピースがきちんとはまらないといった,ちょっとしたことで気分がくずれやすく,課題に取り組めないことがある.修正をされる,助けられるといったことを嫌がる(家庭では修正しようとする

個別指導　指導計画

名前:　　　　6歳9か月　　所属:

記入日○○○○年○月○日

子どもさんの評価
興味や関心	・機関車トーマス,トトロ,でこぼこフレンズ(ビデオ・本) ・ブランコ,滑り台,木登り,補助輪つき自転車など ・くすぐりっこ,抱えての回転遊び,追いかけっこ ・ひらがな,数字,ひらがなのなぞり書き
スキル(できること,できそうなこと)	・いくつかの単語を読める. ・ひらがなのなぞり書きができる. ・1から10までの数字の順序を理解している.数字を書ける. ・形のマッチング,絵のマッチング,写真見本による組み立て(ブロック),はさみで切る(連続切りはできない),塗り絵,ひも通し(絵見本,ジグは無視して入れる),色の弁別
長所 得意なこと・	・形態をとらえ,それを模写・再現すること(文字・数字,ブロックの組み立て　など)が得意である. ・視覚的な記憶力がよい(道順・書き順). ・パターンに強い. ・興味のあることは自発的に繰り返して行う.
行動や理解の特徴	・写真のスケジュールを理解するのは難しい. ・課題中に,ピースを置いた時の手触りなどにこだわって課題遂行が止まることがあった.音によって課題遂行が妨げられることもある. ・課題をやるときに,自分のやり方でやろうとして修正がききにくい. ・思い通りにいかないと,家で週に2回,多ければ1日数回怒る.親・支援員さんなどを叩く.理由のわからない不機嫌も多い.
コミュニケーション	・話し言葉はなく,コミュニケーションのための発声もほとんどない. ・援助要請は,物を渡すこと,クレーンで表現する. ・お菓子は,実物を渡すことで要求できた. ・話し言葉の理解については,セッションの中で評価していきたい.
ご家族の希望(困っていること)	・本人の要求を絵や文字で伝えられるようにしたい. ・スケジュールを絵や文字で伝えて,見通しが持てないことで起こるトラブルを減らしたい. ・機嫌が悪いとき,人の掌や肩を叩くのをやめさせたい. ・将来の余暇の過ごし方として,なにかスポーツをさせることができれば嬉しい.

個別指導の目標
・場所の構造化,スケジュールやワークシステムを使って自立的に見通しをもって行動できるように働きかけていく. 　┌スケジュールは実物(次の1つ) 　└ワークシステムは具体物の上から下(3課題) から始めますが,個別指導の中で○○○○により合ったシステムを探っていく. ・視覚的に理解できる課題を用意し,自立的に実行することを通して,達成感や自己効力感をもてるようにする. ・コミュニケーション 　コミュニケーションの理解と表現の特徴を確認し,相手に要求を伝えるなど,自発的にコミュニケーション行動をとれるように視覚的支援をしていく.

図2　個別指導の計画書

と不機嫌になり,自分なりのやり方にこだわる.無理に修正しようとするとたたいてくる).
- 気分がくずれやすく,くずれるとなかなか切り替わらない.
- 見通しが立たないと不安になりやすい.
- 触覚的な遊びが好きだが,休憩のエリアにとどまって遊ぶことができず,部屋を歩きまわりながら遊ぶ.遊びをなかなか切り上げられない.
- ことばがなく,要求は物を差し出す,クレーンで

伝える．

・機関車トーマス，トトロ，などに興味がある．

指導

指導期間は6〜11歳の約5年間である．指導施設は民間の児童精神科Aクリニックで，個別指導．最初の3か月は月2回，その後は親指導カウンセリングを中心に月1回実施した．本児が苦手とし，また，現在においても将来においても必要なコミュニケーション能力をつけることに，重点を置いた．そのなかで，指導期間を指導目標により2期に分けた．第1期は，構造化により本児が自立的に行動できること，そして，見通しを持てることで安定して生活を送れることを目標とした．第2期は，コミュニケーションのなかでも自発的な発信に重点を置くと同時に，自立課題を導入して自信をつけることも目標とした．また，構造化を学校場面にも応用していった時期である．

●第1期

指導目標：構造化により見通しを持てることで安定して療育を受ける．日常生活でも，スケジュールなどにより安定した生活を送る．不安が減り精神的に安定することで，こだわりなどの低減を図る．

●第2期

後半（親指導中心の時期）は，構造化を本児の成長に合わせて変更していく．また，学校でも使用してもらう．絵カード交換式コミュニケーションシステム（Picture Exchange Communication System：PECS）を用いてコミュニケーションをとる楽しさを知る．必要な時に自発的にコミュニケーションがとれるようにする．同時に，自立課題を導入して自信をつける．

第1期（6〜7歳）

集中的な介入で，構造化により見通しを持てるようになること，自立的に行動できることを目標とした時期である．本児は，言語による理解には限界があり，とくに口頭の言語の理解にはむずかしさがあるため，絵や写真による視覚支援で理解を促した．また，理解を進める内容としては，時間の見通し，空間の見通し，課題の進行の見通しを持てることを考えた．

● 受容性コミュニケーション

受容性コミュニケーションについて分析すると，本児は，聴覚的理解においては単語レベルでも混乱する場合があった．その反面，ひらがなを読んだり書いたりすることができ，文字学習が好きだった．

● 受容性コミュニケーションの指導

本児は，聴覚的理解に比べ視覚的理解を得意としていたので，スケジュールを視覚的に示した他，以下のようなワークシステム，課題の視覚的構造化を行った．

● 個別指導で使用した支援の方法と結果

TEACCHメソッドに基づき，見通しを持てるように場所の構造化・スケジュール・ワークシステムを利用した．見通しが持てることで不安が減り安定し，指導の後半では気分がくずれることはなくなった．

場所の構造化：課題を行う場所では，課題をやることを示す最初の課題が置かれており，その部品（例えば：玉落としの課題であれば玉）を渡すことで，本児は課題をやることがわかり，その場所に移動できた．指導は，対面だと気が散るため，セラピストが隣に立つ，あるいは，隣に座って指導した．また，玩具類が見えると休憩のエリアに行ってしまうので，衝立で仕切りをすることで，課題中に休憩のエリアに行くことは減った．休憩のエリアでは，持ち歩けない玩具を机上に数個置いた．ピンアートやポップアップ玩具で遊ぶことを好み，休憩のエリア内で机に座って遊べるようになった．また，休憩のエリアでは，最初は図3のように玩具を置いていたが，のちには図4のように，玩具の写真を置いておき，その写真を持って玩具を要求にくるように，コミュニケーションを促進する工夫も行った．

スケジュール：指導の初期の頃は，次の活動を実物で示した（とくに最初は，次の活動を示す実物を手渡した．その次にワークシステムの最後のボッ

図3　課題の場所（エリア）

図4　休憩の場所（エリア）

図5　スケジュール

図6　視覚的に構造化された課題
　左のビーズを真中においてある見本のように通し，できあがったら右の箱に入れるという課題．真中の見本は，ビーズとマッチングしやすいよう同じ形，大きさ，色になっている．さらに，くぼみが作ってあって同形のビーズを置けるように工夫されている

クスに次の活動を示す実物を置いた．例えば，図3の最下段のボックスに置くということ）．この実物を持って，次の活動の場所に自立的に移動することができた．遊びの終了は，次の活動を示す実物を渡すことで知らせると，スケジュールを理解して自立的に行動できた．実物でスケジュールが理解できるようになると，図5のような，文字の入った写真カードを使ったスケジュールへと移行していった（写真カードのスケジュールについては学校でも使用してもらった）．

ワークシステム：課題の流れを作ることをワークシステムというが，初めは上から下への順で課題に取り組むようにし，指導後半では1〜3までの数字の書かれたカードをつけて，その順に取り組むようにした．ワークシステムにそって，課題を実行することができた（図3のボックスを参照）．

視覚的構造化：どうすればよいかの指示が視覚的に理解できるように，見本やジグ（見本よりもさらに具体的な視覚的な指示：実物大の写真，図6のように通すビーズをはめられるようにした型など）を用いた．こうした工夫があると，自立的に課題に取り組むことができた．興味のあるもの（文字・数字・機関車トーマスやトトロのキャラクター）を課題に取り入れることで不機嫌になることが減り，課題に積極的に取り組めた．

● 結果

構造化により，ここで何をやるのか，何をどれだけやるのか，その後何があるのかが明確にされ，自分自身で理解できるようになると，行動に安定性が生まれ，気分の崩れが減少した．また，以前は修正したり良い方法を教えようとすると怒っていたが，こうしたこともなくなり，修正が可能となった．このように，環境が整い理解できるようになると，本児は安心できると同時に，色々な課題に取り組めた．とくに，見通しが持てないと不安になり，その結果，不機嫌になるので，実物や本児がわかる写真や絵を使って，次にやることを伝えていくことが大切だった．

課題については，本児にとって興味があり無理なくできるものを中心に選んでいった．文字のマッチング・模写・好きなキャラクターを使った課題などには積極的に取り組むので，こうした課題を選んだ．ただし，好きな課題でも，行う数が多いと途中で嫌になってしまうので，課題にもよるが5〜6個の量とした．コミュニケーションについては，課題中に自分がやって欲しいことがあると，物を差し出す・クレーンなどの方法で要求を伝えてきた．第2期では，この要求をどうわかりやすく相手に伝えるかについて指導していくことが，重要であると考えられた．

表1 コミュニケーションの特徴

1. どのような形態（方法）で伝えるか？
・行為　・実物　・発声
2. どのような機能（目的）があるか？
・要求　・拒否　・感情表現（主に不安・怒り）
3. どのような文脈（状況）で表現するか？
・セラピストに　・指導室で ・欲しいものがある時，困った時
4. 表現する内容は何か？
・物

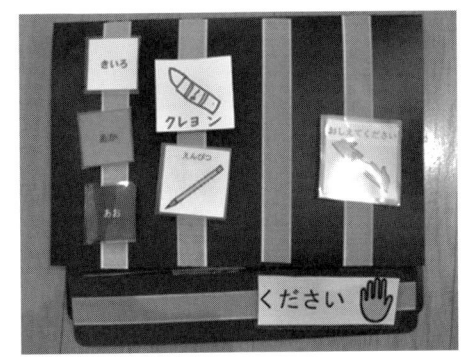

図7　コミュニケーションブック

第2期（8〜11歳）

PECS（コラム：「PECSとは」p20参照）を用いて，自発的なコミュニケーションの発信を促進した．とくに，適切に要求を伝えることに重点を置き，遊びの場面で好きな玩具を要求したり，課題のなかで必要な部品や道具を要求させたりして，自発的に要求する力を育んでいった．本児のコミュニケーションの発信について，まとめると表1のようになる．

● 表出性コミュニケーションの指導

困ったことや理解できないことがあった時，適切な方法でそれを伝えられることを目標とした．具体的には，PECSを個別指導のなかで訓練し，それを学校などで応用することにした．

また，TEACCHメッソードで行う自立課題（セラピストが教えるのではなく，子ども自身が自立して行えることを子どもだけで行う課題）を実施した．これにより，自信をつけることを目的とした．それ以外に，スケジュールや自立課題を学校でも使用した．

● 結果

指導の場面では，休憩中に玩具の選択や不足部品を要求できるようになった．最初は，セラピストが近くにいる場合のみ，カードを渡して要求を表現していたが，短期間で離れたところにいるセラピストに要求を伝えられるようになった．また，最終的には，単に「名詞」のみではなく，名詞に色を組み合わせて，「赤いクレヨンください」といった要求ができるようになった．PECSの指導には，図7のようなコミュニケーションブックを使用した．コミュニケーションの改善により，本児は，自分の要求が伝えられず気分が崩れてしまうことが激減した．家庭でも，様々な要求を伝えることが可能となっていた．

学校でも，スケジュールを導入し，それによって見通しを持って生活をおくることができるようになった．体育館や音楽室への移動もスケジュールによってスムーズに行えるようになった．

その後の方針，予後の予測など

本児は，父親の転勤で関西へと引越しをすることになり，指導は終了となった．

予後としては，構造化により，現在この場所でやることがわかり，それが終わると次になにをするのかがわかることで安定して行動でき，苦手な新しいことにも取り組めるようになり，精神的にも安定できることが考えられる．本児の場合，文字が理解できるようになってきたので，それによるコミュニケーションも可能になることが期待される．音声言語によるやり取りはむずかしいが，こうした文字や絵カードによるコミュニケーションと，また，人にそれを伝えたいという意欲ができたことで，適応は今後もよいものと考えられる．

（黒田美保）

●参考文献

1) Association AP：Diagnostic and Statistical Manual of Mental Disorders. Fourth edition. Text revision. Washington DC, American Psychiatric Association. 2006.
2) Baird G, et al.：Prevalence of disorders of the autism spectrum in a population cohort of children in South Thames：the Special Needs and Autism Project (SNAP). Lancet, 368 (9531)：210-215, 2006. Epub 2006/07/18.
3) Baron C S, et al.：Prevalence of autism-spectrum conditions：UK school based population study. British Journal of Psychiatry, 194：500-509, 2009.
4) 藤村 出・他：自閉症のひとたちへの援助システム―TEACCHを日本でいかすには―，朝日新聞厚生文化事業団，1999.
5) Kim YS, et al.：Prevalence of autism spectrum disorders in a total population sample. American Journal of Psychiatry, 168：904-912, 2011.
6) 大石敬子編：ことばの障害の評価と指導，大修館書店，2001.
7) Wing L：Asperger's syndrome：A clinical account. Psychological Medicine, 11：115-129, 1981.
8) Wing L：The autistic spectrum, Lancet, 350：1761-1766, 1997.
9) World Health Organization：The ICD-10 Classification of Mental and Behavioural Disorders (ICD-10)：The Clinical Descriptions and Diagnostic Guidelines. Geneva：WHO, 1990, 2003改訂.

・・・コ・ラ・ム・・・

TEACCHとは？ TEACCHでの言語評価

　TEACCHは，Treatment and Education of Autistic and related Communication handicapped Childrenの頭文字をとったもので，自閉症と，それに関連したコミュニケーション障害の子どもへの治療と教育と訳される．米国ノースカロライナ州における包括的な自閉症への支援システムである．1960年代，ショプラーEが「自閉症は脳の障害に基づく認知障害である」ととらえて作りだしたプログラムである．TEACCHのコミュニケーション指導は，話しことばを理解し，話すようになることを目的とするのではなく，言語心理学の成果を応用しながら，自閉症の認知特性に合った支援を通して，自閉症の人達が，自分に何が期待されているのかを理解し，また，自分の意志を伝えることができるようになることを目的とする．

TEACCHと構造化

　TEACCHには，「構造化」という基本的でかつ重要な概念がある[1]．「構造化」とは，自閉症の人にとって，環境を理解しやすく再構成し，不要な混乱を持つことなく安心して過ごせるようにすることであり，その結果，環境から様々なことを学習し，自発的に行動することを促進していくことである．

　構造化で伝えるべき情報は，以下の通りである．
　①どこで(Where)，②いつ(When)，③何を(What)，④どれだけ，いつまで(How much)，⑤どのようなやり方で(How to do)，⑥終わったら次に何をするのか(What's next)．

　構造化はコミュニケーションの支援のための環境を調整する方法であり，具体的な指導法を指すのではない．しかし，すべての指導の前提として非常に重要な役割を果たしている．

TEACCHにおけるコミュニケーション指導の特徴

　自閉症のコミュニケーションを考える場合，受容性（理解）と表出性（表現）の両面の能力を考えていくことが必要となる．これは，TEACCHに限らず，コミュニケーション指導をしていくうえでの基本的な視点といえる．この受容性と表現性のコミュニケーションには言語性のコミュニケーションだけでなく，非言語性のコミュニケーション，すなわち，ジェスチャー，指差し，絵（写真）カードなどを含めたコミュニケーション能力が含まれる．また，自閉症の場合，受容性と表現性の能力のアンバランスにも配慮が必要である．高機能自閉症やアスペル

ガー症候群では「話すほどには理解していない」ということにも，とくに留意する必要がある．

■受容性コミュニケーションの支援：評価と指導

「話すほどには理解していない」と表現したように，自閉症の子どもは，興味のあるアニメの台詞を長々と話し続けたりできるが，実際に理解できることばを調べると，名詞はわかっていても動詞がわかっていないといった偏りがしばしば経験される．したがって，発語の状況から受容性コミュニケーションの能力を推測するのではなく，必ず評価をする必要がある．また，受容性コミュニケーションの支援においては，以下に示すような構造化が有効である．

① 場所と活動の一致：物理的な構造化の一つに，場所と活動を1対1対応させるということがある．場所の境界を明確化すること，例えば，机は課題，テーブルは給食，赤いマットは休憩，青いマットは着替えなどと決めておくことで，ここでは何をするのかという情報を伝える．
② スケジュール：自閉症の子どもは見通しを持つことが苦手であり，予測が立たないことに対して強い不安を感じる．こうした不安を与えないよう，「いつ」「何をする」「これが終わると何があるのか」といった情報を視覚的に伝える．
③ ワークシステム：課題の流れを一定にし，終わるとフィニッシュボックスに入れるなどの方法で，「何を」「どれだけ」やるのかを視覚的に伝える．
④ 課題の視覚的構造化：絵や文字による手順書などを使って，「どのようにやるのか」を視覚的に伝える．

構造化された指導では，視覚的に情報を示すことが原則である．これにより，子どもは確認したい時に，いつでも自分で視覚的情報を見て行動できるので，結果として，子どもの自立的な行動を促すことになる．他の指導上の注意点としては，理解しやすいコミュニケーションのために何を使って情報を伝えるかも重要になる（実物か，絵か，写真か，文字かなど）．指導の題材には，子どもが興味を持つものを使用することも大切である．

TEACCHでは，受容性コミュニケーションの支援において「見て，すぐ容易にわかる」ことを大切

表1 表出性コミュニケーションの次元

1. どのような形態（方法）で伝えるか？
・泣く ・視線 ・かんしゃく ・発声 ・指差し/行為 ・実物 ・絵 ・ジェスチャー ・サイン ・書きことば ・音声言語
2. どのような機能（目的）があるか？
・要求 ・注意喚起 ・拒否 ・説明 ・情報請求 ・情報提供 ・援助要請 ・感情表現 ・挨拶/社交
3. どのような文脈（状況）で表現するか？
・誰に ・いつ ・どこで
4. 表現する内容は何か？
・人 ・物 ・動作 ・場所

文献1) を参考に作成

にする．「言えばわかる，ことばで指示すればできるから，視覚的情報は不要である」というのは大きな誤解で，指示待ちの姿勢を作ってしまう結果になりかねない．常に「声かけ」で指導していては，自立的に行動していくことができないため，自信や自尊心を持つことができない危険性もある．

■表出性コミュニケーションの支援：評価と指導

TEACCHでは，表出性コミュニケーションを，表1に示した4つの次元でとらえる．

TEACCHでは，子どもの生活の主要な場面でコミュニケーションの表現の様子を観察してコミュニケーション・サンプルをとり，上記の4次元で分析し，指導プログラムを個別に作成する．

受容性と表出性の両面でそれぞれのコミュニケーション能力をある程度伸ばし，自立性を身につけると，自閉症の子ども自身が他者との相互的交渉の楽しさを理解できてくる．TEACCHでは，こうした「やり取りをしたい」というコミュニケーションにおける自発性を育てることを何よりも大切にしている．

（黒田美保）

●文献
1) 飯塚直美，藤岡紀子：自閉症の子どもへのコミュニケーション支援．ことばの障害の評価と指導（入門コース ことばの発達と障害・3）（大石敬子編），大修館書店，2001, pp.152-175.
2) 藤村 出・他：自閉症のひとたちへの援助システム―TEACCHを日本でいかすには―，朝日新聞厚生文化事業団，1999.

・・・コ・ラ・ム・・・
自閉症スペクトラム障害の検査 ― PEP, TTAP, CARS, ADOS, ADI-R ―

PEPは，TEACCHの創始者であるSchopler, E.によって開発された自閉症に特化された発達検査であり，日本語版は「PEP-R/自閉症・発達障害児教育診断検査」という．対象は，生活年齢6か月〜12歳である．この検査は，用具を使って子どもの発達の様子を直接評価できる．また，「合格」「不合格」の判定の他に遊びに取り組もうとする「芽生え」の反応を観察することにより，治療教育において多くの手がかりを得ることができる．実施方法も実施順や制限時間は設けられておらず柔軟性があるので，様々な子どもの状況に即応できる他，ことばのない幼児でも取り組むことが可能である．結果としては，「模倣」，「知覚」，「微細運動」，「粗大運動」，「目と手の協応」，「言語理解」，「言語表出」の領域について発達年齢が求められる．

現在はPEP-3となっており，日本語版も出版されている．PEP-3は，より発達検査の側面が強調され，発達年齢だけでなく，パーセンタイル順位なども求められるようになっている．また，新たに親などによる養育者レポートが設けられている．

TEACCHで開発された自閉症の特徴を調べる検査として，他にTTAPやCARSがある．TTAPは，正式名称を「TEACCH Transition Assessment Profile」（Mesibov, et al., 2007）といい，日本語版も刊行されている「TTAP：自閉症スペクトラムの移行アセスメントプロフィール」梅永雄二監修，2010）．PEPよりも高い年齢，10歳以上くらいに用い，学校から職場へと移行する時に，持っているスキルを測定することを目的に作られている．

CARSは，正式名称を「Childhood Autistic Rating Scale」（Schopler, E., Reichler, RJ, 1980）といい，日本語版は「小児自閉症評定尺度」として刊行されている．自閉症か否かだけでなく自閉症の重症度について評価できる尺度である．自閉症スペクトラム障害の疑いのある児者を直接行動観察するか，あるいは，母親などの養育者から対象者の成育歴や日常の行動の様子を聞き取るかの，いずれかで評価する．評価項目は15領域（人との関係，模倣，情緒反応，身体の使い方，物の扱い方，変化への適応，視覚による反応，聴覚による反応，味覚・嗅覚・触覚反応とその使い方，恐れや不安，言語性のコミュニケーション，非言語性のコミュニケーション，活動水準，知的機能の水準とバランス，全体的な印象）であり，各評価項目に得点をつけ，それらを合計した総得点で自閉症の有無とその重症度について評価する．自閉症の重症度が評価できる数少ない検査の一つである．現在，IQが80以上の高機能向けのバージョンを含む「CARS-2」[7]が米国では刊行されている．これには，CARSと違い養育者質問紙が含まれている．

TEACCH以外で開発された自閉症の検査としては，「ADOS」と「ADI-R」が現在の診断アセスメントにおけるゴールドスタンダードといわれている．

「ADOS」は，autism diagnostic observation schedule（自閉症診断観察検査：以下ADOS），米国のLord, C.や英国のRutter, M.らの著名な自閉症学者によって開発された自閉症スペクトラム障害の診断・評価に特化した検査である[8]．ADOSは，年齢と言語水準によって4つのモジュールに分けられ，標準化された検査用具や質問項目を用いて半構造化された場面を設定し，自閉症スペクトラム障害の診断に役立つ対人的スキル，コミュニケーションスキルを最大限に引き出すように意図されている．こうして引き出された対人コミュニケーションなどの行動観察の結果を数量的に段階評定でき，最終的にアルゴリズムを使って，自閉症，自閉症スペクトラム障害，自閉症スペクトラム障害ではない，の分類判定が可能である．しかも，発語のない幼児から知的な遅れのない高機能の自閉症スペクトラム障害成人までを対象として，直接の行動観察で実施できるという非常

に有用な検査である．

「ADI-R」は，ADOSの同著者による自閉症スペクトラム障害のある子どもを持つ親への半構造化面接である．過去の重篤の状態や現在の日常生活の情報を集めるという，ADOSと補完的な関係にある検査であり，セットで使われることが多い．

自閉症スペクトラム障害に限らず，発達障害を調べる検査は近年増えており，厚労省のホームページからも，そのガイドラインをダウンロードできる（厚生労働省 平成24年度障害者総合福祉推進事業：発達障害児者支援とアセスメントに関するガイドライン）．

また，それに関する書籍・雑誌も刊行されているので，参考にしていただきたい．

(黒田美保)

●文献

1) 辻井正次，井上雅彦・編：特 集 対人援助職の必須知識 発達障害のアセスメントを知る．臨床心理学，13(4)：2013．
2) 辻井正次・監修，明翫光宜・編：発達障害児者支援とアセスメントのガイドライン，金子書房，2014．
3) 黒田美保，辻井正次・監訳：自閉症スペクトラム障害の診断・評価必携マニュアル，東京書籍，2014．
4) E. ショプラー，茨木俊夫：自閉児・発達障害児 教育診断検査[3訂版]—心理教育プロフィール(PEP-3)の実際—，川島書店，2007．
5) ゲーリー・メジボブ・他著，梅永雄二監，服巻 繁・他訳：自閉症スペクトラムの移行アセスメントプロフィール—TTAPの実際—，川島書店，2010．
6) エリック・ショプラー，ロバート・J・ライクラー著，佐々木正美監訳：CARS（カーズ）[新装版]—小児自閉症評定尺度—，岩崎学術出版社，2008．
7) Schopler E, et al.：Child Autism Rating Scale, Second Edition. Los Angeles, CA, Westem psychological services, 2010.
8) Load C, et al.：Autism Diagnostic Observation Schedule. Los Angeles. CA, Western Psychological Services, 1999.

PECS とは

　絵カード交換式コミュニケーションシステム（Picture Exchange Communication System：PECS）は，絵カードを使った代替・拡大コミュニケーション（Alternative and Augmentative Communication：AAC）で，自閉症スペクトラム障害やその他のコミュニケーション障害のある児者を対象としている．PECSは，Bondy, AとFrost, Lにより開発され，米国デラウェア州の自閉症の包括的な教育行政施策となっている．視覚支援を基本としておりTEACCHでもよく使用されている．もちろん他の多くの自閉症スペクトラム障害の療育技法にも取り入れられている．

　そもそも自閉症の言語指導においては，自閉症スペクトラム障害のある児者の視覚優位という特性をふまえ，彼らが意思を表現し伝えるための支援は，視覚的なものを使うということが重要だと考えられる．つまり，音声言語ではなく，音声言語とは別の視覚的な手段を使うのである．

　また，自閉症スペクトラム障害の言語指導の際，応答的ではなく「自発的」なコミュニケーションを教え，コミュニケーションをとることの楽しさを教えることも重要である．

　PECSでは，要求を充足してくれる大人と欲しい物の絵カードを交換することを対象者に教える．具体的には絵カードと要求対象（好子）との自発的な交換を教える．自発的な交換を最初から教えるために，トレーナーを2人用意し，1人は絵カードをとって相手に手渡すのを手伝う役（プロンプター）をし，もう1人は絵カードを受け取って要求対象を渡す役（コミュニケーション・パートナー）を担う．最も進んだ段階の指導では，コメントや質問に応答することも教える．このような指導によって，子どもから成人までの自発的なコミュニケーションを促進する．

　PECSは，次の6つのフェイズ（段階）に分かれている．

Ⅰ　絵カードで要求する：1枚のカードを用いて，物を要求する．

Ⅱ　移動し自発性を高める：離れた位置から絵カードを交換しにきて要求する．

Ⅲ　要求に使う絵カードを選択する：絵カードの数を徐々に増やし，適切な絵カードを弁別し選んで交換する．

Ⅳ　「…ください」という文で要求する：「ください」カードと要求する絵カードを組み合わせて使う．また，属性（数，色，形など）を指定する絵カードを加え，多語文を作って要求する．

Ⅴ　「何が欲しい？」に答える：特定のことばによるプロンプトや質問に答えることを教える．

Ⅵ　応答的なコメントや自発的なコメントをする：「何を持っている？何が見える？何が聞こえる？」などに，適切な文末用絵カード（見える，持っている，聞こえる）を使って答える．また，自発的にコメントをする．

　PECSは，TEACCHの構造化などと同じく，指導場面だけでなく生活場面全体で使うことが重要である．また，こうした視覚支援をしていると，音声言語が出ないのではないかと心配される保護者や教師の方がいるが，PECSなどのAACを使うことで，表出言語が改善したという報告もある．何よりも，対人コミュニケーションに障害のある，自閉症スペクトラム障害の児者にとっては，他者とコミュニケーションをとることに意味があり，それが楽しいと感じてもらうことが，療育や指導の第1歩である．

＊PECSについては，ピラミッド教育コンサルタントオブジャパン株式会社で定期的に研修会が開かれている．http://www.pecs-japan.com/

（黒田美保）

●文献

1) アンディ・ボンディ，ロリ・フロスト著（園山繁樹，竹内康二・訳）：自閉症児と絵カードでコミュニケーション―PECSとAAC―，二瓶社，2006.

[自閉症スペクトラム障害]

Section 3 知的障害を伴う自閉症スペクトラム障害 ―2～12歳の長期指導例―

事例

■ 対象児

事例：男児，2歳10か月～12歳2か月（小6）
主訴：ことばが遅いので，家族で心配をしている．何かできることはないか．
診断名：初診時に医師からは「広汎性発達障害（pervasive developmental disorders：PDD）の疑い」と言われ，その後「（典型的な）自閉症ではないが，広汎性発達障害」と告げられた．
生育歴：在胎期・周産期とも特記事項はなかった．始歩は1歳過ぎであった．聴性脳幹反応（auditory brainstem response：ABR）にて，聴力に異常はなかった（2歳9か月時）．

家族歴：父，母，姉（2歳上），父方の祖父母．
　父母とも会社員．平日は母方の祖父母の協力を得て，保育園に姉と本児を通わせていた．
相談歴：よく泣き，なかなか泣きやまない赤ちゃんではあったが，姉も同様であり，子どもなので当たり前だと思っていた．ただ，ことばは遅いと感じ，1歳半健診のスタッフや保育園の先生に相談したが，とくに問題を指摘されなかった．それでも気になっていたため，面識のあった言語聴覚士（以下ST）である筆者のところに相談に訪れ，診療につながった．

■ 初診時

1）初診時評価の結果（2歳10か月）

　付き添いが父親だけであり子どもの普段の様子を聴き取ることはむずかしかった．挨拶をするため正面を向かせようとしたが逃げていき，着席を強要しても強い不安を示すことが危惧されたので，筆者に慣れるまでは行動観察（働きかけへの反応を含む）で評価することとした．

社会的相互交渉：玩具で積極的に遊び，物への興味関心は高かったが，それに比し人への働きかけは乏しかった．しかし全くない訳ではなく，自ら父親に物を渡す場面が1度みられた．父親に寄って行く行動もみられたが，それ以上の発展はなかった．また，知らない児の母親の膝に勝手に座っていた．視線は合わなかった．

表出：バイキンマンが鮫に食べられそうになっている絵カードを見ながら，「バイキンマン」は明瞭に呼称していた．また，以前見たビデオのなかのせりふと思われるような，ジャーゴン様発話は盛んであった．他に「リンゴ」「キリン」など数個の単語の表出はあったが，コミュニケーションには使っていなかった．クレーン現象はみられたが，指差しは確認できなかった．

言語理解：呼んでも振り向かず，言語指示は入らなかった．上記の絵カードで，「バイキンマンどれ？」と尋ねても，応答の指差しで答えることはなかった．家庭でも似たような反応であるとのことだった．

視知覚認知系：玩具はそれぞれの機能に合った遊び方をし，ままごとでは食べる真似もみられた．4色のリングの色分けはできなかった．

　以上より，定型発達と照らし合わせてみると，この時点の発達水準は，言語理解，表出とも1歳半以下，視知覚認知系は1歳半を超えているが2歳は超

えておらず，いずれも生活年齢を下回っているととらえた．とくに社会的相互交渉の発達は1歳前であり，大きく遅れていた．

2) 指導方針と経過

双方の都合により通室は月1回，約50分とした．保護者は指導に同席し，STは必要に応じて保護者に説明を加え，家庭でも同じような取り組みができるようにした．以下に，年齢に応じ，6期に分けて述べる．

第1期～第4期の実際

第1期（2歳10か月～3歳4か月）

● **指導目標・方法を設定するにあたっての根拠**

本児は社会的相互交渉の水準が低く，STの存在は無視していたので，まず受け入れてもらうことに重点を置いた．名詞絵カードには見向きもしなかったが，ストーリー性のある状況画には興味を示した．そこで，抑揚のある声で，せりふや効果音を毎回繰り返し，STにその音声を要求してくることをねらうことにした．

有意味語を発していたことから，ある程度物に名前があることはわかっていると考えられたが，応答の指差しはしなかった．これは本児の社会的相互交渉の水準が低いためとも考えられたが，名称の理解の指導は必要であると感じた．呼んでも振り向かなかったが，遅延反響語のようなビデオのせりふと思われるジャーゴン様の表出はみられたので，ビデオのせりふは聞いているといえた．そこで，まず本児が真似をしたくなるようなことばかけを行い，ある程度定着してから理解課題（カードの選択など）に入ることにした．

● **目標**

・相手のことばに耳を傾けるようになる．
・応答の指差しができるようになる．

● **方法**

・本児の好む遊びを提案，介入，STの存在を意識付ける．
・本児が興味を持つ絵を示しながら，いつも同じ音声をつける．

● **具体例**

幼児雑誌の付録であった「バイキンマンが鮫に食べられそうになっている絵カード」を好んだので，それを例えば次のように利用した．この介入の流れと本児の反応の変化の関係を図1に示した．

(1) 本児はこのカードを見ながら，ビデオのせりふと思われるジャーゴン様の表出をひとりでしていた．そこで，一緒になって「わー，やられる」「助けてくれー」「こら待て，バイキンマン」「食べちゃうぞー」のようなことばと身振りで，本児の遊びを盛り上げた．すると，その絵を見る時は，それらの働きかけを期待するように，STの顔を見るようになった．

(2) 同じような場面がある絵本『ノンタンおよぐのだいすき』[3)]を使って，(1)と同じようなせりふをつけながら，教材を広げた．具体的には，ノンタン達が，大きな魚に食べられそうになるページで「うっしっしー，食べちゃうぞー」と身振りをつけておおげさに言ってみせた．大きな魚の色合いや角のようなものがあるところがバイキンマンに似ているので，今度は食べる側の魚をバイキンマンに見立てたようであった．そして，次のページで魚がやられる場面にも興味を示し始めた．ここでも「ガッツン」「あいたたー」といったSTのせりふを求めて，STの顔を見るようになった．

(3) (1)のジャーゴン様の発語のなかで，「バイキンマン」ということばは，はっきりと聞き取れた．そこで，STはバイキンマンを指差しながら「バイキンマン」と強調した．しばらくすると，本児はそのカードを見ながら「かいじゅう」ということばを言うようになった．「かいじゅう」は鮫のことであると思われたので，STは鮫を指差して「かいじゅう」と言うようにした．その後，お気に入りの絵では「バイキンマンどれ？」と尋ねると，「バイキンマン」と言いながらバイキンマンを指差すことができるようになった．

(4) 家庭でも，指を差して名前を伝えるよう指導した．例えば，家族の写真を見ながら指を差して

```
                    お気に入りのカード
                  ┌──────────────┐
                  │バイキンマンが鮫に│
                  │食べられそうになっ│
                  │ている絵カード   │
                  └──────────────┘
       ┌─────────────┼─────────────┐         家族への依頼
    ┌──────┐      ┌──────┐      ┌──────┐
    │介入(1) │      │介入(3) │      │介入(4) │
    └──────┘      └──────┘      └──────┘
  状況に合った『せりふ』を言う  本児の言ったことば   家族の写真などを
  「わー,やられる」          「バイキンマン」をST  見ながら指を差し
  「助けてくれー」           は指を差しながら繰り  て呼称して聞かせる
  「こら,待て,バイキンマン」   返す
  「食べちゃうぞー」
    ┌──────┐
    │介入(2) │
    └──────┘
  同じような場面のある本へ広げる
  そこでも,介入(1)と同じような『せりふ』を言う
  「うっしっしー,食べちゃうぞー」
  「ガッツン」
  「あいたたー」
              ↓                              ↓
    ┌──────────┐                 ┌──────────┐
    │本児の反応(1)│                 │本児の反応(2)│
    └──────────┘                 └──────────┘
   『せりふ』を期待して,              「バイキンマンどれ?」に対し,
   STの顔を見るようになる             応答の指差しが可能となる
```

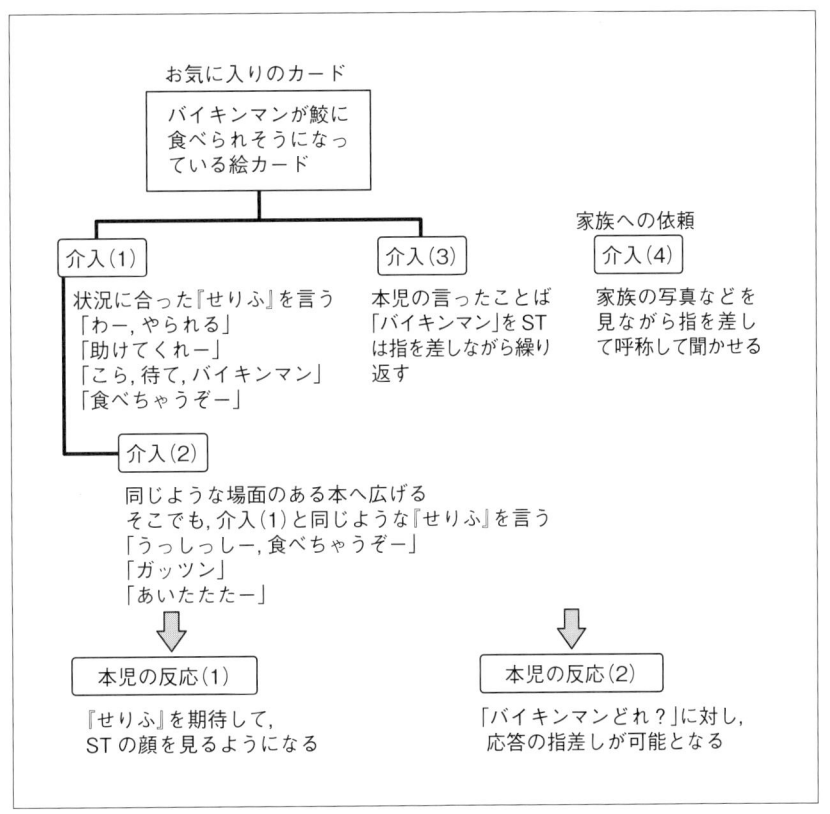

図1 本児が好むカードを用いた介入の例

名前を言うよう提案した.

● **結果**

好きな状況画に対し,STのことばを期待して,STの顔を見るようになった.応答の指差しが可能となった.「太田ステージ評価」[1,2]を行ったところ,名称の理解が4/6正答で,stage Ⅱ(シンボル機能の芽生えの段階)であった.

● **第1期終わり頃の本児の様子**

呼ぶと振り向くことが増えた.視線が合うことも増えた.ことばや音の真似がみられるようになり,とくに「ママ」「ママ」とよく言うようになった.ライオンの絵カードを見せながら,STが「ガオー」と身振りをつけて言うと,「ライオン……さよなら」と言って箱に入れた.同じように,嫌なことに対して,「さよなら」と言って拒否を示した.

はめ板は好まなかったが,やらせるとどうにかできた.4色のリングの色分けは難なくできた.

家庭で叱られると,自分の頭をたたくことがあった.また好きな本を見ながら興奮し,ジャンプをしながら,「あぶない」「こわい」といったことばをひとりで繰り返した.

以上の反応より,この時点での発達水準は,言語理解と表出に差はなくいずれも1歳半を超え,視知覚認知系は2歳を超えたととらえた.

第2期(3歳5か月～4歳10か月)

● **指導目標・方法を設定するにあたっての根拠**

第1期で「名称の理解」は可能となった.またビデオのせりふなどの遅延反響語がみられたことから,聴覚的記銘力はあると考えた.さらに家族は養育に熱心であったため,様々な物品の名称は,今後家庭で習得できると考えた.太田ステージなどによる発達の順番では「名称の理解」の次の段階は,「用途の理解」や「動作語の理解」であるので,それらを次の段階として念頭に置いた.

指差しなどで応答ができるようになったので,次はことばで応答ができるような場面を作るようにした.

また第1期より本児の問題は「相手のペースに合わせられないこと」であったので,指導を通して「相手のペースに合わせること」を少しでも身につけて

欲しいと考えた．そこで，本児が自ら取り組む状況画やストーリーのある本については，STが主導権を握って行うようにした．動作語の習得など，それ自体が目的である場合には，本児の負担をできるだけ減らすため，本児のペースが保てるように，表出課題を通して理解が定着するようにした．

● **目標**
・表出できる動作語が増える．
・現前のことについて，ことばで応答できるようになる．

● **方法**
・好むキャラクターの動作絵カードを用いて動作の表出を促す．
・気に入った物や本を介し，本児の期待にそう反応を返しながら，STからの問いかけを増やす．

● **具体例**
(1) 入室するなり，好きな状況画や本を要求するようになっていたので，そこでのことばのやり取りを大切にした．また，それらの本を，好きなページだけでなく，最初から最後まで，一緒に楽しめるようもっていった．初めは勝手にめくりたがったが，好きなページが予測できるような，興味を示すことばをかけ，勝手にめくらないようしっかり押さえて進めた．STのペースに乗るようになったら，開いているページにある物品やキャラクターを尋ねて，応答の指差しを促した．ここまでの関係や姿勢ができると，指示に従って指導が受けられることが多いが，それでも，初めての教材には抵抗を示した．
(2) 大好きなアンパンマンのキャラクターが動作をしているカードは，こちらが新しく提案した課題であったため，抵抗は少ない方だったが注目はできなかった．そこで，普段から絵を描いてもらうことを好んだので，カードを見ながら絵を描いてみせて進めると，すんなりカードに注目することができた．表出を促すと，初めは何も言えなかったり，「はみがき」のような1語文であったりがほとんどであった．しばらくすると，動作に関連した自分が言われていることばや，『せりふ』を言うようになった．例えば，片付けをしている絵を見て，「片付けなさい！」と言ったり，バイキンマンが車に轢かれそうな絵を見て，「キー（車の止まる音）」「バイキンマン，危ない！」と言ったりした．その都度，STは「おもちゃを片付ける」など2語文程度を言って聞かせた．数か月後には，「何してる？」と尋ねると助詞や活用の誤りはあるものの，対象＋動作の2語文で答えられるようになった．

● **結果**
・オウム返しが多いものの，ことばでの応答が増えた．
・2語文の表出が増えた．

● **第2期終わり頃の本児の様子**
ビデオの「日本昔ばなし」をよく見ていたので，父親が帰ってくると「開いているからお入り」と口調をまねて言ったり，自分が家に帰る時には「いま帰ったぞ」とそのせりふを言ったりしていた．

母親は仕事が終わると，母親の実家で待っている子ども達を迎えに行って，車に乗せて帰宅していたことからか，自分が待っている家に母親が帰ってくると，いつどんな時でも外出しないとおさまらないこだわりがあった．保育園の発表会では，ある程度合わせて行動できたが，母親を見つけるとできなくなった．

描線はぐるぐる（円錯綜）で，直線は引けなかった．簡単なパズルができるようになった．

この時点での発達水準は，高い方から視知覚認知系，表出，言語理解の順であったが，差は縮まった．いずれも2歳半から3歳の間であるととらえた．

第3期（4歳11か月〜小学校入学）

● **指導目標・方法を設定するにあたっての根拠**
早生まれであったので，小学校入学を意識する年齢となった．家族は通常学級での教育を希望し，学習塾へも通わせ始めた．そこで，この時点での本児の水準から離れ過ぎないように配慮しながら，入学後，指示された活動ができるように，手本と同じものを作ることや，文字に親しむことを課題に含めた．

発達の順番からは，「3語文の理解・表出」や，「〜するもの」といった動詞を使った表現から，「食べ物」などカテゴリー概念へと結び付けていくことを考えていた．

● 目標
・小学校入学に向け，課題形式（問いに答える，指示に従う）に慣れる．
・概念の理解が育つ．

● 方法
・手本と同じものを作る課題
・文字単語の理解
・分類課題

● 具体例
(1) 玉刺し．手本（図版）と同じように，棒に色・形に注意しながら玉を刺す．初めは予め手本にある玉を選んでおいた．
(2) ウルトラマンが好きになっていたので，ウルトラマンのキャラクターのひらがな文字カードを一緒に読んだ．初めは文字を覚えることより，音の分解を意識させるようにした．
(3) キャラクター×表情のカードを2語文で表出の後，表情で分類する．
(4) スーパーマーケットの食品売り場が描かれた台紙に食品チップを分類する．そして，何売り場か当てる（野菜，お菓子など）．売り場名の文字カードを用意しておいた．

● 田中ビネー知能検査Ⅴ
田中ビネー知能検査Ⅴを施行した（CA 5歳5か月）．結果を表1-1に示す．MA 3歳4か月，IQ 61で軽度の知的障害を示した．

2歳級で通過した下位検査は素早く反応し満点であった．不通過であった「簡単な指図に従う」では問1の犬を渡すことはできたが，問2ではボタンを箱の中に入れた．問3でははさみと積木を渡した．「トンネル作り」では，本児の前に置いた積木一つひとつをロボットに見立てて遊び，教示が入らなかった．3歳級の「小鳥の絵の完成」はお腹を線で結び始めたが，残り7 mmのところで線を曲げて円にし，さらに余白にたくさんの円を描き足した．「位置の記憶」では犬は正しく置いたものの，車では遊び始めた．「属性による物の指示」は4/6合格したが基準に到達していなかった．

不通過の下位検査の内容や反応をみると，目の前に興味のある物があると教示は入らず勝手に操作してしまったが，それ以外では基準に達しないまでも，文レベルのことばが意味を伴って入るようになっていた．ただ，3歳級以上で通過した言語面の検査は"呼称"と"復唱"だけであり，意味理解や概念の習得には困難を示していることがわかった．

視知覚認知系の下位検査では，4歳級の「長方形の組み合わせ」は通過したが，2歳級の「トンネル作り」，3歳級の前半の「小鳥の絵の完成」は不通過であり，視知覚認知系が明らかに言語面に比して得意とは言えなかった．

● 第3期終わり頃の本児の様子
ジャンプを繰り返すことは減り，全体に落ち着いてきたような印象を受けた．ただ課題ができると楽しそうな表情をするが，できないと「やめる」と言って拒否的になることも増えた．家の近所の小児科に行った時や，要求が叶わない時に大暴れをした．

田中ビネー知能検査Ⅴの結果から知的障害の域であることを両親に伝えた．同意を得て，教育委員会への情報提供を行った．隣接の小学校の自閉症・情緒障害特別支援学級へ行くことに決まった．

ひらがなの清音はほぼ読めるようになった．

この時点での発達水準は，田中ビネー知能検査Ⅴの「呼称」や「図形の組み合わせ」など一部できるものはあるものの，言語理解，表出，視知覚認知系とも3歳前後であるととらえた．

第4期（小学1年）

● 指導目標・方法を設定するにあたっての根拠
本児が小学校へ入学したのを機に，母親は仕事を辞めて，本児の生活面，学習面すべてにおいて，本児と向き合い，教育を行うようになった．月1回の言語指導は継続した．教材を紹介するなど家庭での取り組みを補えるような内容を心がけた．

読み書きを習得させたいという母親の願いがあったので，まずそれを優先させた．すでにひらがなの清音はほぼ読めるようになっていた．これまでの検査や指導から，視覚情報の方が集中しやすいと感じていたので，これからは文字を通して，理解と知識を向上させようと考えた．

文レベルのことばが意味を伴って入るようになったので，課題へのモチベーションをあげるために

ゲーム性のある課題を使った．ねらいはソーシャルスキルではなく読み理解の向上におき，ゲームに負けたままやできない体験で終わることがないように配慮した．

● **目標**
・ひらがなが書けるようになる．
・文を読んで意味がとれる．

● **方法**
・なぞりや模写
・読み札のあるゲーム

● **具体例**
(1) おえかきせんせい/せんせいひらがなシート[4]：本児は失敗することを嫌うが，シートの溝をなぞると，失敗することなくスクリーン上に美しい文字を書くことができるため落ち着いて臨むことができた．
(2) ことばのテーブル100枚プリント第1集あんごうをとこう[5]：数字に対応するひらがなを一つずつ模写すると，テーマ（カテゴリー）に則した単語が完成するので，苦手意識が緩和された．

表1-1　田中ビネー知能検査V（CA：5歳5か月）

	通過	不通過
1歳級	すべて	なし
2歳級	動物の見分け，語彙（物），2語文の復唱，色分け，身体各部の指示（主体），縦の線を引く，用途による物の指示，絵の組み合わせ，語彙（絵）	大きさの比較，簡単な指図に従う，トンネル作り
3歳級	語彙（絵），短文の復唱（A），円を描く	小鳥の絵の完成，属性による物の指示，位置の記憶，数概念（2個），物の定義，絵の異同弁別，理解（基本的生活習慣），反対類推（A），数概念（3個）
4歳級	語彙（絵），長方形の組み合わせ	順序の記憶，理解（身体機能），数概念（1対1の対応），反対類推（B）
5歳級	なし	すべて

表1-2　田中ビネー知能検査V（CA：7歳2か月）

	通過	不通過
2歳級	すべて	なし
3歳級	語彙（絵），小鳥の絵の完成，短文の復唱（A），属性による物の指示，数概念（2個），理解（基本的生活習慣），円を描く，反対類推（A），数概念（3個）	位置の記憶，物の定義，絵の異同弁別
4歳級	語彙（絵），順序の記憶，長方形の組み合わせ，反対類推（B）	理解（身体機能），数概念（1対1の対応）
5歳級	絵の欠所発見，左右の弁別	数概念（10個まで），絵の不合理，三角形模写，模倣によるひもとおし
6歳級	なし	すべて

表1-3　田中ビネー知能検査V（CA：9歳2か月）

	通過	不通過
4歳級	すべて	なし
5歳級	絵の欠所発見，模倣によるひもとおし，左右の弁別	数概念（10個まで），絵の不合理，三角形模写
6歳級	曜日	絵の不合理，ひし形模写，理解（問題場面への対応），数の比較，打数数え
7歳級	頭文字の同じ単語	関係類推，記憶によるひもとおし，共通点（A），数の比較，話の不合理
8歳級	語順の並べ替え（A）	短文の復唱（B），数的思考（A），短文作り，垂直と水平の推理，共通点（B）
9歳級	なし	すべて

完成後には，カテゴリーの学習やことばのやり取りにつなげることもできた．
(3) スリーヒントゲーム[6]：誰が，どんな服装で，何をしているかが箇条書きしてある読み札を読み，似通った絵札のなかから該当するものを選ぶ．指導のなかでは，①読み手として読み札を読む，②取り手として聞いて理解し絵を見分けて取る，③絵を見ながらスリーヒントを作成する，④STが誤って取ったカードについて，どうして違うかを説明する，⑤読み手の時は取らないなどのルールに従う，など，レベルや調子に合わせていくつかの取り組みをした．

● 田中ビネー知能検査Ⅴ

田中ビネー知能検査Ⅴを再度施行した（CA 7歳2か月）．結果を表1-2に示す．MA 4歳9か月，IQ 66で前回同様軽度の知的障害を示したが，MAは大きく伸びた．

3歳級で不通過だった「位置の記憶」は今回も教示を無視して遊んでしまった．「物の定義」では帽子と茶わんは"丸い形のこと"，本は"アンパンマンのこと"と答えた．「絵の異同弁別」は，にやっとしながら一貫性のない誤り方をしたのでふざけたのかもしれなかった．4歳級で不通過だった「理解（身体機能）」は問1では"眼鏡を買うこと"，問2では"耳栓を聞く"と反応した．「数概念（1対1の対応）」では1回目はきちんとやり正答したが，2回目はいい加減になった．5歳級の「数概念（10個まで）」は半分に分けるところを誤った．

「位置の記憶」の反応のように指示が入らなかったことは時々あったものの，おおむねことばだけによる質問に対しことばで何らかの応答を返せるようになった．

● 第4期終わり頃の本児の様子

絵を介してのやり取りではあったが，具体例(3)の課題では，④のどうして違うかの説明ができるようになった．またひらがなが書けるようになった．日常会話レベルの文であれば，読んで理解できるようになった．そのためプリントなど文字を使った学習を通して，言語の指導ができるようになった．

対人面では母親に甘えるようになった．入学前も母親のことは好きであったが，物を買ってくれる，外へ連れて行ってくれるなど，人としてのつながりよりも，物を介してのつながりが強い印象であった．しかし，入学後しばらくすると，母親にただくっつきたくてくっつくような行動がみられるようになった．

第5期（小学2年～4年の夏）

● 指導目標・方法を設定するにあたっての根拠

やり取りが成立することが増えたので，課題にソーシャルスキルの要素を入れた．本児にとって苦手な分野ではあるが，相手のことを考えたり，自分の気持ちや状況を説明したりできるようになって欲しいと考えた．

● 目標

- 多側面（例えば名前だけでなく用途・属性・特徴など）から考える力をつける．
- ルールを学ぶ．
- ことばで説明ができるようになる．

● 方法

- ゲーム形式の選択課題
- なぞなぞ

● 具体例

(1) 3ヒント単語あて

手順
① 名詞絵カードを10枚くらい裏向けて並べる．
② ジャンケンで先行を決め，交互に行う．
③ カードを1枚，相手に見えないようにめくる．
④ カードに描かれたものについて，カテゴリーまたは用途と，特徴を2つ言う．
⑤ 相手はそれを聞いて，該当するものの名前を答える．

本児の反応と対策
- 3つのヒントを聞いたが答えられない時，あるいは答えが間違っていた時に怒りそうになった．
  ⇒具体的な質問を書いたカード（「どんな色ですか？」など）を作っておき，わからない時に質問カードを差し，質問をするように促した．
  ⇒時には「降参ですか？」と尋ね，頷いたら，カードの絵を見せた（「降参」の意味はわかっていなかったようだが，答えがわかる手段の

一つとして納得していた.）.
- カテゴリーは言えることが多かったが，特徴を2つ上げるのには苦労をした．行き詰まると答えを言ってしまうことが多かった.
  ⇒答えを言ってしまった時は，聞こえなかったふりをして，質問カードを用いて，特徴に関する質問をした.
- 自分が出したヒントに対しSTが「わからない」という反応を返すことを嫌った.
  ⇒初めに絵カードを裏返して並べる時に，どんなカードがあるか把握しておき，必要な時には，本児のヒントを褒めながら正答が答えられるようにしておいた.
  ⇒すぐに何らかの反応を返すことを心がけた．主にことばを足しながら，本児のヒントを繰り返したり，質問カードを用いて質問をしたりして，本児がきちんとヒントが出せるようになるよう導いた.
- 家庭でも行うことで，本児はこのゲームの手続きに慣れ，楽しめるようになった.
- 「もっと質問ができるようになって欲しい」という母親の要望があり，後に，ヒントなしで，質問だけで当てるゲーム"私は誰（何）でしょう"に発展させた.
- 同じように，3ヒントで漢字を当てるゲームにも発展させた.

(2) 文章完成など
- 「ぼくが○○○○は・・・」で始まる文を完成させる．○○○○には例えば，好きなもの，怖いもの，して欲しいこと，くやしかったことなどが入る．一文ずつ，一緒に考えながら進めた.
- 絵の吹き出しにことばを入れる.

● K-ABC

小2の終わり（8歳0か月）に，担任からの要請があり，K-ABCを行った．結果を図2に示す.

継次処理尺度と同時処理尺度はほぼ等しく認知処理過程尺度は境界域にかかっていた．それに比し，習得度尺度は有意に高く正常下限を示した．なかでも「ことばの読み」は平均値を超えた．認知処理過程の下位検査はばらつきが小さく，相当年齢は5歳代が多かった．習得度の下位検査の相当年齢は低いもの（算数となぞなぞ）でも6歳9か月であった.

● 田中ビネー知能検査V

小4の初め（9歳2か月）に，3度目の田中ビネー

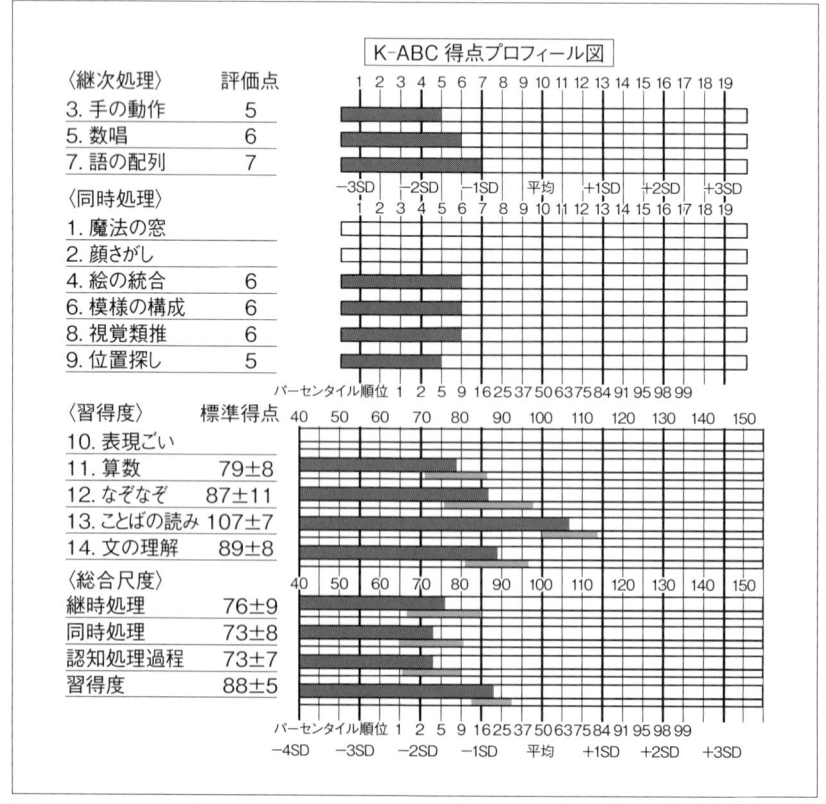

図2 K-ABCのプロフィール（実施年齢8歳0か月：小2の終わり）

知能検査を行った．結果を表1-3に示す．MAは6歳0か月で，IQ 65，これまで同様軽度の知的障害を示した．MAは前回から順調に伸びた．

5歳級で不通過だった「数概念（10個まで）」は今回も"半分"の意味がわからなかった．「絵の不合理」は不合理な点を認識しているものの，ことばで充分に説明ができなかった．例えば問1では"スプーンがおかしい"と答え，再質問すると"変になってる""横になってる"と答えた．6歳級の「理解（問題場面への対応）」になると，ことばだけでは状況や質問の意味が理解できなかった様子であり，問1では"乗ります"，問2では"お姉ちゃんがくれる"，問3では"会いたいです""はぐれちゃいます"と答えた．

2年前と比し，MAは1歳3か月の伸びだが，基底年齢が2歳から4歳と2歳分上昇したことは喜ばしいことであった．ことばでの説明はまだできないが，日常の会話レベルの言語能力はクリアした．

● 小学4年頃の本児の様子

興奮すると手を叩く行動が目立つようになった．また，できない時に「わからない」「できない」と叫ぶだけでなく，問題を出した相手に手を出したり，「帰れ」と叫んだりするようになった．医師に相談したが投薬はされなかった．その後ある時，問題を出した実習生を攻撃したくなったが，涙を流しながら口頭で攻撃的なことを言ったあと，母親にくっつきながら「殴りたい…でもしたらダメだ…」というように自分で自分に言い聞かせ，気持ちを回復させた．それ以後は，叫ぶこともなくなった．

第6期（小学校高学年）

● 指導目標・方法を設定するにあたっての根拠

母親から，「"あげる""もらう"がわかっていない」「計算はできるが，文章題は何算を使うかわかっていない」という訴えがあった．MAが6歳を超えたので，文法的なことに注目させ，文を正しく理解できるよう試みた．

● 目標

・主語と述語がわかる．
・"あげる""もらう"が正しく理解できる．
・態の変換ができる．

● 方法

・プリント

● 具体例

(1) 文を読んで，主語と述語に印をつける．
(2) "あげる""もらう"の文で，主語と述語（だれはどうした）に印をつけ，次に矢印先がもらう方であることを強調しながら矢印を描く．
(3) 算数の文章題を，絵で表しながら解く．
(4) 構文検査にあるような文（例えば，「丸の中にある三角は黄色です」）を用いて，まず主語と述語（どこに係るか）を確認し，それから文を解釈する．

● WISC-Ⅲ

図3には，10歳9か月（小5）で施行したWISC-Ⅲの結果を示した．図3aはIQと群指数である．図3bは下位検査の成績であるが，縦軸は評価点ではなく，テスト年齢で示してある．本児は同年齢群の正常域を外れているため，同年齢群のなかの位置を表す評価点よりも，テスト年齢の方が，本児の強い部分と弱い部分をよく表すからである．ただし，評価点ほど統計学的な情報は得られない．

図3aより，全体の水準は軽度の知的障害レベルであった．VIQとPIQの差はなかった．群指数の「言語理解」と「知覚統合」の差もなかった．

図3bより，言語性検査の「単語」は9歳を超え最も実年齢に近かったが，「理解」は6歳に至らず，小学校入学前の年齢相当であった．動作性検査では，「積木」と「組み合わせ」が低かった．

● LCSA（学齢版　言語・コミュニケーション発達スケール）

図4には，11歳11か月（小6）で施行したLCSAの結果を示した．本児の実年齢はLCSAの適応年齢を超えていた．そこで，発達レベルはWISC-Ⅲから7〜8歳と推定できたので，小2（7歳0か月〜7歳11か月）で換算して，下位検査の偏りを見た．図4の縦軸は本児を小2（7歳0か月〜7歳11か月）と仮定した場合の評価点である．

「口頭指示の理解」に比べ「聞き取り文脈理解」が低かった．また，それらに比し「文章の読解」が良好であった．

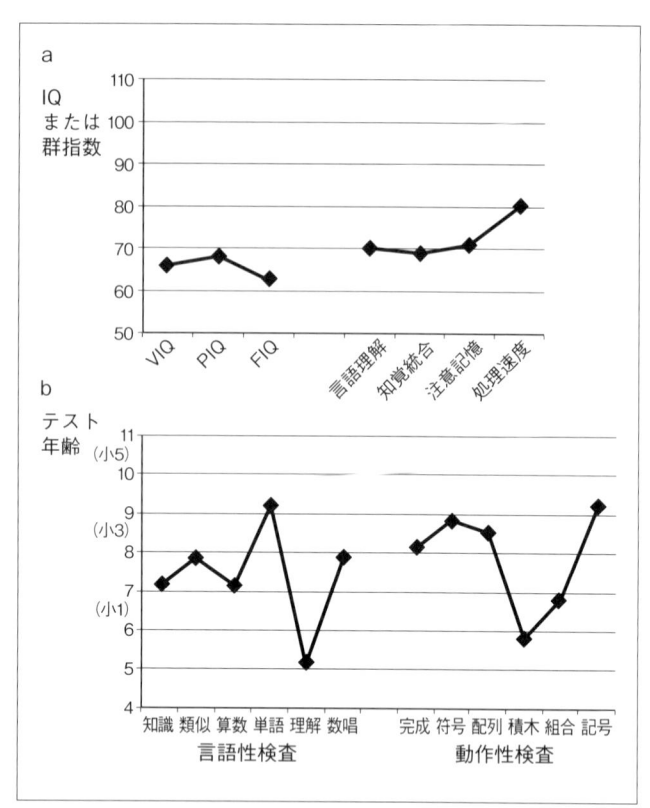

図3 WISC-Ⅲ（実施年齢10歳9か月：小5）
a は IQ と群指数, b は下位検査をテスト年齢で表したもの

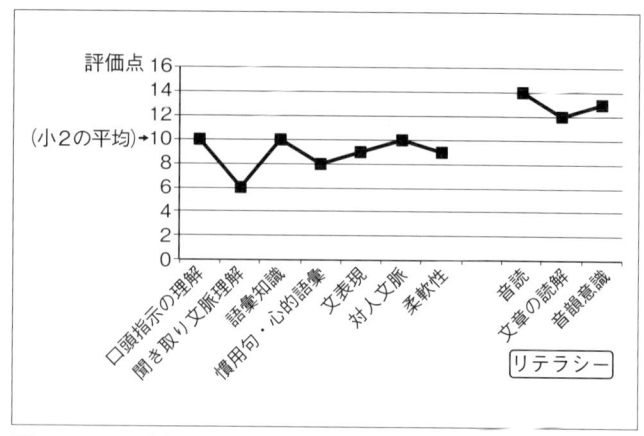

図4 LCSA（実施年齢11歳11か月：小6）
縦軸は評価点を小2（7:0～7:11）で換算した数値, LCSA 指数：101, リテラシー指数：121

● WISC-Ⅲ と LCSA の結果の解釈

WISC-Ⅲ の言語性下位検査（図3b）と LCSA の下位検査（図4）から次のことが言えた. WISC の「単語」と LCSA の「語彙知識」より語彙理解は良好であり, WISC-Ⅲ の「数唱」より聴覚的短期記憶は全体の水準に見合っていた. これらから予想される水準と LCSA の「口頭指示の理解」は一致した. それらに比し WISC-Ⅲ の「理解」と LCSA の「聞き取り文脈理解」は大きく低下した. 本児の PDD という認知特性も関与していると思われるが, 聴覚的に文脈を伴った長い文を理解することは苦手であった. しかし LCSA の「文章の読解」は良好であった. これより文字を用いての学習は有効であると言えた.

動作性検査の反応では, 「積木」「組み合わせ」が低いことから, 部分と全体の両方に注目しながら考えることが苦手と思われた.

● 小学校卒業の頃の本児の様子

高学年になってからはずっと落ち着いて学習に臨むことができ, 行動上の問題はなくなった. また我慢ができるようになった. 学習面は, これまで同様学習塾を利用しながら, 母親が積極的に関わった. 家庭は学習する環境にあった. 英語も学習し, 小6で英検5級に合格した.

主語と述語をとらえてから文を解釈する課題は, 卒業の頃には誤ることなくできるようになった. 受動態が含まれていても構文の理解が可能になった.

まとめ

知的障害を伴う広汎性発達障害児の2歳10か月から小学校を卒業するまでの指導経過を示した.

それぞれの期間の目標を表2に示した. 幼児期後期からは学校生活を念頭に置いた目標も含まれているが, 全体を通して言語発達の順序にそって目標を設定した. 知的障害のみの児と異なるところは, 小1で文字の習得と同時に文字を使った意味理解の課題を入れ, 視覚的に言語理解を進めたことと, 多側面から考えることを重視したことであった. 後者は自閉症スペクトラム児は柔軟性に欠け, 多側面から考えることが苦手で, ことばが広がっていかない傾向があると常々感じていたからであった.

目標の設定や課題の進め方には様々な考え方があると思うが, 筆者は, 幼児期には苦手な面の底上げを心がけた. 課題の内容や手続きを理解させ不安を軽減させるために, 本児が好む視覚的な道具を使ったが, 筆者が目標としたことは, 聴覚的な言語理解と口頭での表出であった. 小学校入学の頃からは得

意な面を活かし伸ばすことを心がけた．文字の利用がそれにあたった．

幼児期には視知覚認知系に比し言語面の遅れが顕著である児が多いが，本児も例外ではなかった．ただ，本児は発話量が多く，理解と表出の差はなかった．そのために本児では，表出をさせながら理解を促していく課題を使うと集中を保ちやすかった．発話量が多いと比較的言語能力を伸ばしやすく，そのため言語能力が視知覚認知系と同レベルまでは発達する場合が多いように思われる．

指導を行ううえで留意した点は，子どもの自閉的な特性に配慮することであった．この子どもたちは，①初めての課題は不安から拒否的になりやすい，②できないことや負けることを極度に嫌う場合が多い，③相手のペースで課題が進むことはストレスであるなどを示すが，見通しを持たせると負担が減る場合が多い．言語の指導が目的であるので，これらの特性には十分配慮して，言語を学習する（苦手なことに臨む）こと以外の負担を子どもにかけないように心がけた．しかし，課題を厳選し，導入部分も成功し，子どもが興味を持ってやり始めたように見えても，予想以上に早く取り組みが悪くなり，後半はバトルになってしまうことは今でもある．自分の未熟さと，この仕事の奥の深さを痛感させられる時である．

言語指導の場は，普段の生活では接しない相手と対面して関わるのでソーシャルスキルを学ぶ場にもなり得る．この事例でも小学2年からはルールを学ぶことも目標に加えた．その場合に大切にしたのは，指導をする側が，言語面にアプローチしているのか，ソーシャルスキルにアプローチしているのかを一つひとつの関わりについて意識することであった．こちらの言語課題の設定が悪く子どもがやる気をなくした時に，子どものソーシャルスキルの向上をねらってはいけない．

表2　それぞれの期間の目標

	期間（歳：月）	目標
1	2：10〜3：4	相手のことばに耳を傾けることができる
		応答の指差しができる
2	3：5〜4：10	表出できる動作語が増える
		現前のことについて，ことばで応答できる
3	4：11〜入学	課題形式（問いに答える，指示に従う）に慣れる
		概念の理解が育つ
4	小1	ひらがなが書ける
		文を読んで意味がとれる
5	小2〜小4の夏	多側面から考える力がつく
		ルールを学ぶ
		ことばで説明ができる
6	小学校高学年	主語と述語がわかる
		「あげる」「もらう」が正しく理解できる
		態の変換ができる

保護者の了解を得てこの事例を本稿のモデルとした．執筆にあたり，改めて本児との10年を振り返り，本児のできることが増えるに従って大人の要求が高くなりすぎていたことを反省した．そのたびに，家族が愛情と信念を持って根気強く対応してきたことに改めて気付き，何より筆者自身が保護者と本児に育てられて来たことを認識した．

本児は小学校高学年から穏やかになってきたが，中学生になりさらに表情が良くなった．友達の名前を覚え，学校は楽しいと言い始めた．自分はこうしたいとか，僕のスケジュールはこうだとか，あえて伝えなくていいことまで自分から家族に話しかけてくるようになった．ラジオの講座を自ら聞いてさらに英語の勉強を頑張り，英検4級にも合格した．今後も本児の成長と活躍に期待したい．

（青木さつき）

●参考文献・教材
1) 太田昌孝, 永井洋子編著：自閉症治療の到達点, 日本文化科学社, 1992.
2) 太田昌孝, 永井洋子編著：認知発達治療の実践マニュアル, 日本文化科学社, 1992.
3) キヨノサチコ（作・絵）：ノンタンあそぼうよ4, ノンタンおよぐのだいすき, 偕成社, 1977.
4) おえかきせんせい/せんせいひらがなシート, TAKARATOMY.
5) ことばのテーブル100枚プリント第1集あんごうをとこう, 葛西ことばのテーブル.
6) スリーヒントゲーム, 学研.

コラム

LCSA とは

　LCSA（LC scale for School-Age children）は，2005年に大伴らによって開発されたLCスケール（言語コミュニケーション発達スケール）（コラム「LCスケールとは」：p51参照）の学齢版である．同じく大伴らにより，2012年に開発された，学校場面で子どもたちが要請される様々な言語領域のスキルを評価する言語発達検査である．

　対象の年齢範囲は小学校1～4年生であり，かな文字が読めることを前提としている．また，施行の所要時間は45～55分程度である．

　総合的な指標として，「LCSA指数」を求めることができる．また，文章の読みやかな文字の習得に関するスキルを評価する3つの下位検査の成績から，「リテラシー指数」を求めることができる．これらの2種類の指標は，各学年・年齢群において，平均100，標準偏差15になるように作られている．

構成と内容

　5つの群に分けられる10の下位検査で構成されている．各下位検査の概要は以下の通りである．

Ⅰ 口頭指示の理解：簡単な指示文を聞かせ，絵図版を指して回答させる．

Ⅱ 聞き取りによる文脈の理解：「A 説明文の理解」と「B 物語文の理解」から構成される．読んで聞かせた後，内容に関する質問を行い回答させる．

Ⅲ 音読：文字で書かれた文章を音読させ，流暢性を評価する．

Ⅳ 文章の読解：音読で用いた文章の内容について質問し，文章を見ながら口頭で回答させる．

Ⅴ 語彙知識：3種類の問題からなる．「A 語の定義」では語の意味を問う．「B 語想起」では用途に応じた物品名や反対の意味のことばを想起させる．「C 位置を表す語を含む指示の理解」では右・左・表・裏・向かいといった語を含む文の理解をみる．

Ⅵ 慣用句・心的語彙：文脈に適した慣用句，比喩的表現にあてはまる絵，状況に合致した心的語彙（例えば「うらやましい」）などを選択させる．

Ⅶ 文表現：2種類の問題からなる．「A 文の構成」では空欄に適切な助詞や接続詞などを補わせる．「B 状況説明」では提示されたキーワードを使って絵図版の状況を説明させる．

Ⅷ 対人文脈：2種類の問題からなる．「A 発話調整」では丁寧語や敬語が使えるかをみる．「B 皮肉の理解」では話者の意図を説明させる．

Ⅸ 柔軟性：2種類の問題からなる．「A 関連語の想起」では提示されたことばに関連する語を列挙させる．「B 推論」では与えられた状況が起こる理由となることを3つあげさせる．

Ⅹ 音韻意識：5種類の問題からなる．「A 3モーラ語の語中音抽出」は語の真ん中の音節を言わせる．「B 語尾音からの語想起」は指定された音節で終わることばを想起させる．「C 逆唱」では提示された語の音節の並びを逆から言わせる．「D 特殊拍の位置」では特殊拍を含むことばを聞かせ，その文字列を選択させる．「E 音韻の置換」では指定された音節を別の音節に置き換えて言わせる．

課題の特徴

　課題の特徴としては，以下の3つがあげられる．

① 表出課題の一部について，口頭表現を求める課題に続けて，選択肢を与えて回答を求めるフォローアップ課題が用意され，口頭表現が無反応な場合への工夫がされている．

② 聴覚的理解や音読に焦点を当てる下位検査を除いて，聴覚的提示と視覚的提示が併用されており，処理モダリティ（回路）の影響を抑え

て，言語に焦点化した評価が行える．
③ 言語表出と言語理解という比較ではなく，下位検査同士の比較が優先されている．また，文脈における登場人物の心情の洞察や行動に関する推論，皮肉の理解といったことばの側面で，コミュニケーションに関わる言語的スキルを評価することができる．

このように，本スケールは学童期の子どもの言語スキルの特徴を明らかにすることを目的としている．下位検査の成績をプロフィール化すると，言語のどのような側面が優れているか，あるいは困難であるかが明らかとなり，支援の方向性を検討する情報を得ることができる．したがって，通級指導教室などでの指導方針の設定に役立てることができる．

（青木さつき）

●参考文献
1) 大伴 潔・他：学齢版言語・コミュニケーション発達スケール施行マニュアル，学苑社，2012.

太田ステージ

太田ステージ[1,2]は，自閉症の認知発達治療法で用いられる認知発達段階である．東京大学医学部附属病院精神神経科小児部での臨床研究を基に開発された．自閉症の認知特徴に，ピアジェらの発達理論を取り入れて設定されている．

自閉症の認知発達における障害を，太田ら[1]は，① シンボル表象期への壁があり，感覚運動期にとどまりやすいこと，② ことばの芽生えが認められても，シンボル表象期への移行は滑らかではないこと，③ シンボル獲得後には比較や空間の概念などが獲得しにくいこと，ととらえている．これらをふまえ，認知発達段階を次の5段階の stage に分けている．

stage Ⅰ：シンボル機能が認められない段階
stage Ⅱ：シンボル機能の芽生えの段階
stage Ⅲ-1：シンボル機能がはっきりと認められる段階
stage Ⅲ-2：概念形成の芽生えの段階
stage Ⅳ：基本的な関係の概念が形成された段階

太田ステージの評価は，LDT-R（言語読解能力テスト改訂版）用具[2]を用いて行う．言語の理解の程度によって，上記の stage のいずれであるかを判定する．ステージ評価によって子どもの認知発達を的確に把握することができ，治療教育の大枠の方針を立てることができる．さらに具体的な stage 別発達課題が紹介されている実践マニュアル[3]を利用することもできる．

（青木さつき）

●参考文献
1) 太田昌孝，永井洋子編著：自閉症治療の到達点，日本文化科学社，1992.
2) LDT-R（言語読解能力テスト改訂版）用具，心の発達研究所（http://www.kokorosci.org/）
3) 太田昌孝，永井洋子編著：認知発達治療の実践マニュアル，日本文化科学社，1992.

[自閉症スペクトラム障害]

Section 4 知的障害を伴う自閉症児
―神経心理学的アプローチ―

概要

　自閉症スペクトラム障害（autistic spectrum disorder：ASD）では脳の様々な機能障害が知られており，「広汎性発達障害」の名の通り，その障害される領域は広汎に渡る．脳の機能障害であることから，神経心理学的評価がその全体像をとらえるのに役に立つ．感覚，認知，言語コミュニケーション，記憶，注意，実行機能，構成機能，運動のすべてに困難さを抱え，そしてその内容が我々には想像しがたく，さらに，その困難さの質と程度が一人ひとり違っているというむずかしさを持っている．だから，我々は言語の領域にとどまらず，集積された知見から学び，さらに目の前の子どもの情報を丁寧に集めなければならない．まずは，領域別にざっとその困難さをみていこう．

　感覚はASDの7割で障害されている重要な領域であり，触覚，痛覚，温度覚，嗅覚，味覚，視覚，聴覚，前庭感覚，固有知覚の異常が知られている．聴覚異常が最も多く，触覚，味覚・嗅覚がこれに続く．例えば聴覚過敏では我々にはそれほどではない小さな音もASD児にとっては不快であることがある．それは耳ふさぎをしていれば推測できるが，泣いたり，その場から逃げたりと不可解な困った行動として表現されることが多い．感覚障害は訓練に重要な「安定した心の状態」を妨げ安いので対策が必要となる．やっかいなことに，ASDはその中核症状にコミュニケーション障害があり，困難さを自分からは伝えられないことが多いので，こちらからの丁寧な情報収集が大切である．

　認知は見た物，聞いたもの，触った物などの「意味がわかる」機能であり，コミュニケーションの土台を作っている．ASDでは聴覚認知も視覚認知も単純なものはむしろ我々よりも正確であることが多い．他方，情報の統合を必要とするような認知は苦手という特徴を持っている．領域別には顔，顔の表情，声の表情などの認知障害が知られている．したがって，こちらから伝える時には複合的な情報は一対一で対応できるよう整理して伝えるなどの工夫が必要となると同時に，感情の認知については最も苦手な領域として，幼児期から教えていく必要がある．

　言語コミュニケーションについて最も重要な点は，ASDでは人とコミュニケーションしたいという気持ちが少なく，ここから支援が必要だということ，また，言語だけでなくアイコンタクト，ジェスチャー，表情など非言語コミュニケーションも障害されていること，そして，言語を獲得してもその使い方でつまずく，ということである．したがって訓練の重点はコミュニケーションにあり，日常生活で活用できるところまで見届ける必要がある．

　記憶も駅名や道順など単純なものの記憶は優れているが，複雑な情報の記憶は苦手である．とくに自分と他の人との間で何が起こったかのエピソード記憶が困難である．これも現前事象以外のコミュニケーションでは困難を引き起こす可能性がある．また，自転車の乗り方など体で覚える手続き記憶やこれから何をするかを覚えておいて順に実行していく展望記憶やワーキングメモリーも困難である．展望記憶やワーキングメモリーは記憶という名前がついているが，実際には実行機能に属する機能である．

　注意は感覚，言語コミュニケーション，実行機能とともにASDの困難さの中核をなすものである．好きな物への注意の持続・集中は良好であるが，全体に注意を向ける汎性注意は障害され，興味のあるものに注意が釘付けになるスポットライト・アテン

ションとなる．そのような時には名前を呼んでも反応しないので，耳が悪いのではと疑われることがある．集団生活で最も困るのが注意の切り替えの困難さである．定型発達児では6〜12か月に注意の切り替えまでの時間が短縮するのに対し，ASDでは逆に長くなるなど，その発達にも違いがある．複数の刺激から1つを選択し注意を向けることも困難で，こちらが期待するものに注意を向けさせるのはそう簡単ではない．パーティションなどを使って余計な刺激を見えなくする工夫が必要となる．

実行機能は「目的を設定し，計画を立て，これを行動にうつし，その行動をモニターしながら自己制御して効果的に実行する機能」を指す．ASDでは知的障害がなくてもその7割で障害されている．適切な目標を設定することや，これを実現するための計画を立てること，自分のしている行動をモニターすることが困難なうえに，状況に合わせて思考や行動を変える柔軟性や抑制力に乏しく，結果的にパターン化された行動や刺激に翻弄される場当たり的な行動になりがちである．さらに，感情コントロールもむずかしく，パニックになったり，いったん気持ちが崩れると立て直すのに時間がかかることが多い．

構成機能は主に絵や字を書いたり，何かを作ったりする時に必要となるもので，ASDでよくみられるのは，漢字の偏と旁を1つのまとまった形にできなかったり，文字の大きさを揃えて書くことがむずかしかったりすることである．バランスを考えて字や物を配置するという2つのことに注意を向けることの困難さが影響しているのかもしれない．

運動は基本的能力に問題はないが，力の入れ加減や声の大きさの調節などコントロールが困難で結果として不器用なことが多い．身体感覚の問題や注意の問題から模倣が困難であったり，よく転んだりぶつかったりすることもある．また，姿勢保持が困難だったり，体の一部を常に動かしていないと落ち着けないこともあり，「（姿勢良く）座って」という，何かをする前提のこと自体がASDにとってはすでに大変な課題に取り組んでいるという場合もある．

以上の領域に加え，自分感覚，対人スキル，想像性・創造性，好きな物・事，苦手な物・事を診断，支援機関，所属集団，家族環境などの情報と併せて収集する．情報シートを作成し，保護者と一緒に記入することで子どもの状態を共有するのにも役立ち，その後の保護者への助言の時などにこれに戻って説明するとスムーズである．最初からすべてが埋まることはなく，観察や検査をして情報を集めていく．情報シートは完成するのが目的ではなく，あくまで偏らない視点を得る補助である．

言語機能は注意や認知など様々な高次脳機能の発達と相互に影響し合いながら発達する．ましてや言語を使ってのコミュニケーションとなれば，実行機能を含むすべての高次脳機能を結集して行われる．構音訓練や理解語彙の訓練，構文訓練など構音や言語のみを取り出しての訓練で言語コミュニケーション支援が成立するのは，他の機能が保たれている子ども達に限られる．先に述べたようにASDは広汎な脳機能の障害を持つ．しかも機能間のアンバランスが著しい．だから構音・言語機能のみへのアプローチで効果的な言語コミュニケーション支援をするのはむずかしく，総合的なアプローチが欠かせない．

なかでも訓練に対する「構え」は重要になってくる．効果的な訓練のためには，①指示に従うという社会・対人構造の理解，②指示に従う行動のコントロール力，③行動を振り返るモニター能力が欲しい．ASDでは対人交流・社会性の障害があり，さらに感覚，注意・衝動性，感情のコントロールが困難で結果的に行動のコントロールがむずかしい．したがってASDの言語訓練は前提となるこの「構え」への対応が重要になってくる．ASDへの包括的なアプローチを行っているのがTEACCHプログラムであり，この「構え」についても「構造化」という優れた対応方法を提供している（コラム「TEACCHとは」p16参照）．

事例

対象児

事例：男児，4歳7か月～6歳2か月，A小児科からの紹介．
主訴：就学までにもっとことばが話せるようになって欲しい．
診断名：自閉症
生育歴：妊娠・出産時・出産直後の異常なし．運動面の発達に特記すべき異常なし．人まね：3歳頃，人見知り：なし，指差し：2歳頃，始語：3歳頃，2語文：なし
既往歴：特記すべき事項なし．
現病歴：1歳6か月健診で発達の遅れを指摘される．2歳6か月時に小児科で自閉症と診断．
家族構成：父，母，祖父，兄，本児の5人家族．
相談歴・教育歴：2～3歳は母子通園施設．3歳から保育所．

評価

目的が言語コミュニケーション支援であるので，これに必要となる情報収集に絞る．年齢から発達検査/知能検査と言語検査を選択．この結果を含め，保護者からの聞き取り，行動観察から神経心理学的評価情報シート（表1～9：文献1）より一部改変）を埋めていった．待合室での落ち着きのない行動で検査は困難と予想したが，刺激の少ない検査室での行動を観察するために田中ビネー知能検査V，絵画語い検査を試みた．動作性課題の幾つかはするが，言語性課題は拒否しすぐに離席，いずれも中止となった．そこでASD児に施行しやすく作成されている発達検査PEP-3（コラム「自閉症スペクトラム障害の検査」p18参照）に切り替え，3回で辛うじて終了した．発達年齢は認知/前言語2:8，表出言語1:3，理解言語1:9，微細運動2:4，粗大運動3:2～，視覚―運動の模倣2:2で，粗大運動は正常範囲にあったが，認知，表出言語，理解言語，微細運動，視覚―運動の模倣に中等度の，感情表出，対人的相互性，言語面の特徴に重度の低下が認められた．

表1 神経心理学的評価情報シート2（感覚）

	苦手な感覚	好きな感覚
触覚	靴下，靴の締め付け感	小さい頃から使っている毛布
痛覚	とくになし	とくになし
温度覚	暑さ	とくになし
味覚	白いご飯，野菜	ハイチュー
嗅覚	トイレの臭い	とくになし
視覚	とくになし	扇風機，換気扇
聴覚	大きな音	とくになし
前庭感覚	とくになし	とくになし
固有知覚	ダンスやリズム運動が覚えられない	とくになし

表2 神経心理学的評価情報シート3（認知）

	わかる	おおよそわかる（例外）	特定の物がわかる（具体的）	わからない
物（スプーン，帽子など）	○			
形，色	○			
キャラクター（トトロなど）			トーマス，ミッキー，トトロ	
人（ママ，パパなど）			家族，先生	
場所（お風呂，自宅など）	○			
活動（食事，朝の会など）		運動会など経験が少ないもの		
感情（嬉しい，怒りなど）			怒っている，喜んでいる	
時間（朝，明日など）			朝，夜	
ストーリー（絵本など）				○

表3 神経心理学的評価情報シート4（コミュニケーション表出）

	頻度	場面	相手	形式	語彙
要求	頻繁	おもちゃ，食べ物，おんぶ，終わりなどの要求	母親，先生	ことば 指差し	電車，トーマス，アイス，たまご，ジュース，おんぶ，だっこ
拒否	時々	終わりたくない時	誰でも	ことば	いやーもー，ばかー，くそー
注意喚起	まれ		母親，先生	動作	手を引っ張る
応答	まれ		母親，先生	行動 ことば	例：「チョコ食べる？」にたいていはチョコをとろうとする．まれに「食べる」と質問の最後のことばを繰り返して答える．Noの時は無視して自分のしたいことをする．
質問	ない				
情報提供	ない				
感覚表現	ない				
感情表現	まれ				悲しい時は泣く
挨拶など	時々	別れる時，母親に促されて	誰でも	ことば	バイバイ
その他 独り言	頻繁	絵を一人で見ながら 電車のおもちゃで遊びながら		ことば	アンパンマン，バイキンマン，ドキンちゃん，トーマス，駅，ガタンゴトン，ママ，パパ，赤，黄色，青
イントネーション	頻繁	断定の時も語尾を上げる独特のイントネーション			

表4 神経心理学的評価情報シート5（コミュニケーション理解）

	わかる	おおよそわかる（例外）	特定のことがわかる（具体的）	わからない
実物	○			
ジェスチャー			さよなら，おいで，○，×	
絵や写真	○			
文字				○
ことば			日常物品，馴染みのある動詞	
その他（視線，態度など）			母親の怒ったイントネーション	

表5 神経心理学的評価情報シート6（知能，記憶，自分感覚）

知能		田中ビネー知能検査V中断(4歳6か月時)
記憶	場所	良好
	視覚	良好
	聴覚	不明
	出来事	前に遊んだ玩具で同じように遊ぼうとする
	人物	重要な大人は覚えている印象
自分感覚		鏡に映った自分を認識，名前を呼ばれてわかる，勝ち負けはわからない，褒められても嬉しそうにしない

表6 神経心理学的評価情報シート7（実行機能）

		場面
注意	集中力	好きな遊び，活動は良好
	選択	興味があるもの以外見ない
	切り替え	プラレールを終えることができない
	全体（汎性）	興味のあるところに突進
衝動性コントロール		見てすぐ自分の思うように操作 モデルに注目しない
自発性		パターン化された活動が多い
計画性		きわめて衝動的
モニター力		ない
感情コントロール		それほど長く泣かない

表7　神経心理学的評価情報シート8（好き・嫌い，創造性・想像性）

	対象物，活動，場面など
好きなもの	電車，トーマス，アンパンマン，アイス，チョコ，回るもの
苦手なもの	大きな音，白いご飯，暑さ
創造性	絵を描いたり，ブロックで何かを作ることはない
想像性	ごっこ遊びはしない

表8　神経心理学的評価情報シート9（運動）

姿勢保持	立っている時	立ち続けることがむずかしくすぐに座りこんでしまう
	座っている時	まっすぐに椅子に座ることができず，足を立てたり，机によりかかったりしている
単純な粗大運動		良好
複雑な粗大運動		スキップはできない
単純な微細運動		良好
複雑な微細運動		ビーズ通しは上手い，絵は描かない
簡単な連合運動		プラレールは上手くつなぐ
複雑な連合運動		しようとしない

表9　神経心理学的評価情報シート10（対人交流）

人の認識	家族，先生，本人に重要な大人は良好
人との関わり方	要求をする対象
集団行動	食事や着替えなどパターン化された行動は可能だが，興味のない活動には参加しないで自由行動
ルールのある活動	困難
友達関係	関わらない
社会性	自分への評価は気にならない

支援計画

幼児期の支援は，①本人支援，②保護者支援，③支援者支援・環境調整の枠組みで考える必要がある．なぜならほとんどのSTが提供できる言語訓練は多くても週1回程度であり，他方，ASDには「応用が苦手」という特徴がある．訓練室で学んでもそれを日常生活で活用することがむずかしい．だから，日常生活をともにする大人，つまり，保護者や幼稚園，保育所の先生の理解と協力が「生きた言語・コミュニケーション支援」には不可欠になる．

主訴は「就学までにもっと話せるようになって欲しい」ということであったが，詳しく話を聞くと保護者の真意は「通常学級に入って欲しい」というところにあった．診断から2年が経過し，母子通園施設での療育を経ても自閉症への理解が進んでいないことが伺え，障害特徴を含めて本児の理解がまずは保護者支援の最初の目標となると考えた．

「もっと話せるようになって欲しい」というあいまいな目標はさておき，認知，言語の発達レベルからは1年半で「通常学級で困らない言語コミュニケーション・スキルの獲得」という目標は現実的ではない．集団生活で日常レベルの指示が理解でき，要求，拒否，応答，注意喚起がことばで表出できる言語コミュニケーション・スキルの獲得を目指す．具体的には4単位文（例：お母さんがソファでリンゴを食べる．）の理解と3単位程度の文の表出を目標とする．

「構え」の形成は言語コミュニケーションに優先して行う．「構え」はコミュニケーションと同じくらい学校生活などの集団生活では必要であり，言語訓練の土台も作る．目標は，①絵・写真カードのスケジュールを理解してこれに従う，②モデルに注目し，これに従うこととする．

訓練期間は保護者の希望があるので就学までの1年半とするが，互いの状況の変化もあるので3か月ごとの見直しを行う．遠方に住んでいるので，保護者との話し合いで評価は週1回で行うが，訓練は2週間に1回の無理のないペースとする．時間は1回1時間で課題設定を行う時間とプレイルームで自由に活動する時間を設ける．

1）本人支援

本児の言語コミュニケーション能力をまとめると，言語形式レベルとしては表出，理解とも単語レベル（馴染みのある慣用句を含む），語彙範囲は馴染みのある日常物品，色（不一致あり），好きなキャラクター，馴染みのある一部の動詞，慣用句．表出の言語機能としてはほとんどが要求，時に拒否，挨拶と限られている．疑問文でないのに語尾が上がる不適切なイントネーション使用．構音は/s/の [ʃ]

図1 部屋カードでスケジュールを提示

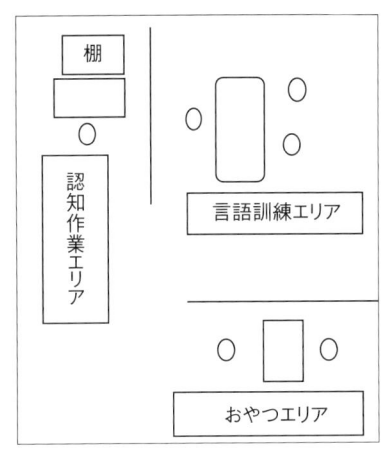

図2 訓練室

図3 言語，認知作業，おやつのスケジュール

への置換が時に認められる以外は良好．文字の理解，表出なし．非言語コミュニケーションとしては絵，写真の理解が良好，ジェスチャーの一部理解可能．

　言語形式の最初の3か月（6回）の訓練目標として，①2～3語文の理解，②2語文の表出に設定．コミュニケーションの訓練目標としては，①絵や写真による複雑な情報（スケジュール）の理解，②独り言でのみ使っている語彙（色，キャラクターなど）の要求場面での使用，③拒否のより適切な表現の使用に設定．

　これらを実行するための構えに関する情報をまとめると，現状はきわめて厳しい．待合室でも訓練室でも目についた物を次から次へと手当たり次第に取っては投げる．じっと座っていることはきわめて困難．他方，プレイルームではプラレールで集中して遊び，また，食べている時は椅子に座っている．プラレールを終えることができない時，好きな食べ物やシールを見せると終えることができる．また，おやつはなくなれば終えることができる．場所，活動の記憶が良好で，一度その場所でしたことは，次もしようとすることが推測される．以上のことをふまえ，構えを支援する環境を以下のように整えた．

(1) 部屋を機能ごとに分け，その部屋で何をするのか推測しやすくする．トトロ（待合室：STを待つ，訓練が終わったら好きなシールを選びカードに貼る），ピカチュー（訓練活動2つ，おやつをする），トーマス（自由に遊ぶ）．

(2) 部屋を示すカード（ピカチュー，トーマス，トトロ）を縦に提示，上から1つずつ手渡して，部屋に移動，ドアの箱にカードを入れて入室（図1）．

(3) ピカチューではパーティションで3つの空間を作り，一つの空間ではそこで使うものだけが見える状態にする（図2）．それぞれの空間の写真カード（言語訓練エリア，認知作業エリア，おやつエリア）を活動順に縦に貼り（スケジュール），入口近くに提示，上から自分でカードを取って，エリアに移動（カードを入れる箱あり）（図3）．

(4) 言語訓練，認知作業はどれだけするかがトレーの数でわかるようにした．1つ終わるごとに終わり箱に自分で課題トレーを入れる．

(5) おやつが終わるとプレイルームに部屋カードを持ち移動．自由遊び．

(6) 視覚的に残り時間どれくらいかをわかるタイムタイマーを使い，10分前にセット，5分前にもう一度終わりの時間を確認．

(7) 時間がきたら，「シール」と言いながら部屋カードを渡す．

(8) 待合室に戻り好きなシールを貼り終了．
(9) 母親が「電車」と声をかけて駅へ移動．

● 言語課題

　絵刺激とことばだけでは注意が持続しない．また，独り言は言うのにコミュニケーションに使っていないので，その使い方も一緒に学べる課題設定が望ましい．本児が興味のある活動を使って課題を組み立てた．課題の導入順序は図4の通り．

(1) 色名の定着

　［色］

　独り言のレパートリーに入っているが，「青」を「赤」と言うなど意味との一致はまだ不確実．本児が色に興味を持っており，かつ芽生えがすでにあるので，「訓練」という慣れない状況でもチャレンジしやすく，成功体験に結び付きやすいと考え選択．

　［理解］

　「黒ひげ」(樽に赤，青，黄，緑の剣を順番に刺していくと一か所で樽に乗っている人形が飛び出す)，それぞれの色の剣の写真カードを用意．

・ステップ1：写真カードヒント（例：赤い剣の写真カードを机上のホワイトボードに貼り，見せながら「赤」と言い，本児が4色の剣から赤い剣を取り樽に刺す）．
・ステップ2：口頭指示のみで行う．

　［表出］

・ステップ1：指差し表出：おやつ場面で色々な色のチョコを使用．入っている色が並んでいる色カードを用意．欲しい色を指差して要求．その時にSTが色名を言う．
・ステップ2：指差しだけでなく発話も促す．間違った時は正しい名前を聞かせる．

(2) 2語文（～3語文）の理解

　［動作主＋動作（動作主変動）］

・ステップ1：写真カードヒント：「黒ひげ」で本児，保護者，STの顔写真カード（動作主），剣を刺している写真カード（動作）を用意．動作主カードと動作カードを提示しながら，「○○が刺す」とSTが言う．言われた人が刺す．
・ステップ2：口頭指示のみ：STの口頭指示のみで言われた人が刺す．戸惑った様子がみられたらすぐにカードを提示し，成功で終えることができるように配慮．

　［動作主＋動作（動作変動）］

・ステップ1：写真カードヒント：「黒ひげ」と「箱」，3種類の動作主カードと「刺す」と「入れる」の2種類の動作カード（動作）を用意．ホワイトボードに「○○が○○する」と言いながら貼り，その通りにする（図5）．
・ステップ2：口頭指示のみ

　［動作主＋対象＋動作（動作主と対象変動）］

・ステップ1：写真カードヒント：「黒ひげ」で4色の剣の写真カード（対象），動作主カード（動作主），剣を刺している写真カード（動作）を用意．対象カードと動作主カードと動作カードを提示し，写真カードを提示しながら「○○が○○を刺す」と言って，それに従って刺す．
・ステップ2：口頭指示のみ．

(3) 1語文（～3語文）の表出

　［動作主の表出］

・ステップ1：写真カードによる表出：「黒ひげ」で本児が動作主カードを選択し，ホワイトボードに貼る．それをSTが指差しながら名前を言

図4　言語訓練の流れ

図5　3語文の理解と表出で使う写真カード

い，その人が刺す．
・ステップ2：本児がカードを貼って自分で動作主を発話する．動作主で必要な語彙（自分の名前，ママ，先生）はすでに語彙レパートリーに含まれている．言われた人が刺す．
・ステップ3：写真カードなしで本児が動作主を指名．言われた人が刺す．

［動作主＋動作の表出］
・ステップ1：写真カードによる表出：「黒ひげ」で本児が動作主カード，動作カードを選択し，ホワイトボードに貼る．その写真カードをSTが指差しながら「○○が○○する」と文を聞かせ，その通りに皆で行う．
・ステップ2：本児がカードを貼って自分で発話する．助詞は抜けても良いこととする．
・ステップ3：写真カードなしで本児が動作主と動作を指示．言われた人が従う．

［動作主＋対象＋動作の表出（動作は固定）］
・ステップ1：写真カードによる表出：「黒ひげ」で本児が動作主カード，対象カード（動作カードは固定）を選択し，ホワイトボードに貼る．その写真カードをSTが指差しながら「○○が○○（色）で刺す」と文を聞かせ，その通りに皆で行う．
・ステップ2：本児がカードを貼って自分で発話する．
・ステップ3：写真カードなしで本児が動作主，対象を指示．言われた人が従う．

(4) 拒否のより適切な表現の獲得，応答，注意喚起機能の獲得

［拒否］
自由遊び場面で，ある程度遊んだ頃に遊び道具を片付け始め，遊びを中断させる場面を作る．本児が「ばかー」「くそー」と言っている時は片付けを止めないが，側で他の大人が「止めて下さい」と言い，真似を促し，言ったらすぐに片付けを止める．言語訓練場面で課題を止めたくなると，机の上の物を落とすので，集中力が切れ始めたらSTが「終わりますか？」と聞き，本児が「終わります」と言ったら課題を止める．「終わりにして下さい」カードを机の上に置いておき，終わりたそうになったら，別の大人がカードをSTに「終わりにして下さい」と言いながら渡すよう促す．

［応答］
上記の「色名の表出」を使用．おやつ場面で「何色がいい？」「幾つ？1個？2個？3個？」の質問に答える．

［注意喚起］
おやつ場面で本児がチョコを食べ終わっても，次の質問をしないで別の方を見ている．別の大人が「先生」と呼ぶように本児を促す．

● 認知作業課題
試行錯誤が苦手で失敗に弱いASDの特徴を考慮し，一度モデルを示せば理解でき失敗なく達成可能な課題を選択．決められた課題を決められた順番で遂行，ことばによる指示はないが，指示に従って行動する訓練となっている．失敗がない設定になっているので達成感を味わえ，自信につながることを期待．

(1) 作業システムに慣れるための課題
・最も基本的な課題として「物を入れる」課題（プットイン）：おはじきを蓋に切れ目が入った缶（プラステンなど）に入れる．
・発達検査から可能であることが確認できているマッチング課題：5色の積木を同じ色の箱に入れる．野菜のミニチュアをその写真カードの箱に入れるなど．
・巧緻性を育む課題：洗濯バサミを線にそって挟む，木製ビーズのひも通しなど．

(2) モデルに注目し，その通りに行うための課題
［マッチング課題（手元のみの注意でできる）］
・5色の洗濯バサミをその色と同じ線に挟む．
　マッチング課題からモデル課題（モデルと手元両方に注意を向ける）へ
・モデルのようにプラステンを入れる．
　ステップ1：完成図が貼ってあり，マッチングすればできる（図6）
　ステップ2：実物モデル（最もわかりやすいモデル）
　ステップ3：写真モデル
　ステップ4：絵モデル（抽象化されたモデル）
・モデルのようにビーズ通し．
　ステップ1：色マッチング後にビーズ通し（図7）
　ステップ2：実物モデル提示でビーズ通し

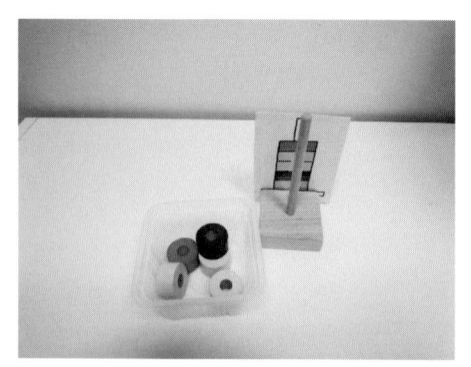

図6　モデルがぴったりと貼ってある課題

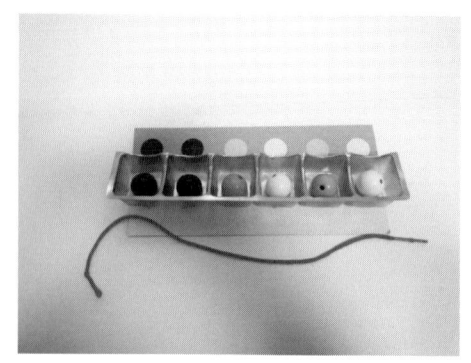

図7　マッチングしてからビーズ通しと2段階でモデルに従う

ステップ3：写真モデル
ステップ4：絵モデル

2) 保護者支援

PEP-3 の結果の説明，情報収集シートを一緒にまとめることを通して，現在の本児の発達状況の共通理解を得，また，ASD の障害特徴の説明の機会とする．とくに感覚過敏については，本児が落ち着けない理由の一つである可能性があることを伝え，対応方法について一緒に考える．また，少人数グループの保護者勉強会（5回シリーズ：障害特徴の理解3回，先輩保護者の話1回，社会資源の紹介と交流会1回）に参加してもらい，ASD に関する知識の整理とともに同じ悩みを持つ保護者との交流を通じて，孤立感の軽減を期待する．最後に訓練で習得したことばを日常生活の場面で使うよう促す方法を，自由遊びで機会を見つけて保護者に練習してもらう．また，日常生活でも本児が見通しを持って行動できるよう，スケジュールの活用法などを伝える．

3) 支援者支援，環境調整

保育所の方からは支援の希望がないので，「協力を願う」という形をとる．保護者の許可を得て，担当保育士に保育所でどんなことばをどんな時に話しているかを聞き，言語の情報を得るとともに，こちらでの訓練内容を伝え，習得したことばを保育所でも使えるよう協力をお願いする．

経過

1) 本人支援

●「構え」（セルフコントロール）支援への反応

・本児はキャラクターの部屋カードに興味を示し注目した．3枚の部屋カードの上から順に移動することを1回の経験で理解し，スムーズに移動．同様に訓練室でのエリア移動も写真カードスケジュールでスムーズに移動．
・認知作業エリアでは数度のモデル提示で，作業が終わると課題をトレーに戻し，机の横に置いてある終わり箱に入れる手順をスムーズに行う．
・自由遊びを止めて待合室に戻る切り替えでは，最初はシールの実物を見せていたが，数回で「シール」ということばで切り替え可能となる．
・待合室からの切り替えは「電車」のことばのみで問題なく可能．

● 言語訓練への反応

(1) 語彙の拡大

色名の獲得「黒ひげ」が気に入って楽しそうに課題を行い，色名の理解は2回で確実となった．おやつ場面での表出も4回目からほとんど誤らずに色名を言えるようになった．色が確実になったところで，おやつ場面では色とともに数（1〜3個，指ヒント）を尋ねるようにした．エコラリアで最後の数を言って沢山もらえることを学び，徐々に自発的に「赤，3個」のような発話がみられるようになった．

(2) 2語文の理解

写真カード提示での理解は直ちに可能であった．課題の手順がわかっていたので，口頭のみの課題でも落ち着いて取り組み，2回目で確実となった．

(3) 3語文の理解

写真カード提示での理解は直ちに可能．口頭のみ

(4) 2語文の表出

写真カードを選択して貼るは理解課題の流れですぐに可能．STが言うのを自発的に模倣し始めたので，写真カードを貼って自発的に表出するは2回目からできた．最終的には写真カードなしでの発話は5回目で可能となった．

拒否，応答，注意喚起の表現については，設定場面では3回目から徐々に定着した．しかし，落ち着かない時は馴染みのある表現に戻ることがあった．

その後は「動作主＋場所＋対象＋動作」「動作主＋対象＋手段＋動作」の4語文の理解，そして「動作主＋対象＋動作」文の助詞つき表出の訓練まで進めた．「やり」，「もらい」や受動態など視点の変換は困難であった．コミュニケーション機能では芽生えがあった拒否，注意喚起，応答からとりかかったが，その後は「大きな音苦手です」「暑いの苦手です」などの本児の感覚障害を伝えるための感覚表現，「おやつ何？」などの質問も順次加えた．就学前には検査も可能となり，LCスケールでは言語理解：3歳4か月，言語表出：2歳6か月，コミュニケーション：2歳5か月と日常生活の簡単な指示の理解は可能，2～3語文での表出も可能となった．

● 認知作業課題

認知作業課題は集中して行っていた．言語的説明を要しないもの，一度モデルを示せばすぐに理解できるものを選んだので，失敗することなくスムーズに行え，喜んで取り組んでいた．作業の手順に慣れた4回目以降は，モデルに従う課題を順次取り入れて行った．間違えた時にはモデルを指差して注意を喚起する（発話はしない）と自己修正できた．9回目頃からはモデルを自ら確認する様子がみられてきた．

2) 保護者支援

訓練場面や遊びの場面での本児の行動や保護者が困っている本児の行動を通してASDの障害特徴を説明することで，徐々に本児が戸惑ったり困ったりしていることを保護者が理解していった．本児を思い通りにしようという気持ちよりもむしろ，本児の困り感により添おうとすることが増えていった．例えば本児が部屋に入るとすぐに靴下を脱ぎ，なくすので叱っていたが，それは感覚障害による可能性があることを説明，リラックスするところや逆に訓練など集中を要するところでは，靴下を脱いでも良いことにする提案をした．実際に訓練では靴下を脱いで入れておく箱を靴箱の隣に置き，本児の集中力が改善するかを一緒に観察し，ある程度効果があることを確認した．保育所でも同様の対応を母親が自ら依頼したそうである．また，就学近い頃には通常学級にこだわらず，本児が楽しく学べるために何処が良いかを考えたいと述べていた．

3) 支援者支援，環境調整

担当保育士に日常場面でも適切な拒否の表現が使えているかを確認，統一した対応を依頼した．また，注意喚起，応答の場面を作ってもらえるよう依頼した．

保育所でも「止めて下さい」「終わりにして下さい」が使えるようになった．また，絵・写真スケジュールで落ち着きが増すことを伝えたが，作成困難とのことで保育所での活用は実現しなかった．

まとめ

ここでは広汎で多様な困難さを抱えるASDに神経心理学的アプローチを用い，ASDの障害特徴を詳しく理解し，これに基づいて対応を考えることを提案した．ASDは「対人関係が苦手」なので，幼児期には大人の言うことを聞く「構え」が育っていないことが多い．だから，こちらが「構え」に配慮する．「失敗から学びにくい」からスモールステップでエラーレス課題になるよう工夫する．「応用が苦手」だから実際場面で使えるところまで支援する．障害特徴はどう支援すると効果的なのかを教えてくれる．○○法など既成の訓練法に頼るのではなく，障害特徴を含めてその子どもの全体像を理解すること，そして，持っている訓練スキルをどのように活用すれば効果的な支援が得られるのかを柔軟に考え，工夫することが大切である．その際，言われていることがわからずに，また，伝えられずに困っている子ども達の心の叫びを聞き漏らさないようにしたい．

〔藤原加奈江〕

●引用文献

1) 藤原加奈江：困った行動が教えてくれる自閉症スペクトラムの支援〜7つのステップで対応法を探る〜．診断と治療社，2009．

●参考文献

1) エリック．ショプラー：自閉症の療育者，財団法人神奈川県児童医療祝詞財団，1990．
2) ウタ・フリス著，富田真紀，清水康夫，鈴木玲子訳：自閉症の謎を解き明かす　東京書籍，1991．
3) Brothers L：The social brain：a project for integrating primate behavior and neuropsychology in a new domain. Concepts Neurosci, 1：27-51, 1990.
4) リンダ．ワトソン，エリック．ショプラー，キャサリン．ロード：自閉症のコミュニケーション指導法：評価・指導手続きと発達の確認．佐々木正美・青山均（監訳），岩崎学術出版，1995．
5) フランシス　ハッペ，（石坂好樹他訳）：自閉症の心の世界—認知心理学からのアプローチ—星和書店，1997．
6) 佐々木正美監修：自閉症児のための絵で見る構造化，学研，2004．
7) ゲーリー・メジホフ，ビクトリア・シェア，エリック・ショップラー著，服巻智子，服巻繁訳：自閉症スペクトラム障害の人へのトータル・アプローチ〜 TEACCHとは何か〜，エンパワメント研究所，2007．
8) 橋本俊顕編：脳の形態と機能で理解する自閉症スペクトラム，診断と治療社，2008．
9) ジャコモ・リゾラッティ，コラド・シニガリア著，茂木健一郎，中田裕之訳：ミラーニューロン，紀伊国屋書店，2009．
10) テンプルグランディン著，中尾ゆかり訳：自閉症感覚，NHK出版，2010．
11) バリー・プリザント・他著/長崎　勤・吉田仰希・仲野真史訳：SCERTSモデル　自閉症スペクトラム障害の子どもたちのための包括的教育アプローチ　1巻　アセスメント，日本文化科学社，2010．
12) Sally R, Geraldine D：Early start Denver model for young children with autism：promoting language, learning and engagement. Guilford Press, 2010.

[自閉症スペクトラム障害]

Section 5 知的障害を伴う自閉症スペクトラム障害（幼児例）の評価と指導 —LCスケールを用いて—

事例

　言語聴覚士（以下ST）が使用する検査バッテリーが複数あるなかで，言語コミュニケーション発達スケール（以下LCスケール）を使用して，評価および指導を行った事例を報告する．

　本症例は，2歳10か月と早期からSTの指導を開始し，就学に至るまでの経過を追っている．幼児期の言語特徴を評価する際に，LCスケールを用いての評価とそれに基づいた指導の内容について紹介したい．

対象児

事例：男児，2歳10か月～6歳5か月．
主訴：パパ・ママを言って欲しい．落ち着きがない．
診断名：広汎性発達障害，知的障害
生育歴：在胎40週，生下時体重3,272g，周産期に特記事項なし．定頸3か月，寝返り6か月，座位6か月，独歩1歳8か月，始語2歳6か月．
家族構成：父・母・姉・本児．
相談歴：1歳半健診にて，ことばの遅れが指摘された．独歩も開始していなかったので経過観察となる．

　2歳頃，近医にて言語発達の遅れを指摘され，保健センターに紹介されたが，経過観察となっていた．

　2歳7か月，保護者の希望で地域の療育機関を受診．作業療法（OT）と言語聴覚療法（ST）を開始．

　3歳11か月から，地域の知的障害児通園施設に通園開始．

　4歳11か月より，保育所の障害児のための支援枠に移行し，保育所に入所．

初診時評価（2歳10か月）

知的発達：新版K式発達検査2001を実施（表1）．
　下位項目の認知面では『積木の塔（8個）』は通過したが，『トラック模倣』は同じものを作るというルールの理解が困難で，縦に積み上げていた．『角板』は例前は不通過だったが，例後は通過しており，視覚的にやって見せるヒントで通過できた．言語面では，要求時に指差しは認められたが，有意語の表出は認められなかった．

　全体の傾向として，認知面では軽度の遅れ，言語面では中等度の遅れが認められ，認知-適応の領域に比して，言語-社会の領域に顕著な低下が認められた．下位項目では，視覚理解に比べて聴覚理解が低かった．認知-適応領域では，ルール理解が困難で例示があることで通過することが多く認められた．

言語理解：日常の指示は，状況などの視覚的なヒントでの理解が可能であった．日常的な事物の機能的な操作は可能．絵の指差しが可能で，「くつ」

表1　新版K式発達検査2001（実施年齢2歳10か月）

	発達年齢 DA	発達指数 DQ
姿勢-運動	2；0	72
認知-適応	1；9	61
言語-社会	1；1	40
全領域	1；8	60

や「ごはん」など本児の生活のなかでの高頻度に出てくる名詞は数個理解できていたが，動作語の理解は，擬態語を介しても不可であった．

言語表出：有意語の表出はみられず，感情に伴う発声がみられる程度であった．動作模倣はまれに可能．「ちょうだい」などのジェスチャーは，模倣を促されるとしていたが，自発的な使用はしていなかった．日常の要求表現は主にクレーンであり，要求が通らないと，大声を上げることがあった．

視知覚認知：課題のルールの理解が困難で，はめ板を用いて見本を何度か提示することが必要だった．しかし，例示後は応じることができ，はめ板の机上でのマッチングは，STが指差しをして見比べを促すことで1/6選択が可能．色のマッチングは1/4選択が可能だった．

行動面：アイコンタクトは曖昧だが，要求時には合うことが多くみられた．個室への移動は母親が手をつながないと，気になった物の方へ走って行ってしまう．呼名への反応はみられなかった．個室での課題中にも廊下の音や隣室の声，室内のカーテンなどが気になってしまい，離席してしまうことがみられるなど，視覚・聴覚ともに注意が散漫で，衝動性が高かった．しかし，机上に次の課題が提示されると机の周囲に戻ってくることができた．

● 評価のまとめ

知的発達は，中等度から軽度の遅れが認められ，認知のアンバランスがみられた．はめ板などの視覚理解に比して，聴覚理解の遅れが顕著にみられた．言語発達では言語理解は高頻度語の理解はいくつか可能だが，表出はジェスチャーの模倣が出てきた段階であり，言語理解に比べて表出の遅れがみられていた．課題中，視覚的に例示を必要とするなど，課題のルールの理解の悪さが認められた．また，行動面においては視覚・聴覚ともに注意散漫で衝動性が高いが，何をするのかが視覚的に理解できると，課題に応じることが可能だった．

第1期（3歳0か月〜3歳6か月）

● 指導方針

表出の遅れと，課題の意味理解の悪さが認められたため，月1回の定期指導を開始．

(1) 理解表出語彙の拡大．
(2) マッチングなどの操作を伴う課題を介してのやり取りの安定化．
(3) 家族へのアドバイス．

● 指導内容

(1) はめ板などルールの理解がしやすい課題を用いて，本児が日常的によく耳にする物品名や動作語の理解課題から指導を開始した．指導に当たってはジェスチャーなどの視覚的なヒントを提示しながら音声を同時に示し，音声言語の理解力の向上を促した．また，動作の模倣とともに声で相手に伝えることも促した．

(2) はめ板や，切り抜き絵などの弁別課題を行うなかで，ルールの理解の向上を促した．また，手遊び歌やおもちゃを介してのやり取りなどの本児の好きな活動を用いて，「やって」とジェスチャーで要求するように促した．

(3) 指導場面に保護者にも同席してもらい，実施している課題の内容を説明した．また，家庭で本児に声かけをする際には，状況に合わせて，本児が考えているであろうことを大人が言語化して伝えたり，声かけは本児が物を見ていたり持っていたりするなど注意が向いていることを確認してから，「○○だね」と短く具体的にするように伝えた．

OTでは月2回，主に感覚統合療法を行い，手をつなげないことや，洋服にこだわるなどの過敏さの軽減を目標にしていた．また，日常生活動作（ADL）についても，家庭での様子を聞きながら，指導を行っていた．

● 指導結果

理解は2語文レベルになったが，表出はまだ単語レベルであった．しかし，状況に合わせて「チョーダイ」と言ったり，母親を呼ぶ際に「ママ」と言うなどの音声表出がみられるようになった．

日常では，声かけのみで指示に応じられることが増えた．また，保護者の様子を気にするようになり，気になった物に対して走って行ってしまうことは減っており，外出しやすくなったとの保護者からの話が聞かれた．

第2期（3歳6か月〜4歳3か月）

第1期の指導経過から，言語理解・表出の向上が認められたため，指導方針を再検討した．

● 指導方針
(1) 語の概念の拡大．
(2) 文レベルの理解力の向上．
(3) 家庭での本児への働きかけ方について伝える．

● 指導内容
(1) 絵カードを用いて，カテゴリー分類を促し，理解表出語彙や用途特徴・カテゴリー名などの語の概念の拡大を促した．
(2) S＋Vなどの文レベルや，大小や色＋名詞などの2語連鎖の理解・表出の向上を促した．
(3) 毎回，保護者に同席してもらい，課題での様子についてのフィードバックを行った．また，課題の様子をふまえて，家庭での本児への声かけの工夫についてのアドバイスをした．

● 指導結果
言語理解は単語〜2語文レベル，表出は単語レベル．表出はパターン的に「オチャ　チョーダイ」などの2語文レベルの表出が認められた以外は単語レベルだった．

検査中の様子として，課題のルール理解の未熟さがみられており，課題の理解が曖昧になるとマイペースに進めようとする行動がみられた．

● 評価　4歳2か月
知的発達について保健センターで検査したが，慣れない場所で初対面の人との検査で，応じることができなかったとのこと．保護者からの希望もあり，言語の理解・表出ともに向上がみられてきたので，現在の言語発達の評価を行うため，LCスケールでの評価を実施（表2）．

言語表出では，1歳代では1歳後半の『疑問詞使用』が不通過．2歳代では2歳前半の『絵の呼称』のみ通過し，『対人的表現』，『代名詞の使用』は不通過．言語理解では，『物品名の理解』，『絵の名称の理解』，『形容詞の理解①』，『動詞の理解』が通過したが，『語連鎖の理解』，『形容詞の理解②』は不通過だった．コミュニケーションでは，1歳代の『共同注意』や『碁石の分類A』は通過しているが，2歳前半の『見立て』のみ通過し，『表情の理解Ⅰ』，『ジェスチャーの命名』，『ジェスチャーの理解』，『積木遊びB』，『積木遊びC』は不通過だった．2歳後半以降の項目は全領域不通過だった．

● 第2期評価のまとめ
手ごたえ課題Bまで通過しているため，「語連鎖移行期」の発達段階にあることがわかった．ただ，同じ検査用具を用いて，項目ごとに指差しをしたり，呼称をしたりと使用法が異なると，ルールの変更の理解ができず混乱してしまうなどの，ルールの理解力の未熟さが顕著にみられた．『身体部位』など，具体的に指示をされる項目については，スムーズに応じることができたが，『語連鎖の理解』や『ジェスチャーの命名』のような，検査場面以外では応じられる課題であっても，STと同席の母親の様子を見ながら誤答したため不通過だった．しかし，再度指示をすれば通過できるなど，対人意識の向上がみられたが，他者の反応で確認をしている様子もみられた．

表2　LCスケール結果①（実施年齢4歳2か月）

領域別結果	言語表出	言語理解	コミュニケーション	総合
LC年齢	1;11	2;2	1;9	2;0
LC指数	46	52	42	48

第3期（4歳3か月〜5歳1か月）

第2期指導期間に実施したLCスケールでの評価から，本児は課題のルールの理解の悪さが認められること，言語発達が語連鎖移行期レベルであることがわかったので指導方針を再検討した．

● 指導方針
(1) 課題のルールの理解の向上．
(2) 語彙概念の拡大．
(3) 文レベルの理解表出の向上．

● 指導内容
(1) 絵カードなどの課題の際に，ルールの変更などに対しての理解力の向上を促す．同じカードを使っても，分類のルールを変えたり，理解課題

の提示方法を変えるなど，様々なルールがあることの気付きを促す．

(2) 名詞以外の動作語や形容詞などの語彙の理解・表出の向上を促す．また，用途特徴・カテゴリーなどの概念の拡大を促すために，カテゴリーでの分類を促したり，用途や形態の似ている物での分類など，ルールを変えて課題を行った．

(3) 文レベルの指示に対しての注意の安定と理解の向上を促すために，SOV などの文レベルでの理解力の向上や，なぞなぞなどで複数のヒントを統合することを促した．

● 指導結果

言語理解は 2 〜 3 語文レベル，言語表出は 2 語文レベルであり，言語理解に比して表出の遅れが認められた．

言語理解面では，注意を喚起すれば SOV の 3 語文レベルの課題に応じることが可能となり，概念の広がりもみられている．しかし，言語表出はパターン的には 3 語文「ママ　イス　スワッテ」などがまれに表出されていた．絵カードの呼称はできるが，用途の説明などは不可であった．家庭でも，「楽しそうに何かしゃべっていることが増え，少しやり取りになってきた気がする」との話が聞かれた．

課題のルール理解の悪さはみられるが，一度経験したことのあるルールの理解は早くなり，課題にスムーズに応じられるようになってきた．

● 評価 （4 歳 11 か月）

第 3 期指導の経過より，理解力の向上と，ルール理解の向上がみられたため，LC スケールでの評価を再度施行した．前回評価と同じ検査バッテリーを実施することで，言語発達のバランスの変化を追うことができると考えた（表 3）．

言語表出の領域では，2 歳前半の『絵の呼称』，2 歳後半の『対人的言葉の使用』は通過しているが，2 歳前半の『疑問詞の使用』『対人的表現』や 2 歳後半の『事物の定義』は不通過だった．言語理解では，2 歳前半と 3 歳前半の『形容詞の理解②』が不通過だった．その他の項目は通過している．コミュニケーションでは，2 歳後半の『碁石の分類 B 〜 D』の項目は不通過だったが，その他の項目は全問通過している．

● 第 3 期評価のまとめ

手ごたえ課題 B まで通過しているため，「語連鎖移行期」の発達段階にある．前回実施に比較して，言語理解およびコミュニケーションの面での成長が認められた．とくに，言語理解面の向上がみられ，動詞・形容詞などの抽象的な語彙の理解力の向上とともに，語連鎖などの文レベルでの理解力も向上していた．また，コミュニケーションの課題では，ルールの理解力が向上し，前回実施の結果と比較して，ST の指示に応じられる項目が増えている．全体的に向上がみられるが，『事物の定義』のような説明を要する課題については前回同様に不通過で，言語理解に比して表出の遅れが認められた．

表 3　LC スケール結果② （実施年齢 4 歳 11 か月）

領域別結果	言語表出	言語理解	コミュニケーション	総合
LC 年齢	2;5	3;2	3;10	2;10
LC 指数	49	64	78	58

第 4 期 （5 歳 1 か月〜 5 歳 11 か月）

LC スケールと第 3 期指導の結果より，文レベルの理解力に向上が認められているが，語の説明能力の遅れが認められたため，再度方針を検討した．

● 指導方針

(1) 文レベルの理解表出の向上．
(2) 説明能力の向上（現前）．
(3) 質問応答関係の拡大．

● 指導内容

(1) 3 語文（SOV）の理解表出を促す．文の要素をチップで示すなどヒントを用いて要素を視覚的に示し，何を答えるのかを視覚的に示しながら行った．

(2) 物品の絵カードを提示した状態で，物の用途の説明を促した．

(3) (1) のような要素を表したチップを使用し，「だれ」「なに」などの疑問詞の理解力の向上を促した．提示するヒントの量を調整しながら，口頭での指示だけでも応じられるように促していった．

● 指導結果

理解・表出ともに 3 語文レベルが可能となった．現前事象についての説明能力が向上し，簡単な質問応答に応じられるようになっている．非現前事象については，思いついたことを話しだしてしまうこと

が多い．課題に対しては，見通しを持てるように「今日やるもの」を最初に示すと30分程度着席して応じることができる．保護者より，文字・数への関心が高くなり，ひらがなは清音の音文字対応が可能となったとの報告があった．

● 評価（5歳11か月）

訓練場面では言語理解・表出ともに向上がみられた．LCスケールでの言語に特化した評価に加え，知的能力とのバランスを評価するため，田中ビネー知能検査Ⅴを実施した．下位項目の検査項目の特性と年齢級を比較することで，視知覚認知の発達と言語発達のバランスを評価することもできると考えた．

> 結果：生活年齢（CA）5歳11か月，精神年齢（MA）4歳6か月，知能指数（IQ）76．

知的に軽度の遅れが認められた．検査実施時は，着席して30分，課題に応じることが可能．しかし，積木などの操作性の課題になると，マイペースに遊びだしてしまうことが多くみられた．声かけで注意喚起をすることで，課題に戻ることができた．下位項目の検査結果は，表4参照．

検査時の様子として，3歳級の『数概念（2個）』『数概念（3個）』が不通過であったのに対して，4歳級の『数概念（1対1）』が通過しており，数唱・概括は可能だが，「○個ちょうだい」のような量としての理解が曖昧で，机上の積木をすべてSTに渡してしまうことが認められた．また，言語面では，4歳級の『語彙（絵）』は通過しているが，『理解（身体機能）』が不通過であり，「耳はなにをするもの？」の質問に対して「メンボウ」と答えるなど，質問の意味の理解の未熟さがみられた．また，5歳級の『絵の不合理』は，誤っている部分は発見できていたが，説明が困難なため，不通過となっていた．

視知覚面では，4歳級の『順序の記憶』や『長方形の組み合わせ』，5歳級の『模倣によるひも通し』は提示されたルールを理解して課題には取り組んでいるが，試行錯誤しているうちに遊びだしたり，時間制限を超えてしまうことがあり，通過基準に達していなかった．

● 第4期評価のまとめ

軽度の知的発達の遅れが認められた．言語面では理解に比して表出の遅れがみられている．言語面に比べると視知覚認知面の項目が良好な傾向がみられるが，注意の散漫さの影響から不通過となる項目が認められた．

第5期（5歳11か月～現在）

田中ビネー知能検査Ⅴの結果より，説明能力の未熟さが認められた．また，就学に際して基礎学習の獲得も必要なため，指導方針を再度検討した．

● 指導方針
(1) 構文能力の向上．
(2) 説明力の向上．
(3) 基礎学習能力の獲得（文字・数概念）．

● 指導内容
(1) O＋Vの文を使用して，助詞などの細部に注意を向けるように促した．文字を使用し，視覚的

表4 田中ビネー知能検査Ⅴ 下位項目検査結果（実施年齢5歳11か月）

	通過	不通過
2歳級	全問　通過	
3歳級	語彙（絵）　小鳥の絵の完成 短文の復唱（A）　属性による物の指示 位置の記憶　物の定義　絵の異同弁別 理解（基本的生活習慣）　円を描く 反対類推（A）	数概念（2個）　数概念（3個）
4歳級	語彙（絵）　数概念（1対1）	順序の記憶　理解（身体機能） 長方形の組み合わせ　反対類推（B）
5歳級	三角形模写　左右の弁別	数概念（10個まで）　絵の不合理 絵の欠所発見　模倣によるひも通し
6歳級		全問　不通過

に示しながら，構文能力の向上を促した．
(2) 現前事象の説明は向上が認められたため，カードを提示せずに「○○ってどんなもの？」などの説明を促す課題を行った．また，配列絵を使用して，事象の順を追って説明するように促したり，状況絵などを使用して，起きている事象の説明を行った．
(3) ひらがな1文字の読みは獲得されていたため，ひらがな単文字での単語の構成課題から開始した．また，書字については本児の興味のある単語の一部を書いてみることから開始し，興味を持てるようにした．数課題については，課題で使用したカードの枚数を数えたり，「ママに○枚あげて」など，課題中に取り入れて行った．

● 指導結果（6歳5か月）
〈知的発達〉
　田中ビネー知能検査Ⅴの結果（表4）より，知的に軽度の遅れが認められた．
〈言語理解〉
　日常生活での口頭指示に応じることができた．昨日・今日・明日などの抽象的な語彙の理解が曖昧．疑問詞の理解はできていたが，「だれに」「だれが」などの助詞や態が含まれる文については，理解が曖昧な様子がみられた．
〈言語表出〉
　「Aクンニ　ママニ　デンシャノッテ　トーマスイタヨネ（A君と母親と電車に乗ってトーマスランドに行った）」など，多語文での表出が可能だが，助詞の誤用などの構文の未熟さが認められた．発話は多く，マイペースに思いついたことを話してしまうことが多いが，声かけで話題を戻すことが可能．非現前事象の説明では時系列にそって説明することが困難で，思いつくままに話してしまうことがあった．
〈文字〉
　ひらがな・カタカナの読みは清音・濁音・半濁音は可能だが，拗音・促音・撥音は未熟だった．
　ひらがなについては，単語レベルの理解は可能だが，文レベルは逐次読みとなり，音読はできるが理解は困難だった．清音であれば，かな文字チップを使用しての単語の構成が可能．書字は，自分の名前は書字可能であった．
〈数〉
　数唱・概括や多少の概念は獲得されている．数字の読み・配列は20程度まで可能であった．
〈コミュニケーション行動〉
　挨拶の際や要求時には視線を合わせることができた．
　課題中の行動は着席して30分，課題に応じることができるが，苦手な課題の際には話をマイペースに進めようとするなどの傾向が認められた．
　ルールのある遊びで勝敗が決まるものは，負けそうになるとやらなくなることが認められた．
〈その他〉
　ADLは年齢相応の獲得をしており，集団のなかでの指示に応じることができ，保育所への適応は良好．就学は特別支援学級に決定した．

まとめ

　本事例は，初回評価の際に課題のルールの理解が遅れていたため，はめ板を使用して視覚的にルールを示すことからSTを開始した．そのことにより，本児が，「この人と，こういうことをするのか」と理解し，課題を次の段階に進めることができた．また，実際の場面を使用しながら，要求表現などを促していった．このように多くの成功体験を積み重ねることにより，STが設定した課題を介して本児の言語理解・表出やコミュニケーションの力が成長していったと考えられた．

　また，本児の言語発達の評価をする際に，LCスケールを使用した．第1回目の検査時の様子で顕著にみられたルール理解の悪さに対して，語の概念の拡大などの言語課題を介しながら指導を行った．その結果，第2回目の実施の際には，言語理解とコミュニケーション領域の向上がみられた．また，通園施設に所属したことにより，様々なルールを実際に経験することが増え，STでの理解力向上の指導と相乗的な効果が得られたと考えられた．

　また，保護者同席のもとで行うことで，保護者に

本児の成長を感じてもらい，自信をつけることと，家庭や所属集団での促しをお願いすることで，生活環境への般化ができたことが大きな要因と考えられた．

　本事例を含め，評価全般について以下にまとめる．
　検査や指導をする際に気をつけたこととしては，本事例のような，広汎性発達障害の子ども達にSTが言語発達の評価をする際には，既存の検査バッテリーのみで状態像を評価することはできない．本児のように，初めての人や場所での検査・評価に落ち着きをなくして応じられないこともある．多くの場合は「何をするのか」の理解が未熟なために起きていることが多い．具体的に「何をするのか」がわかると応じられることもあるので，STが課題を提示する際には，子どもの様子を見ながらどうすれば理解し，応じられるのかを考えて，提示の仕方を工夫することが大切である．このようにして得られた検査の結果や，課題を介して得られた評価の結果をもとに，子どもの得意とすること・苦手なことを把握し，子どもにとってわかりやすい形で課題を導入していく必要がある．

　本事例の知的発達については，新版K式発達検査2001，田中ビネー知能検査Vを使用したが，言語面をより深くとらえるためにLCスケールを使用した．LCスケールは言語発達の複数の側面，言語理解・言語表出・コミュニケーションという各々の項目についてのLC年齢やLC指数が算出でき，また，下位項目が年齢級に分かれている．このような検査特性を活かし，本児の場合にはルールの理解の悪さが言語発達に影響していると評価することができた．そのことにより，保護者に検査結果を伝える際にも「視覚的に例示された課題は得意だが口頭だけの指示の課題は苦手」など，具体的に伝えやすく，その後の指導方針を立てる際にも役立った．また，LCスケール実施中の本児の様子として，他の検査に比べて使用する検査用具が，ぬいぐるみや皿などの馴染みやすい物を使用する項目があるため，検査への導入がしやすかった．

（伴　佳子）

● 参考文献
1) 大伴　潔・他：言語コミュニケーション発達スケールLCスケール，山海堂．2005．
2) 大伴　潔・他：言語・コミュニケーション発達の理解と支援プログラム―LCスケールによる評価から支援へ―．学苑社，2008．

・・・コ・ラ・ム・・・
LCスケールとは

　言語コミュニケーション発達スケール（Language Communication Developmental Scale，以下LCスケール）とは，2005年に大伴らによって開発された，「言語理解」「言語表出」「コミュニケーション」の3領域を評価する総合的な言語発達検査である．
　言語発達レベルを評価するためには，ことばの発達を複数の側面から評価する必要がある．LCスケールでは，名詞・動詞など（語彙）のレパートリーが増加するという『量的な側面』と，前言語期から語彙獲得期，構文期へ移行する『質的な側面』の両者を評価できるように構成された言語発達検査である．

　言語発達において，複数の領域が関連し合いながら高次化していくため，子どもの年齢段階に対応できるように多様な課題設定がなされている．また，言語能力だけではなく「話すこと」「聞くこと」「やり取りすること」という運用面の関連領域にも評価軸が設定され，子どもの全体的な言語発達の状態像が評価できるようになっている．
　LCスケールは，ことばに関わる諸側面を広くと

らえて評価することで，子どもの言語・コミュニケーション能力を総合的に評価できるように構成されている．

検査の内容

全64問で構成されている．評価領域が重複する項目があるが，言語表出領域に22問，言語理解領域に21問，コミュニケーション領域に28問の問題が設定されている．そのなかで，子どもの発達段階を評価するために適した問題を使用して，言語評価を行う．

言語の発達段階を，
① ことば芽生え期：表出言語を持たないが，コミュニケーションの基礎が築かれている時期
② 1語文期：有意味語が獲得されており，語連鎖の形成に向かっている時期
③ 語連鎖移行期（前期/後期）：2語連鎖の表出が可能であり，そのスキルを使った表現・理解を広げてきている時期
④ 語操作期：説明や論理的な思考・表現の道具としてことばの使用ができるようになってきた時期．
⑤ 発展期（前期/後期）：より抽象的な語彙を獲得し，助詞・助動詞による複雑な表現へ展開しつつある時期
以上の5つの段階に分けて乳児期から学齢前期での発達段階を評価できるように構成されている．

実施方法

対象年齢はとくに規定はないが，0〜6歳の子どもを対象に標準化がされている．

子どもの発達レベルに適した課題を遂行するために，「手ごたえ課題」が設定されている．まず，実施に際して子どもの言語発達の段階を大まかに把握するために，難易度の異なる5つの言語表出課題を「手ごたえ課題」として設定している．そのため，子どもの発達に合った課題での評価が可能となり，子どもにとっての負担が軽くなるように工夫がされている．

これらの特徴をふまえ，言語表出・言語理解・コミュニケーションの3つの領域についてのLC年齢（LCA）とLC指数（LCQ），および総合得点と全領域でのLCAとLCQを比較することができる．ともに，数値は同年齢群の平均を100，±15を1標準偏差（1SD）として算出される．これらの数値と下位項目の傾向を評価することにより，他の検査バッテリーよりも自然な形での評価が可能となっている．また，ルール性のある課題が含まれることにより，他の検査では数値化できない点の評価を行うことができ，広汎性発達障害と呼ばれる子どもたちの非言語面の理解の未熟さについても評価することができる数少ない検査となっている．

LCスケールを使用して子どもの評価をした際には，その子ができることと苦手なことを客観的に評価し，そこで得られた結果を周囲と共有することが大切である．情報を共有することにより，子どもが理解しやすい指示の仕方をすることで，環境が調整され，子どもが自信を持って様々なことに挑戦することができるようになる．また，検査から得られた結果を基に，今後の指導に際しての目標設定と課題内容の検討に活かすことが大切である．

（伴　佳子）

●参考文献
1) 大伴　潔・他：LCスケール―言語コミュニケーション発達スケール―，学苑社，2008.
2) 大伴　潔・他：言語・コミュニケーション発達の理解と支援プログラム―LCスケールによる評価から支援へ―，学苑社，2008.
3) 藤田郁代，玉井ふみ，深浦順一：標準言語聴覚障害学　言語発達障害学，医学書院，2010.

[自閉症スペクトラム障害]

Section 6 自閉症スペクトラム障害(中学生事例)のコミュニケーションの評価と指導 —ASA旭出式社会適応スキル検査を用いて—

事例

対象児

事例：男児．12歳10か月〜15歳10か月．
主訴：人とのコミュニケーションが上手くとれない
診断名：自閉症スペクトラム障害(autistic spectrum disorder：ASD)
生育歴：妊娠・出生時に特記事項はなく，生下時体重は3,200gであった．運動の発達は，首の座り3か月，這い這いが8か月，始歩1歳1か月であった．1歳3か月頃までは夜泣きがひどく，音に敏感であったという．ことばの発達では，指差しはみられ，1歳2か月に「マンマ」「ママ」と話し始めたが，2語文を話すようになったのは2歳6か月であった．「ドラえもん」を「ドビキ」と言うなど，言い間違えが多かった．排泄の自立は，4歳頃であった．
家族歴：祖母，父，母，本児，弟（小4）の5人家族である．父親の転勤に伴い，小学4年までに数回転校を経験．来所当時，父親は地方に単身赴任中であった．
相談歴：1歳半健診，3歳児健診の時，母親はことばの遅れについて相談したが，いずれも「様子をみましょう」と言われている．小学1年の夏に，担任に勧められて病院を受診したところ，軽い発達の遅れを指摘された．小学3年の時，別の医療機関で広汎性発達障害と診断されている．
教育歴：幼稚園（2年保育）では大人しかったが，とくに心配されることもなく通っていた．父親の転勤により転居先の公立小学校に入学したが，当初から，周りと同じように動くことができず，学習面でも理解力不足が目立った．小学1年の後半より，ことばの教室で通級による指導を開始，小学6年まで継続していた．転校先の学校ではいじめられもあった．

評価と指針

インテイク時，母親からの聞き取りから，言語面で，教室での一斉指示は概ね理解できているとのことだった．一方，表出面では，相手から質問されても，答えは単語で済ませることが多く，詳しく説明することはむずかしかった．自分から意見をあまり言わず，気持ちを表現することも少なく，語彙や文の組み立ては不正確なところもみられた．学習面で，漢字の読み書きはほぼ学年相当であるが，文章の読みはゆっくりであり，文章の理解は内容によってむずかしかった．作文は書けるが，文章構成は拙いところがみられた．四則演算の計算はできるが，文章題になるとパターン化して理解していた．ドリル学習にはよく取り組むが，思考力を要する問題はむずかしいようだった．運動面では，走るのは速いが，筋力は弱いところがあった．小学校から野球チームに所属し，練習には真面目に参加している．手先は不器用であり，雑巾を絞るのも苦手であった．対人・行動面では，課題には集中して取り組むことができ，思い通りにいかない状況でも比較的穏やかでいられる方であった．友達からの働きかけを嫌がることはなく，転校当時は言われたまま言い返すこともできずトラブルもあったようだ．自分から関わることは少ないが，高学年になって仲のよい友達ができた．生活面では，身辺処理は概ね自立して

表1　WISC-Ⅲの結果（CA11：11）

IQ	言語性 85	動作性 83	全検査 82	群指数	言語理解 83	知覚統合 79	注意記憶 97	処理速度 86
言語性下位検査	知識 8	類似 7	算数 9	単語 8	理解 6	数唱 10		
動作性下位検査	絵画完成 6	符号 11	絵画配列 3	積木模様 13	組合せ 5	記号 4	迷路 10	

いるが，すすんで片付けることはむずかしく，母親が先回りして声をかけることが多くなりがちであった．手伝いは，素直な性格なので言われれば取り組むが，自発的に行うことはむずかしいとのことだった．興味・関心は野球とマンガであった．

来所時に持参したWISC-Ⅲの結果（表1）では，全検査IQは82である．全般的な知的能力の水準は平均の下であるが，群指数間の差が大きく，境界線から平均の域を示した．注意記憶が，言語理解，知覚統合に比べて強く，聴覚的作動記憶は良好であった．下位検査では評価点のばらつきがみられた．「符号」「積木模様」の評価点は高いことから，目と手の協応，モデルを模倣する力は強く，漢字の読み書きが学年相当であることに反映していると思われた．一方，「絵画完成」「絵画配列」「組合せ」の評価点は低く，有意味刺激の処理の弱さを示した．また，「理解」「絵画配列」の評価点も低いことから，社会的な理解や常識の弱さが示唆され，対人関係におけるむずかしさを反映していると思われた．

指導の指針を立てるにあたり，社会的自立に向けて長期的な視点を持つためには知能・認知面での評価に加えて社会適応性の評価が必要であると考え，指導開始直後（中学1年5月），ASA旭出式社会適応スキル検査（以下ASA）を実施した．実際には，母親にASAに記入してもらってから筆者と面談を行い，記入した内容を確認した後，結果を出した．

ASAの結果（表2）では，全検査スキルは段階1（遅れている，.01＜～14パーセンタイル，8歳後半）であり，生活年齢（13歳0か月）を下回った．言語，日常生活，社会生活，対人関係の4つのスキルとも段階1であり，各スキルの獲得は遅れを示し，相当年齢はいずれも生活年齢を下回った．

各スキルの下位領域パーセンタイルを示した臨床版プロフィール（図1）を見ると，言語スキルでは，下位領域によってスキルの獲得が進んでいるものと遅れているもののばらつきがみられた．「指示を理

表2　ASAの結果（CA13：0）

	段階	獲得状況	スキルパーセンタイル	相当年齢
言語スキル	1	遅れ	.01＜～14	6歳後半
日常生活スキル	1	遅れ	.01＜～14	9歳前半
社会生活スキル	1	遅れ	.01＜～14	9歳前半
対人関係スキル	1	遅れ	.01＜～14	7歳前半
全検査スキル	1	遅れ	.01＜～14	8歳後半

解する」「聞く」「口頭で質問する」「拒否や要求を表す」「自分について話す」「質問に答える」は平均以上と判定されており，素直で真面目な性格もあって話を聞く態度は身についており，基本的な言語スキルは獲得していると思われた．一方，「経験したことを話す」「読む」「書く」は獲得が遅れており，自分から相手にわかるように伝えることは苦手であることや，文章読解や作文が学年相当でないことを裏付ける結果を示した．

日常生活スキルではどの下位領域も平均未満を示した．母親からは，「本人がのんびりしているので，準備や片付けなどは先回りしてやってしまうことが多いかもしれない，経験不足の影響もある．」と語られた．

社会生活スキルと対人関係スキルでは，下位領域によってばらつきが目立った．社会生活スキルでは，「外での安全への対応」「困難な状況での対応」「環境の変化への適応」が平均以上であり，これは本人がこれまで数回の転校を経てきたことも反映していると思われた．一方，「電話・ファックスの利用」「お金の理解と管理」「時間の理解と管理」「情報の収集」「学校での集団参加のスキル」は平均未満を示した．これらのスキルについては，経験不足により獲得されていないものと，コミュニケーションの苦手さから身につきにくいものがあると思われた．

対人関係スキルでは，「交友関係」「協力的な関係」「集団遊びのルールを守る」「他人への気遣い」は平

Section 6. 自閉症スペクトラム障害（中学生事例）のコミュニケーションの評価と指導　55

【言語理解スキル】
- 指示を理解する
- 聞く
- 口頭で質問する
- 経験したことを話す
- 拒否や要求を表す
- 自分について話す
- 質問に答える
- 読む
- 書く

【日常生活スキル】
- 身だしなみ
- 健康管理
- 家の掃除や片づけ
- 食事の準備と片づけ
- 衣類の手入れ

【社会生活スキル】
- 家の中で安全に過ごす
- 電話・ファックス・メールの使用
- 外での安全への対応
- お金の理解と管理
- 時間の理解と管理
- 困難な状況での対応
- 情報の収集
- 学校での集団参加のスキル
- 環境の変化への適応

【対人関係スキル】
- 他人への関心と共感
- 会話・コミュニケーション
- 交友関係
- 協力的な関係
- きまりを守る
- 集団遊びのルールを守る
- 礼儀
- 他人への気遣い
- 感情や行動のコントロール

―― 指導開始時（CA13：0）　---- 指導後（CA15：6）

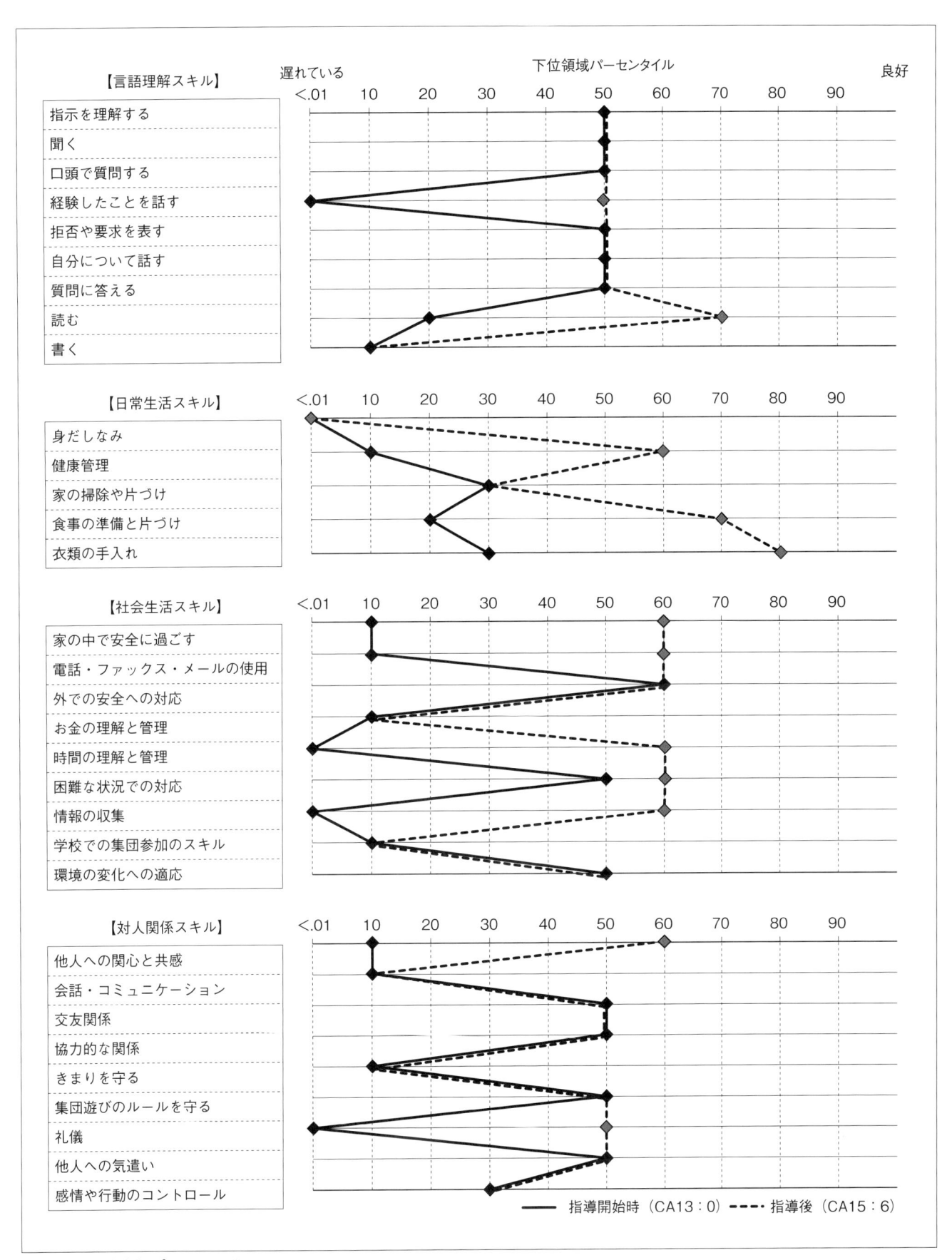

図1　ASA臨床版プロフィール

均以上であり，「他人への関心と共感」「会話・コミュニケーション」「礼儀」に遅れが示された．この結果は，人からの働きかけに対して受身だが応じることはできても，人とのコミュニケーションを円滑にすすめることはむずかしいことが示され，障害の特性である対人関係の発達の遅れを反映していると思われた．

ASAの結果を知的能力の水準ならびに認知能力の特性と併せて考えると，社会適応スキルの獲得の遅れについては，課題を設定して丁寧に支援する必要が示されたため，以下のような指針を立てて，指導をすすめることにした．

● 会話・コミュニケーションスキルを獲得する

コミュニケーションへの苦手意識を軽減することは，本人の社会適応の困難さを緩和すると思われ，まず会話・コミュニケーションスキルの獲得を課題として取り上げた．会話を円滑にすすめるために，具体的なモデルやルールをわかりやすく示して教えることは，模倣する力もあるので有効だと思われる．実際には，「相手に質問をする」「単語でなく，文章で受け答えする」など，会話・コミュニケーションスキルについての目標を具体的に設定して，個別指導の場面で指導者と一対一で会話する経験を積み重ねることによって，そういったスキルが身につくように支援していく．

● 対人場面での問題解決力を高める

対人場面では受身になりがちな真面目で素直な本人の性格を考えると，今後思春期を迎えて友達づきあいをうまくこなすことがむずかしいと心配されたため，対人場面での問題解決力を高めることが必要だと思われた．設定された対人場面での対応について指導者と一緒に考え，ロールプレイングを行うことによって，「電話をかける」「待ち合わせをする」「誘いを断る」などのソーシャルスキルが身につくように支援する．

● 将来に向けて役立つ読み書きスキルの向上

読み書きスキルについて遅れがみられたが，ここでは，将来に向けて役立つような読み書きスキルの向上を目指して，本人が得意とする漢字について熟語の読みを取り上げて語彙を増やすことを支援した．同時に，本人の興味・関心の幅が広がるように新聞記事を読むことを取り上げて情報収集力の向上を図ることを支援する．

指導

中学1年4月より個別指導を開始した．月2回，1回60分．指導者は筆者である．指導の指針に基づく指導計画の概要を表3に示す．ここでは，言語面の指導を中心に，指導終了時（中学3年）までの経過をまとめた．

● 会話・コミュニケーションスキルの獲得

指導の最初に，「お話タイム」と称して，学校での出来事や本人が話したいことを話す時間を設けて，フリートークを行った．指導者は本人の発言を目の前で見えるように記録し，内容を確認しながら聞くようにした．中学1年時，指導開始当初は単語だけ並べて話を済ませることが多く，指導者が質問をしたり，選択肢を出して答えてもらったりするなどの工夫が必要であったが，1学期後半より，学校行事や部活について自分から話すことが増えてきた．そして，流暢ではないが自分のことばで考えて詳しく話そうとする姿勢がみられるようになった．質問に対して答えがすぐ思いつかず，黙ったままになることもあったが，その都度，どうしたらよいかを一緒に考えて，対処の仕方を伝えるようにした．また，話のなかでわかりにくい表現は聞き返して確認しながら聞くようにしたところ，相手にわかりやすく話そうとすることが増えた．さらに，話の記録を見せて，文で伝えることを意識させたところ，語尾まできちんと話すことが意識できるようになった．ただし，話題によっては語尾が言いっぱなしになることもあった．3学期に入り，話をすることに慣れてきた頃を見計らって，指導者は会話がキャッチボールであることを伝えて，指導者に質問することをすすめたところ，指導者に質問を考えて出すことが少しずつできるようになっていった．

中学2年になってからも，「お話タイム」は継続した．中1の時と比べて，行事についてもより詳しく内容豊かに話すようになったが，「体育大会がもうすぐあります」と話しながら，日程について聞かれても答えられないことがあり，日付や暦について

表3 指導計画の概要

指導課題	指導目標	指導内容
(1) 会話・コミュニケーションスキルの獲得	・会話を楽しむ ・質問に答える ・相手に質問する	・お話タイム（フリートーク） ・サイコロトーク
(2) 対人場面での問題解決力を高める	・対人場面での問題解決力を高める ・ルールの理解力を伸ばす	・こんな時どうする？ 　（例：友達を誘う，個人情報を教えない，待ち合わせ，電話を受ける，電話をかける） ・カードゲーム
(3) 読み書きスキルの向上	・語彙力を高める ・漢字の読み書きスキルを伸ばす ・文章読解力の向上	・語句・慣用句クイズ ・2字熟語（小学校3～6年） ・同音異義語 ・説明文の読み取り（野球に関するクイズ，文章読解） ・新聞記事の読み取り（野球記事，お天気，社会面，投書）

表4 面接の指導の概要

	指導目標	指導内容	指導方法
第1回	・面接での話し方やことば遣いを理解させる	・面接について情報を確認する ・話し方やことば遣いを確認する	プリントを使って確認
第2回	・面接での話す態度（姿勢・挨拶）を理解させる ・質問への答えを書く	・話す態度，姿勢，挨拶の確認 ・面接で予想される質問への答えを書く	プリントを使って確認 ロールプレイ
第3～5回	・面接に向けて資料を準備する ・面接に慣れる	・面接で予想される質問への答えを推敲する ・面接の練習	プリント 模擬面接 ビデオによる振り返り

の認識の弱さが感じられた．この頃は，毎回，指導者が「何か話したいことはありますか」と尋ねると，すぐに話し始めるなど，自分が話したいことを話すことには慣れてきたと思われた．2学期の始めより本人が話したいことを話すだけでなく，提示された話題について話すことに取り組んだ．例えば，夏休みや冬休み後の指導では，「サイコロトーク」を行い，サイコロを振って出た目の番号に割り振った話題（例えば，①楽しかったこと，②頑張ったこと，③困ったこと，④残念だったこと，⑤嬉しかったこと，⑥何でも話したいこと）について話してもらうようにした．「困ったこと」を話すことになり，宿題についてのエピソードについて何とか話すことができた．自分の意見を言うことが増えた一方，本人から「話すことは苦手だと思う」と語られることがあった．

中学3年になると，本人から勉強のことを話題にすることが多くなり，定期試験に向けての準備について話し合うこともあった．そして，2学期に入って本人が高校入試に向けて面接の練習をしたいと言ってきた．面接について気になっていることを尋ねると「すぐに答えられない．考えていて」と答えたので，指導者は「面接の練習をどのようにすすめたらいいか，考える材料として面接で聞かれる質問などを調べて指導者に教えて欲しい」と伝えた．その後，本人は，学校で行う面接準備の資料を持参し，学校の先生に聞いてくるなど，積極的な取り組みがみられた．面接の練習の概要は，表4に示す．学校での取り組みもあり，面接での望ましい態度や話し方については，知識として基本的なことは理解していた．予想される質問への答えをまとめる課題では，宿題として出しても指導者の助言を聞いて粘り強く文を推敲した．

その過程で，本人から文章の内容についての疑問や心配が語られ，次回に向けての課題や準備のメモをとるなど，主体的に取り組む態度がみられた．模

擬面接では，ビデオを見て振り返りをしたところ，「違う質問をされると，話すスピードが速くなる」「頭が真っ白になって話す内容が思い浮かばなかった」など，自分の状態を客観視する発言がみられた．

● 対人場面での問題解決力を高める

中学1年時，設定された対人場面での対応を考えた後，ロールプレイングを行った．設定場面は，アセスメントの結果から必要と思われた課題（例：電話をかける）や保護者や本人との話で語られたエピソードから取り上げた．自分のことばで表現しようと真面目に取り組んでいた．電話の受け答えは，家庭でも練習に取り組み，単身赴任中の父親から褒められたという報告が母親からあった．中学2年時以降は「お話タイム」の時に，日常生活のなかで困ったことや気になることについて話してもらえれば，一緒に考えることにしようと本人に伝えた．また，ルールの理解力を高めることをねらいとして，トランプなど色々なカードゲームを行った．

● 読み書きスキルの向上

中学1年時，語彙を増やすために，小学校高学年向けの教材から語彙や語句を取り上げたプリントに取り組んだ．また，漢字の読み書きは，小学3～6年の漢字ドリルから熟語に取り組んだ．初めはわからない熟語になると，一文字ずつ漢字は読めて意味もわかっていたが，ことばの意味は全く思いつかない様子がみられた．そこで，わからない熟語は電子辞書を使って意味を調べて確認するようにしたところ，次第に漢字の意味から熟語の意味を推測することがみられるようになった．文章読解は，野球に関する読みものを取り上げた．野球の試合で起こった珍しい状況をどう判定するかという文章をもとに作成した「こんなプレーどう判定する？」というプリントには，野球部での経験をふまえて意欲的に取り組む姿がみられた．

中学2年になってからは，新聞記事の読み取りに取り組んだ．初めは，本人が興味を持てそうな記事を楽しんで読むことをねらいとして，スポーツ欄のプロ野球の勝敗表を取り上げた．勝敗表を読み取って質問に答えるプリントを作成して取り組むようにした．その後，スポーツ記事，天気予報の欄を取り上げた．記事を読んだ後，内容の理解を確認するための問題プリントに取り組み，指導者と一緒に確認するという手順ですすめた．さらに，社会面，投書欄など様々な記事を取り上げて，問題に答えるだけでなく，記事について指導者に問題を出すことにも取り組んだ．記事の内容によっては細部までの理解は不十分なところもあったり，やりもらい文が正しく理解できていなかったりなど，ことばの意味理解力の弱さがうかがえたが，記事の内容を自分のことばで説明する，記事についての意見や感想を述べることはできるようになってきた．

指導後の評価

中学3年時「面接の練習」を開始する前に，母親にASAを再度実施した結果を表5に示す．

指導開始時に比べて，いずれのスキルも段階が上がった．獲得状況について言語スキル，日常生活スキル，社会生活スキルは「遅れ」から「標準」と変化したが，対人関係スキルは「遅れ」のままであった．

下位領域について，言語スキルは「経験したことを話す」「読み」「書く」の得点が上がり，「経験したことを話す」「読み」は平均以上と判定された．これは，指導の取り組みが反映される結果であると思われる．日常生活スキルは「健康管理」「家の掃除や片付け」「食事の準備と片付け」「衣類の手入れ」の得点は上がり，「家の掃除や片付け」を除く下位領域はいずれも平均以上と判定された．評価後の面談で，母親はASAを記入して，これまで生活スキル全般に渡って，あまりやらせてこなかったことに気付いて，取り組む機会を作るようになったという．とくに，料理について興味を持って取り組むようになり，夕食の準備をすることもあると聞いた．ただし，

表5　指導後のASAの結果（CA15：6）

	段階	獲得状況	スキルパーセンタイル	相当年齢
言語スキル	3	標準	30～43	中学生
日常生活スキル	5	標準	58～71	中学生
社会生活スキル	3	標準	30～43	12歳前半
対人関係スキル	2	遅れ	15～29	10歳後半
全検査スキル	4	標準	44～57	中学生

「身だしなみ」の得点は変わらず，えりを整えて，服をきちんと着ることなど身だしなみを整えることが苦手と評価された．これは，対人意識の低さの現れと推察され，今後も引き続き指導が必要な課題であると思われた．

社会生活スキルは「電話などの利用」「情報の収集」，対人関係スキルは「他人への関心と共感」「礼儀」の得点が上がり，指導の取り組みが反映される結果を示した．一方，「会話・コミュニケーション」「きまりを守る」「感情や行動のコントロール」はほとんど変化がみられなかった．

まとめ

本事例では，コミュニケーションの苦手さを主訴として来所した中学生男子に対して，中学校を卒業するまでの3年間の個別指導をまとめた．来所時のアセスメントでは，知能・認知面での心理検査に加えて，社会性の育ちを把握するためにASA旭出式社会適応スキル検査を実施した．諸検査の結果から，知的能力の水準は境界域であり認知特性への配慮の必要性が示され，社会適応スキルの獲得の遅れが示された．支援の方針は日常生活を営むうえで必要な社会適応スキルの獲得を視野に入れて，①会話・コミュニケーションスキルの獲得，②対人場面での問題解決力の向上，③将来に向けて役立つ読み書きスキルの向上を取り上げ，認知特性，興味・関心，本人の希望を考慮して，指導の計画を立ててすすめた．指導後の評価では，ASAの結果に伸びがみられた．また，指導経過の様子から，相手にわかりやすく話すこと，質問には語尾まできちんと答えること，自分の意見を言うことが増えたことに加えて，中学3年の後半頃より，自分の状態を客観視した発言が増えて，自己理解の育ちがうかがえた．ただし，同年齢の集団のなかでは幼さもみられるため，長い目で彼の育ちを見守りながら配慮指導は引き続き必要だと思われる．本事例は，中学卒業後，食品コースのある高校に進学した．今後は，回りからの配慮を待って受け入れるだけでなく，必要に応じて支援やサポートをすすんで受けられるようになることが課題だと考える．

（菊池けい子）

●参考文献
1) 旭出学園教育研究所：ASA旭出式社会適応スキル検査手引き（肥田野 直監修）．日本文化科学社，2012．
2) 島　秀之助：プロ野球審判の眼．岩波新書，1986．
3) 月森久江編：教室でできる特別支援教育のアイデア中学校・高等学校編．図書文化，2012．
4) 卯月啓子：表現力アップのための仲間のことば1000．小学館，2007．

コ・ラ・ム

ASA 旭出式社会適応スキル検査

　特別な教育的ニーズのある子どもたちにとって，適切な教育や支援によって，社会生活に必要な力を身につけ，社会適応性を伸ばすことは重要な課題である．効果的な支援を行うためには，社会適応性の実態把握が必要となる．

　本検査は，社会自立に向けて基礎となる社会適応スキルを評価する検査であり，全般的なスキルの発達とスキルの個人内差を把握することができる．表1に示すように，言語スキル（基本的な言語理解や言語表出に関わるスキル，読み書きのスキル），日常生活スキル（家の中での生活に必要なスキル），社会生活スキル（家の外や地域での生活に必要なスキル），対人関係スキル（対人的なやり取りや集団参加に必要なスキル）という4つのスキル，32下位領域，192項目から構成されている．対象は，幼児（年少）から高校生である．対象の日常生活をよく知る大人（保護者，担任）が検査用紙の項目について「できる，できない」を回答する．

　採点の結果，各下位領域得点の合計より「基本版プロフィール」では，全検査スキルと4つのスキルについて，7段階で同年齢内の相対的位置と相当年齢が示され，各下位領域の発達の程度について平均以上かどうかが示される．さらに，「基本版プロフィール」の4つのスキル，全検査スキルで遅れが認められた場合，「臨床版プロフィール」を用いて，下位領域について下位領域パーセンタイルで個人内差を把握することができる（p55の図1参照）．臨床版プロフィールで，左寄りはスキルの獲得が遅れていることを示し，右寄りは獲得が良好であることを示す．個人内の発達の獲得の程度を厳密に比較することはできないが，支援を行うためのおおよその個人内比較を行うことができる．

（菊池けい子）

表1　ASA 旭出式社会適応スキル検査の構成

スキル	下位領域
言語スキル	「指示を理解する」「聞く」「口頭で質問する」「経験したことを話す」「拒否や要求を表す」「自分について話す」「質問に答える」「読む」「書く」
日常生活スキル	「身だしなみ」「健康管理」「家の掃除と片付け」「食事の準備と片付け」「衣類の手入れ」
社会生活スキル	「家の中で安全に過ごす」「電話・ファックス・メールの使用」「外での安全への対応」「お金の理解と管理」「時間の理解と管理」「困難な状況での対応」「情報の収集」「学校での集団参加のスキル」「環境の変化への適応」
対人関係スキル	「他人への関心と共感」「会話・コミュニケーション」「交友関係」「協力的な関係」「きまりを守る」「集団遊びのルールを守る」「礼儀」「他人への気遣い」「感情や行動のコントロール」

[自閉症スペクトラム障害]

Section 7 構音障害を伴う自閉症スペクトラム障害

概要

小児における構音の誤りは，いわゆる機能性構音障害や口蓋裂に伴う場合のように，主たる問題として現れる場合もあるが，知的障害，言語発達障害，発達障害，聴覚障害，吃音など，他の障害に伴ってみられることも多々ある．

小児の構音障害の特徴

小児にみられる構音障害は，言語獲得途上に生じる構音の誤りである．いわゆる機能性構音障害は構音器官の形態や機能に問題がなく，知的な遅れや言語発達の遅れがないにもかかわらず，構音学習を誤った，現在のところ原因が特定できない構音障害として定義されている．しかし，臨床場面では，構音器官の運動の拙劣さ，聴覚把持力・語音弁別能力の低下，コミュニケーションの問題などを併せ持つ子どもが存在し，構音障害の発現には様々な要因が関連していると思われる．

小児にみられる構音の誤り

1) 発達途上の構音の誤り（未熟構音，幼児音，赤ちゃんことば）

定型発達児の構音発達過程にみられる構音の誤りを言う．省略から置換，さらに目標音に近い歪みへと変化し，最終的に正しい音が獲得される．獲得の遅い音（/s, ts, dz, r/）を音完成までの間，自分が持っている音のレパートリーのなかから構音方法や構音位置が近い音を代わりに使用するものである．構音発達は個人差が大きく，知的能力の高い子どもでも構音発達のみが遅れることがある．この誤りは言語発達と関連しているので，知的に問題がなければ発達に伴い，多くの場合，就学までに自然治癒するが，まれに学童になってもみられることがある．

2) 発達途上以外の構音の誤り

発達途上の構音の誤り以外のものには，日本語の音にない異常な構音方法で音が産生される，特異な構音操作の誤り（異常構音）とそれ以外の誤り（歯茎音の軟口蓋化，唇歯音化など）がある．これまで定義されている特異な構音操作の誤りには声門破裂音，咽（喉）頭破裂音，咽（喉）頭摩擦音・破擦音，側音化構音，口蓋化構音，鼻咽腔構音がある．前者3つは鼻咽腔閉鎖不全の代償構音で，主に口蓋裂術後や先天性鼻咽腔閉鎖不全症にみられる．後者3つは異常な舌運動による構音の誤りで，口蓋裂術後だけでなく機能性構音障害にも多くみられる．

声門破裂音は，鼻咽腔閉鎖不全の代償構音として頻度が高いが，鼻咽腔閉鎖機能に問題のない子どもにも出現することがある．機能性構音障害では自然治癒も多い．咽（喉）頭破裂音，咽（喉）頭摩擦音・破擦音は口蓋裂術後でも頻度は少なく，機能性構音障害ではまれである．

側音化構音は，側方から呼気が流出するために音が歪むもので，機能性構音障害における特異な構音操作の誤りのなかでは最も頻度が高く，また自然治癒が少ないため，訓練対象になることが多い．原因については歯列不正などが指摘されているが，不明である．

口蓋化構音は，歯茎音の構音位置が後方に移動し，舌背中央と硬口蓋で音が産生される歪み音である．口蓋形態や咬合，口蓋瘻孔との関連が示唆され

ており、口蓋裂術後で頻度が高いが、機能性構音障害にもみられる。側音化構音同様、自然治癒は少ない。

鼻咽腔構音は、口腔から流出すべき呼気を鼻腔から流出させて音を産生する歪み音である。イ列音・ウ列音、/s, ts, dz/などに出現するが、今回の事例のように歯茎摩擦音・破擦音、歯茎硬口蓋摩擦音・破擦音/s, ts, dz, ɕ, tɕ, dʑ/に特異的に出現することがあり、phoneme-specific nasal emission（音素特異的呼気鼻漏出）と呼ばれている。イ列音などの母音列にみられる場合は自然治癒が多いのに対し、/s, ts, dz, ɕ, tɕ, dʑ/に限定した誤りは、自然治癒しない場合もある。

上記に示した特異な構音操作の誤りの原因は明らかになっていないが、異常な習癖を除去し、目標音の正しい構音位置と構音方法を教示する適切な構音訓練によりいずれも改善するものである。

発達障害に伴う構音の誤り

発達障害児に構音障害が伴う頻度やその特徴について、Clelandら[1]は、高機能自閉症とアスペルガー症候群（以下自閉症スペクトラム）の子ども達69名（5～13歳）の構音の誤りを分析し、69名中28例（41%）が構音の問題を持っていたと報告している。誤りの多くは、わたり音化、子音結合の縮小、語尾子音の省略、破裂音化などの発達途上にみられる誤りであったが、2名で発達途上の構音の誤りではない歯茎音の軟口蓋化とphoneme-specific nasal emissionを併せ持っていた。観察された誤りが自閉症に特異的かどうかは明らかではないが、構音障害があるとコミュニケーションに問題が生じるので、早期に診断し治療することが必要であると結論付けている。

Shribergら[2]も、高機能自閉症とアスペルガー症候群例30名（10～49歳、高機能自閉症の平均21.6歳、アスペルガー症候群の平均20.7歳）の発話を健常者53名（平均26.4歳）のデータベースと比較し、健常者と比較して高機能自閉症とアスペルガー症候群では構音障害が残存していたと報告している。また、Rapinら[3]も自閉症スペクトラムの子ども達62名（平均8：6歳）のかなり多くが、構音の問題を示したことを報告している。

我が国では知的に遅れのない自閉症に関して、構音（音韻）障害を伴う頻度やその特徴についてはほとんど報告がないが、千本ら[4]は知的障害のない発達障害児らにみられた声門破裂音の指導経過を報告し、対象児10名のうち5名は専門機関で発達障害との診断を受けており、専門医を受診しなかった5名もコミュニケーション上の問題があったと述べている。臨床的にも、知的障害の有無にかかわらず自閉症の子どもに声門破裂音をみかけることがある。

発達障害を伴わない子どもに発現する構音障害が発達障害の子どもにも同様に発現する可能性は高いと思われるが、発達障害児において特定の構音障害が多くみられるのか、それには発達障害児の持つどの特性が影響しているのかは、現段階では不明である。しかし、Clelandら[1]が指摘しているように、構音に問題があり、それがコミュニケーションの障害となっている場合は、訓練し正常構音を習得することが重要である。

次に述べる事例ではphoneme-specific nasal emissionと側音化構音が認められた。側音化構音は機能性構音障害に非常に多い構音障害なので、発達障害に特異的とは言えないだろう。phoneme-specific nasal emissionは、口蓋裂術後と機能性構音障害の両者にみられ、先に紹介したCleland ら[1]の高機能自閉症例とアスペルガー症候群例にも認められている。その発現機序は明らかではないが、Dzajac[5]は、phoneme-specific nasal emissionは破裂音化した摩擦音・破擦音に摩擦性を付与し、摩擦音・破擦音を産生しようとするストラテジーではないかと考えている。自然治癒せずに成人まで持続した症例も報告されているので、他の構音障害同様、適切な時期に訓練することが必要である。

事例

対象児

事例：男児，5歳9か月～7歳0か月．

主訴：発音を治して欲しい，サ行が鼻から漏れる．

診断名：高機能広汎性発達障害（注意欠陥/多動性障害を伴う），構音障害

生育歴：在胎38週，誘発分娩で出生．出生時にとくに問題はなかった．

始歩1歳，初語1歳．言語発達に関しては保健センターの健診でも指摘されることはなく，とくに気になることもなかった．3歳頃より滲出性中耳炎を繰り返し，近耳鼻科医にて治療を受けていた．

家族構成：母，本児．

現病歴：2008年6月（4歳3か月），発音の不明瞭および落ち着きのなさ，対人関係の希薄さを訴えて，A子ども発達支援センター（以下Aセンター）を受診した．鼻に抜けた発音が気になったため，同年7月にB病院にて口腔内精査および鼻咽腔内視鏡検査を受けたが，口腔内，鼻咽腔閉鎖機能に異常なしと診断された．2008年8月～2010年3月（就学前）までの1年半，Aセンターで小集団指導および言語聴覚士（ST）による構音訓練を受けた．その間，2009年9月C病院にて高機能広汎性発達障害（注意欠陥/多動性障害を伴う）と診断される．通常学級に在籍を希望しており，情緒障害学級とことばの教室の同時通級が困難なため，医療機関での構音訓練を希望してD病院言語治療室を紹介され受診した．

小学校入学後，学校で友達に手を出す行動がみられたため，母親が心配になり，発達障害の診断を受けたC病院の主治医に相談したところ，多動に対してコンサータ®を処方された．コンサータ®服用後は行動が落ち着き，1日の半分くらいはクラスに居られるようになり，徐々に集団適応できるようになった．運動会などの行事でも待ち時間も含めて落ち着いて参加できた．構音訓練を行っていた間，夏休みなどの長期休暇期間を除いてコンサータ®を継続して服用していた．

評価

D病院では初回評価として，構音検査，鼻咽腔内視鏡検査および聴力検査を実施した．知能検査，言語検査については，母親の了解を得て，紹介元のAセンターでこれまでに実施した検査結果を取り寄せた．

1）構音の評価

「新版 構音検査」を実施したところ，表1に示す構音の誤りがみられた．構音検査は母親同室で行い，最後まで着席し落ち着いて行うことが可能であった．/s, ts, dz, ɕ, tɕ, dʑ/にphoneme-specific nasal emissionが認められ，構音時には鼻息鏡により呼気鼻漏出が確認された．鼻閉をすると，/s, ts, dz, ɕ/は破裂音[t, d]に，/tɕ, dʑ/は正音に聴取された．/kj, gj/は側音化構音であった．

2）鼻咽腔閉鎖機能検査

/s, ts, dz, ɕ, tɕ, dʑ/に呼気鼻漏出と鼻雑音が観察されたため，ソフトブローイング検査および開鼻声・呼気鼻漏出による子音の歪みの判定を行った．ソフトブローイング時に鼻息鏡で呼気鼻漏出は検出されず，また母音/a, i/，/pa, ka, ta/構音時にも開鼻声・呼気鼻漏出による子音の歪みは聴取されず，呼気鼻漏出も認められなかった．

鼻咽腔内視鏡検査の結果では，/s, ts, dz, ɕ, tɕ, dʑ/構音時には鼻咽腔がわずかに開存していたが，/pa//ta//ka/および母音/a//i/構音時には鼻咽腔閉鎖が行われていることが確認できた．以上の結果から，鼻咽腔閉鎖機能は良好であるが，音素特異的に鼻咽腔が開存し，そこから呼気鼻漏出が認められることが明らかとなった．

3）改訂版 随意運動発達検査[6]

「B. 顔面・口腔の随意運動」を実施した．cテストの⑤/pa//ta//ka/を繰り返すのみ不通過で，口腔の随意運動発達に問題はなかった．

表1 事例の構音の誤り

誤り音	非鼻閉時	鼻閉時
/s, ts, dz, ɕ/	phoneme-specific nasal emission [t, d] + nasal snort（鼻雑音） 鼻息鏡にて呼気鼻漏出（+）	[t,d]
/tɕ, dʑ/	phoneme-specific nasal emission [tɕ, dʑ] + nasal snort（鼻雑音） 鼻息鏡にて呼気鼻漏出（+）	[tɕ, dʑ]（正音）
/kj, gj/	側音化構音	

表2 WISC-Ⅲ知能検査の結果（実施年齢5歳7か月）

言語性検査	評価点	IQ	
知識	16	VIQ	106
類似	7	PIQ	111
算数	9	FIQ	110
単語	12		
理解	11		
数唱	13		

動作性検査	評価点	群指数	
絵画完成	8	言語理解	108
符号	12	知覚統合	110
絵画配列	8	注意記憶	106
積木模様	17	処理速度	108
組合せ	13		
記号探し	11		
迷路	7		

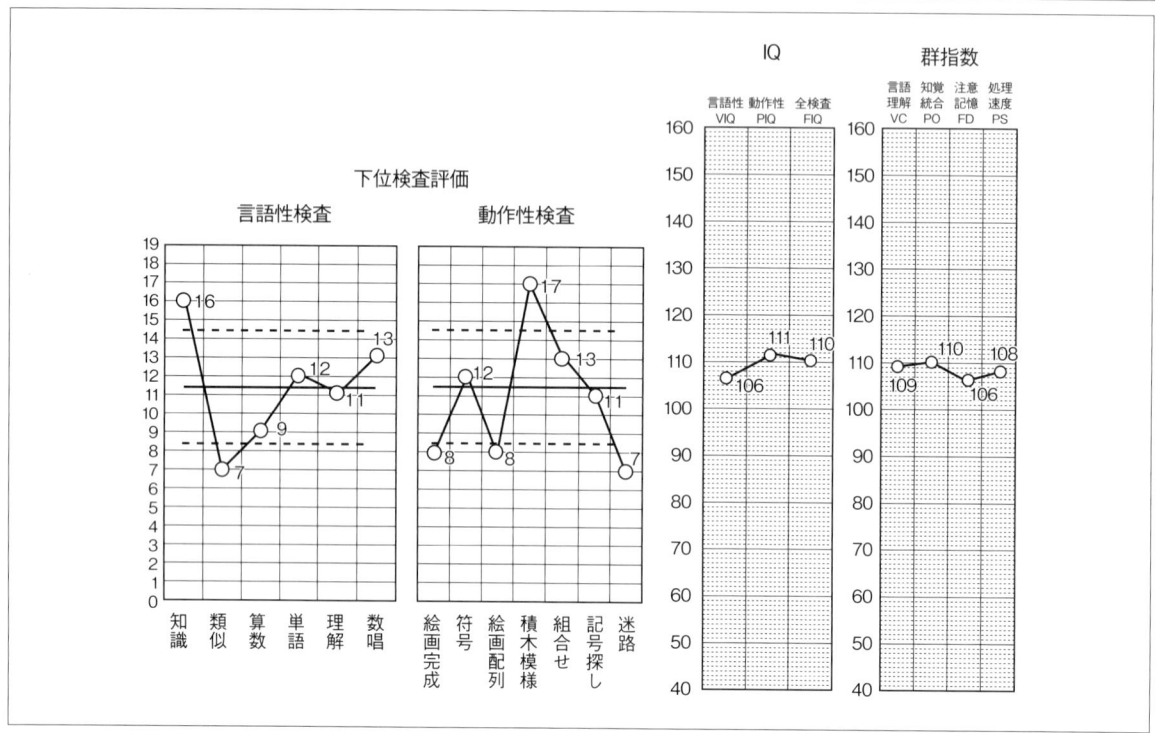

図1 WISC-Ⅲのプロフィール（実施年齢5歳7か月）

4）純音聴力検査

幼少時より滲出性中耳炎を繰り返していたため，聴力低下がないかどうかを確認するために実施した．母親と抵抗なく聴力検査室に入室し，指示に従い集中して行うことができた．検査の結果，平均聴力レベルは右耳6.25 dB，左耳1.25 dBで，聴力は正常であった．構音検査場面でも聞き返しはみられなかった．

5）知能検査（WISC-Ⅲ）

Aセンターで5歳7か月時に実施した結果である．VIQ 106，PIQ 111，FIQ 110で平均の上の知的能力があった．動作性知能と言語性知能の間に，また群指数間に乖離はみられなかったが，下位項目の評価点のばらつきが大きかった（表2）．本児の下位検査のプロフィールは図1の通りである．

6）言語検査（ITPA）

Aセンターで4歳8か月時に実施したが，検査が2回にわたり，その間が1か月空いてしまったため，得られた結果は参考値であるとのコメントが添えられていた．4歳8か月時に言語学習年齢（PLA）

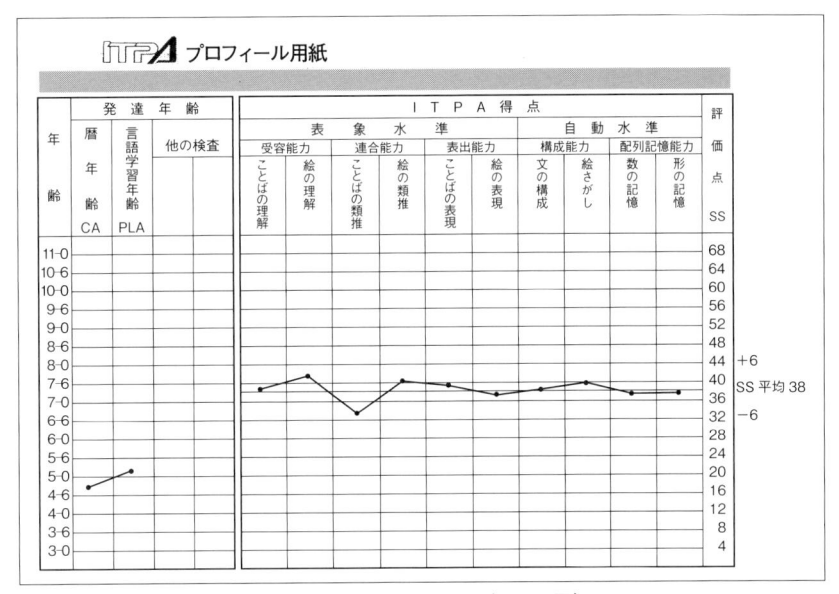

図2 ITPAの結果（実施年齢4歳8か月〜4歳9か月）

は5歳2か月で，年齢以上の言語能力を有していた．各検査のプロフィールは図2の通りである．SS平均値は38で，すべての下位項目が平均値±6以内におさまり，項目間の差は目立たなかった．

7) 評価のまとめと訓練の適応

構音検査の結果から，発達途上の構音の誤りではない構音障害が認められた．自然治癒しないことも考えられ，構音訓練の必要があると判断した．対人関係や社会性・行動面の問題があるが，知的能力や言語能力に関して項目間にばらつきはあるものの，年齢相応またはそれ以上の能力があり，構音訓練による改善が期待されると判断した．本児の訓練に対する希望は強くはなかったが，母親のニーズは高かった．

訓練

会話レベルでの正常構音習得を目標に，2010年4月〜2011年3月まで計20回（1回約30分）の構音訓練を実施した．1回目から14回目までは月2回の頻度で行ったが，改善に伴い月1回と通院間隔を空けていった．訓練の結果，構音の誤りは会話レベルで「ほぼ正常（時々誤りが出る）」まで改善した．母親も構音の改善に満足し，訓練を終了することができた．1年間にわたる治療経過について以下に述べる．

1) 学校での様子

本児は通常学級に在籍しながら，情緒障害学級に週1回通級しており，対人関係や行動面での問題については情緒障害学級で対応が行われていた．母親によると，就学直後は落ち着かず，教室内で立ち歩いたり，教室を脱走して体育館を走り回ったりする行動がみられた．そのため学校側の配慮により，校長先生の個別対応を受けていた．情緒障害学級および個別対応場面では教員と1対1のため，落ち着いて自分の興味ある課題に取り組めていたとのことである．

2) 構音訓練
● 構音訓練中の様子・態度

訓練開始後は通院を嫌がることなく，電車を乗り継いで1時間くらいかけて通ってきた．

1対1の関係では課題態勢がとれ，構音訓練が可能であった．最初の2回のみ母親同室でそれ以降は母子分離で行った．しかし，課題態勢についてはムラがあり，体調により離席したり空笑が出たりすることや時には泣いてしまうこともあったが，本児のペースに合わせ，訓練にのらない時は強制しないことを心がけた．また興味にも偏りがあったので，教材や課題も本人が興味を持つものを取りあげるよう工夫した．

● **構音訓練の経過**

D病院では母親のニーズに応えて構音訓練に特化した指導を行った．最初は学校生活に慣れることを最優先とし，疲れている時は無理をしないこと，来院を嫌がるようだったらしばらく様子をみることを母親と確認したうえで，構音訓練を開始した．

[訓練音の順序]

phoneme-specific nasal emission と側音化構音の2種類の特異な構音操作の誤りのうち，誤り音の数が多く，母親の治療希望対象である phoneme-specific nasal emission から訓練を開始した．

第1回目：phoneme-specific nasal emission は呼気が鼻腔から流出することが特徴であるので，構音操作が正しくかつ鼻腔から呼気を抜いていた音節/tɕi/から閉鼻で，無意味音節，単語の順で訓練を行った．

第2回目：/tɕi/の音節が非鼻閉で可能となっていたため，後続母音を換えて/tɕa, tɕo, tɕu/について鼻閉にて無意味音節→単語を訓練した．「こんにちは」の挨拶で前回訓練した「ち」が無意識に正しく使えることもあった．単語訓練で"ち"のつくことばを考えてみよう」と訓練語を一緒に考える際には，本児は一生懸命に考え，「あった，チーズ」などと単語を探すことを楽しんでいた．音節レベルの単調な反復訓練は好まなかった．また，この日は離席が目立ち，落ち着かなかった．

第3回目：引き続き/tɕi, tɕa, tɕo, tɕu/の単語訓練を行った．鼻閉では正しい音が安定していたが，非鼻閉になると誤りが出現した．/ɕi, s/も音節レベルでは鼻閉で正しい音が可能になった．絵を描くことが好きなので，「お勉強頑張ったら，絵を描いていいよ」と約束して訓練を行ったところ，離席もなく前回に比べ落ち着いて訓練に取り組めた．訓練終了後には楽しそうに絵を描いていた．その間に母親にその日の訓練内容や様子を伝え，家庭での宿題について説明した．

第4回目：引き続き/tɕi, tɕa, tɕo, tɕu/の単語訓練を行った．鼻閉では（＋）．鼻閉しないと呼気が鼻から抜けた誤り音になり，「鼻から漏れている」と自己申告することがあった．誤り音の自己弁別が少し可能となった．家庭学習もルールを決めて毎日嫌がらずに行っていたとのことである．新しい訓練音として/ɕi/を導入したが，[tɕi]になることがあり，「今，"チ"って聞こえたよ」と教えると，「ちゃんと言ってる！」と反論し，自分では正しい音を産生していると思っていることがわかる．

第5回目：/ɕi, ɕa, ɕo, ɕu/の音節・単語訓練．鼻閉で正しい構音操作が可能になったが，鼻閉しないと，[tɕ]に nasal snort が伴った歪み音になっていた．/s, ts, dz/についても鼻閉では音節レベルで正しい構音操作が可能になったが，非鼻閉では依然として[t, d]＋nasal snort であった．非鼻閉の訓練中，鼻息鏡を鼻孔の下に置き，「ここが曇るのはダメなんだよ」という視覚的フィードバック練習を試してみたが，鼻息鏡を当てるのを嫌がったため，無理には行わなかった．

第6回目：/ɕi, ɕa, ɕo, ɕu/と/tsu/の音節・単語訓練．前回同様，非鼻閉では誤り音が出てしまうので，片方の鼻孔のみ閉鎖する半鼻閉の状態で訓練を行ってみたが，本児も「できない」と訴え，誤りの方が多かった．しかし，会話で偶発的に「ありがとうございました」の「し」で正しい音が使えている時もあった．

第7回目：/ɕi, ɕa, ɕo, ɕu/と/dz, tsu/の音節・単語訓練．前回同様，鼻閉では（＋）なので，半鼻閉と非鼻閉の訓練を強化した．STに話が通じないと自ら鼻閉して伝えることがあり，鼻閉すると正しい音が出せることを本人も自覚していた．

第8回目：/su, sa, so, se/の音節・単語訓練．/ɕi, ɕa, ɕo, ɕu/と/dz, tsu/は非鼻閉ではできなかったが，他の音では口腔からの摩擦が習得できるかもしれないとの期待を持ち，/su, sa, so, se/を導入した．鼻閉では可能だったので，半鼻閉・非鼻閉の訓練を集中的に行ったが，あまり改善がみられなかった．

第9回目：/su, sa, so, se/の音節・単語訓練．前回同様，半鼻閉・非鼻閉の訓練を集中的に行った．しかし，正しい音の産生は増えず，「つまむつもり」でとの指示を与えたが，改善はみられなかった．この日は，参観日のため来院時間がいつもより遅く疲れていたせいもあったのか，情緒不安定になり訓練中に泣いてしまった．

第10回目：これまでの訓練音/ɕ, tɕ, dz, s, ts, dz/のなかからいくつかの音を選択して訓練を行っ

た．この時点で非鼻閉では/tɕ/のみ正音の産生が可能であった．ただし，浮動性が認められた．本児は数字にも興味があったので，1～50まで数える，足し算など数字を使ったドリルも取り入れた．

第11回目：前回と同様に，/ɕ, tɕ, dʑ, s, ts, dz/のなかから音を選択して訓練を行った．/dz/が非鼻閉で可能になった．

第12回目：鼻閉で訓練する期間が長かったが，この回で急激に改善が進み，すべての誤り音が非鼻閉の状態で単語レベルまで可能になった．会話レベルではまだ使用はなかったが，「おかあさん」の「さ」が無意識に正しく産生されることもあった．本人からも「鼻から出ていない，言えるようになった」との申告があり，誤り音が改善したことを自覚していた．また，就学前にお世話になったAセンターのSTの所を訪れた時も，「漏れなくなったよ」と習得した正しい構音を披露して見せたとのことである．

第13回目：訓練音がランダムに出現する「本読み」の練習に入った．音読に関して，知的能力や言語能力が高い割にはたどたどしい拾い読みだったが，何とか構音の誤りなく読むことが可能であった．本読みの練習には，学校の教科書は嫌がり，また構音訓練で通常使っている「ノンタン」などの絵本には全く興味を示さなかったので，本人が持参した恐竜図鑑や天体図鑑などを利用した．本読みと同時に，会話への般化練習（キャリオーバ）も導入した．学校での様子や好きなことなどを題材にしたやり取りはむずかしかったので，持ってきた図鑑類を使って質問すると，「先生，知らないの？」と言い喜々として答えてくれた．この頃から会話でも徐々に正しい音が使用されるようになった．構音訓練においては，正しい音と誤り音の弁別が進むと，誤り音のモニターができるようになり，自己修正が可能になる場合が多いが，本児では自己修正はあまりみられなかった．

第14回目：本読みと会話への般化練習．音読に対しては本人も苦手意識があり，課題を嫌がることもあった．そのため文章レベルの自発話を引き出すために，状況絵や市販されている配列絵の絵カードも利用した．般化訓練として，しりとり遊びも導入したが，最初はことばの最後に「ん」がついたら負けというルールを理解していなかったのか，STが「今，"ん"がついたから○○ちゃんの負けだよ」とルールを説明したら，「先生にいじめられた」と泣き出す場面もあった．しかし，2回目からはルールを理解し，しりとり遊びを楽しむことができるようになり，自分から「しりとりしよう」と催促することもあった．

第15～20回目：会話レベルでほぼ正しい音が使用できるようになったので，訓練を「維持」の段階に進め，訓練頻度を月2回から月1回に変更し，習得した音が後戻りしていないかのチェックを，主に本読み，会話への般化練習により行った．音節・単語レベルでは誤り音の自己モニターができていたが，音読・会話レベルになると自己音声のフィードバック機能が働いていないようで，音読・会話時ともに時々誤りが出る状態が6か月間続いた．本読みで間違えた時に，STが「アレッ」とヒントを出すと修正は可能であった．「維持」の期間，大きな後戻りはみられず，日常会話で支障がないと判断したので，母親の了解のもと，小学1年の春休みで定期的訓練を終了とした．/kj, gj/の側音化構音に関しては，誤り音の数が少なく明瞭度に影響していなかったこと，本児の自覚がなかったこと，また母親からの希望もなかったことなどから，訓練を行わず様子をみることとした．

まとめ

本児の構音障害であるphoneme-specific nasal emissionは，成人においても報告されていることから自然治癒しない可能性があり，また，未熟構音に比べて訓練期間がかかることも指摘されている．本児は発達障害を伴っていたが，比較的短期間で構音が改善した．その理由としては，知的能力および言語能力が高かったこと，着席行動がとれ1対1での課題態勢が整っていたこと，定期的に通院できたこと，母親が熱心に家庭学習を行ったことなどが考えられる．会話レベルでの構音の改善は，本児の

コミュニケーションの問題に貢献できたと考えられ，発達障害を伴っていても構音訓練のニーズや適応があれば，その発達特性を考慮しながら訓練を行うことは意義があると考える．また，今回の事例では学校が本児の発達特性に理解を示し，個別対応などを行っていたことも，落ち着いて構音訓練に向き合える要因になったと考える．

発達障害を伴わない構音障害児に対する訓練と本児の訓練を比べて，訓練内容や訓練ステップなど訓練方法に大きく異なる点はなかったが，苦労したのは次のような点である．集中時間が短く，また集中力にばらつきがあり，マイペースであったため，本児のペースに合わせることが多かったこと，回数を多くした反復練習が必要な音節レベルの訓練を好まなかったため，あまり時間をかけることができなかったことである．また，教材に関しては，ノンタンシリーズなど多くの子どもが喜ぶ絵本に全く興味を示さなかったので，本児の興味に合わせて図鑑類を使用し，文章レベルの音読練習を行ったことなどである．

いわゆる系統的構音訓練[7]をそのまま適応しにくいケースであったが，「できた反応」を的確にとらえ，それを強化していったことにより，正常構音を定着させることが可能であった．

〈今井智子〉

●文献

1) Cleland J, Gibbon F, et al.：Phonetic and phonological errors in children with high functioning autism and Asperger syndrome. International Journal of Speech-Language Pathology, 12 (1)：69-76, 2010.
2) Shriberg LD, et al.：Speech and prosody characteristics of adolescents and adults with high-functioning autism and Asperger syndrome. Journal of Speech, Language, and Hearing Research, 44：1097-1115, 2001.
3) Rapin I, et al.：Subtypes of language disorders in school-age children with autism, Developmental Neuropsychology, 34：66-84, 2009.
4) 千本恵子・他：知的障害のない発達障害児等の声門破裂音指導の経過，第38回日本コミュニケーション障害学会学術講演会予稿集，71，2012.
5) Dzajac：What is phoneme-specific nasal emission？ 2007.
http://www.unc.edu/~dzajac/PSNE.htm
6) 田中美郷監修：改訂版 随意運動発達検査，財団法人発達科学研究教育センター，1989.
7) 阿部雅子：構音障害の臨床―基礎知識と実践マニュアル．改訂第2版，金原出版，2008.

[言語発達障害]

Section 8 レイト・トーカー(late talker)

概要

　「ことばを話すようにならない」「ことばの数が増えない」など言語表出の遅れは，早期の乳幼児発達相談における主訴のなかで代表的なものの一つである．それは，発達検査の結果，知的障害，自閉症スペクトラム障害(autistic spectrum disorder：ASD)，聴覚障害など，他の障害の併発である場合が少なくない．しかし，なかには聴覚障害，知的な遅れ，対人関係・適応における困難など，言語発達を阻害するような原因が認められないのにことばの表出が遅れる場合があり，このプロフィールを持つ2歳児(生後18〜35か月)は英語圏ではレイト・トーカー(late talker：LT)と呼ばれる．LT は，2歳児全体の約13%に発現し，男児に多い(女児の3倍)ことが報告されている[1,2]．LT の研究は1980年代から進められ，研究論点には，①「LT である」とどのように判断するか，②LT はいずれ定型発達児に追いつくのか，それとも特異的言語発達障害(specific language impairement：SLI)に至るのか，③就学後の読み書き習得や学習のつまずきにつながるのか，④どのような支援・指導が効果的か，などであり，以下研究論点にそって概説する．

　LT 児の発見は，保護者が子どものことばの遅れが気になり，相談に訪れることによるが，LT であると判断される方法は様々である．例えば，LDS(language development survey)や CDI(communication development inventory)のような語彙チェックリストで，表出語数が50語以下かもしくは2語文が認められない場合，語彙数が18〜32か月定型発達児の語彙数の10パーセンタイルに満たない場合，言語表出の検査成績が平均より2標準偏差以上低い場合などがある．ただ，LT 児は，知的障害やASDの特性などの言語以外の問題を持っていないというプロフィールは共通している．

　これまでの追跡研究では，言語指導の有無にかかわらず，5歳頃にはLT児の約85%が健常範囲に達することが報告されている[3]．しかし，健常範囲に入るといっても，健常群と言語検査の成績を比較すると文法，語彙，ナラティブの成績が統計的に有意に低く，言語の弱さは持続することが指摘されている．また，LT 児の14〜15%は5歳で言語障害と診断されることになるが，Ellisら[4]は2歳の段階でいずれ健常範囲に入るか，あるいは言語障害と診断されるようになるかの判断はむずかしいものの，2歳時の言語理解の程度や非言語的伝達活動の使用頻度がその判断の手がかりになるという．つまり，表出に加えて言語理解も遅く，コミュニケーションでジェスチャーなどの非言語的伝達活動が乏しいLT児の方が表出面のみのLT児より6歳でSLIが発現する頻度が高いと報告している．さらに，LTが言語障害につながる要因として，子どもの発達の遅れの程度や語彙数，出生体重や在胎週数，家族歴などがリスク要因としてあげられているが，これらのリスク要因が多くなればなるほど言語障害になりやすく，指導が必要になるという累積モデル[5]が示唆されている．ところで，Weismerら[6]はLT児40名(平均月齢25か月)と表出語彙数が一致するASD児40名(平均月齢30か月)とを比較したところ，語彙内容や文法的複雑さなどの言語特徴，さらに情緒の共有の乏しさは両群で類似しているが，名前に反応しない，常同行動，奇声などの特性はLT児に認められないという．LT児は言語の遅れ以外は問題がないという定義からSLIの早期サインとしてとらえられるが，Weismerら[6]の結果から，LTと軽度のASDあるいはDSM-5で新たに設けられた

SCD［Social（Pragmatic）Communication Disorder］との区別はきわめてむずかしいと予想される．

　学童期・青年期にわたり追跡調査を行ったRescorla[7]によると，学童期でも言語成績は健常範囲であり，留年などの問題はなく言語指導を必要とするレベルではないが，語彙や文法に加え，読み（音読や読解），ナラティブに弱さが認められ，学習のつまずきにつながるリスクが高いという．このサブクリニカル（subclinical：指導対象とはならないレベル）傾向は持続し，13～17歳でも健常比較群より語彙，文法，聴覚記憶などに弱さが認められるという．

　早期指導について米国音声言語聴覚協会（American Speech Language Hearing Association：ASHA）がガイドラインを出しており，家族が中心となって自然な環境のなかで子ども主導の関わりを心がけ，言語発達を促す反応的なことばかけや行動を行い，子どもが意欲的にコミュニケーションに参加するようにしむけるなどインリアルでよく用いられる指導技法やCDS（Child-directed Speech：ゆっくりした，抑揚のある，短い発話，繰り返しが多いなど）などが推奨されている．Weismerら[8,9]はこれらの指導技法を用いたグループ指導を週2回12週間行ったところ，LT児の発話の長さ，語数が増えたと報告している．ハノンプログラム（Hanen program for parents：HPP）は保護者に関わりやことばかけの指導を行い，日常のなかで実施させるプログラムである．Girolamettoら[10]は，保護者がHPPの訓練を受けた場合，子どもの語数や語の種類が増え，語彙が広がったという．このような保護者による指導は，保護者の資質や能力に左右されがちであり，やはり言語聴覚士（ST）の指導の方が一律の効果が認められるという指摘がある[11]．その反面，保護者による指導でも語彙が伸びる可能性がある[12]という説もある．さらに，表出のみの問題の場合はSTの指導に，理解と表出の両面に問題がある場合は保護者の指導の方が効果があったという調査もあり[13]，子どもの言語の問題をとらえ，言語指導室のみならず家庭でも指導に取り組ませることが良い結果につながるといえる．

　ことばの遅れはあるが，それ以外の発達は年齢並みの2歳児（18～35か月）であるLT児は，5歳頃には，検査上85％程度は健常範囲に入る言語発達を示す．しかし，言語成績は健常群に比して低く，言語指導を必要とするレベルではないが言語習得に必要な資質（endowment）に弱さがあり，それが学童期，青年期へと続くことが示されている．そのため，「様子を見る」よりも反応的言語技法などを用いたSTや保護者による積極的な予防的対応が必要であるといえる．

（田中裕美子）

事例

対象児

事例：女児．1歳10か月～5歳0か月．
主訴：ことばが遅れている．
診断名：コミュニケーション障害（表出性言語障害），構音障害．
生育歴：妊娠中，出産時に特記事項はみられない．在胎40週，生下時体重3,000g，正常分娩にて出生．運動発達は，定頸3か月，始歩1歳4か月と大きな遅れはなかったが，言語発達は喃語がほとんどみられなかった．始語は1歳6か月頃あったが，その後，発話数は伸びず，初診時「パパ，ママ，ワンワン，アンパンマン」のみ．
家族歴：父，母，兄，本児の4人家族．兄の言語発達は遅れがなかった．
相談歴：母親が，1歳半を過ぎてもことばが増えないことを心配して近医に相談したところ，A病院を紹介され，言語評価となった．

初診時評価（1歳10か月）

【聴力検査】

　検査は行えなかったが，ことばでの理解課題に応じられることや鞄の中に入っていた携帯の着信音に指を差して反応するなど，行動観察場面より聞き取りに大きな問題は感じられなかった．家庭での様子（テレビの音量が適量であること，物音への反応の様子など）からも問題は感じさせなかった．

【全体発達】

　乳幼児精神発達診断の質問紙（津守・稲毛式）にて，CA 1：10，DA 1：7.5，運動 1：9，探索・操作 1：6，社会 1：9，ADL 1：9，理解・言語 1：9．

　生活年齢に比して発達年齢に遅れはみられず，領域間にも大きな差はみられなかった．

【視知覚操作】

　形（小球，立方体）の弁別は不確実だったが，3色ボールのふるい分けは可能だった（選択は困難）．

【言語発達】

(1) 言語理解：日常よく使用される基本的な事物名称（いす，くつなど），大小の理解は可能，動作語（たべる，のむなど）は成人語での理解はまだ困難だったが，名詞や擬音語の手がかり（ごはんをたべる，ごくごくのむなど）があれば可能．簡単な用途特徴の理解（はくのはどれ？→くつ，お鼻が長いのは？→ぞう）はまだ困難だったが，2語連鎖（大小＋名称：おおきいくつ）の理解は可能だった．

(2) 言語表出：自由場面，課題場面の両方において表出はなく，さらに自発発声も聞かれなかった．STがお絵かきをしながら擬音を提示したが（直線を引きながら，線路にみたててポポポー，円錯画をしながらクルクルクルーなど），音声模倣はなく，自然状況下での音声模倣もなかった．一方で，動作模倣は多く出現した．

(3) 構音：復唱を促したところ/pa, ba, wa/のみ可能だった．

【対人関係・状況や場面の判断】

　課題には意欲的に応じ，STの教示をしっかり目をみて待てたり，できると笑顔になって母親を見る様子があることより，やり取りに大きな問題を感じさせなかった．

【発声発語機能】

　検査は行えなかったが，家庭では，1歳10か月時，普通食（軟らかい食べ物）を食べており，よく噛んで飲み込めている．水分もコップ，ストローから摂取しており，ムセなどはない，とのことだった．

【初診時評価のまとめ】

　全体発達に大きな遅れはなく，視知覚面，言語理解面にも目立った遅れはみられないが，それに比して言語表出面に遅れが認められた．対人面，聴覚，発声発語機能，いずれにも大きな問題はなく，表出を遅らせる要因は特定できなかった．

　表出については，課題場面では有意味語はなく，自然状況下での音声模倣もみられなかった．家庭では有意味語が数語出ているようだが，評価場面同様に自然状況下での発声，音声模倣は少ないとのことだった．動作模倣は出ているので，体を使いながら擬音語などの真似しやすい語を言いながら，楽しく声を出す遊びをするよう家族に依頼した．年齢が小さいことより3か月後の経過観察とした．

　以下に，評価と結果を第1，2期，その後の状況に分けて記す．

第1期（2歳2か月〜3歳1か月）

● 評価

【知的発達】

　田中ビネー知能検査Vにて，CA 2：2，MA 2：5，IQ 112（正常域）（表1）．

　内容をみると，視知覚操作面は2歳級「動物の見分け」「色分け」「線を引く」が通過しており，言語理解は，2歳級の「大きさの比較」「身体各部の指示（主体）」「用途による物の指示」が通過している．一方で言語表出は，「語彙（物）」2/6，「語彙（絵）」3/18となり2歳級は不通過となった．表出内容をみるとジェスチャーでの表出が多く，幼児語や擬音語（車→ンンー，ばなな→バワ，ねこ→ニャア，くつ→ク）での表出となった．復唱は応じられなかった．

　生活年齢に比して，視知覚操作面，言語理解面に

表1　田中ビネー知能検査Ｖの結果
CA 2：2，MA 2：5，IQ 112

		視知覚操作面				言語理解面			言語表出面			記憶		数概念	その他
		操作	弁別	構成	描画	語彙	文レベル	概念	語彙	文レベル	類推力	視覚性	聴覚性		
1歳級		チップ差し（1個以上） 積木つみ チップ差し（8個以上）	3種のはめこみ			身体各部の指示（客体） 名称による物の指示（1/6） 名称による物の指示（3/6）	簡単な指図に従う（1/3） 用途による物の指示		語彙（物）（1/6） 語彙（絵）（1/8）			犬さがし			
2歳級		動物の見分け 色分け	トンネル作り 絵の組み合わせ	縦の線を引く		大きさの比較 身体各部の指示（主体）	簡単な指図に従う（3/3） 用途による物の指示（6/7）		語彙（物）（5/6） 語彙（絵）（14/18）				2語文の復唱		
3歳級					小鳥の絵 円を描く	属性による物の指示		絵の異同弁別	語彙（絵）（16/18） 物の定義	理解（基本的生活習慣）	反対類推（A）	位置の記憶	短文の復唱	数概念（2個） 数概念（3個）	

※課題名にある％は通過基準，■部分は通過した課題

目立った遅れはないが，言語表出に遅れが認められた．

検査態度は，課題には意欲的に取り組み，できると笑顔になってSTや母親をみたり，次の課題で用意している物品を興味深そうに覗き込むなど，相手を意識した行動は安定して形成されていると思われた．

【言語発達】

(1) 言語理解：日常の簡単な言語指示（くつぬいで，座ってなど）はことばのみで可能．日常よく使用される基本的な事物名称，および動作語の理解は可能で，大小，3色の理解も可能．文レベルは，簡単な用途特徴，2語連鎖（大小＋名詞，色＋名詞：あかいくつ）の理解も可能だった．

(2) 言語表出：表出量は全体的に少なく，名称の表出は幼児語，単語の一部，擬音語が中心（手→パー，めがね→メダ，すぷーん→プ）で，これらにはジェスチャーを伴っていることが多かった（手→手をみせる，めがね→指で○を作って目に持っていく，すぷーん→食べるまね）．

2語連鎖の理解課題でSTが「ちっちゃいくつ」と教示していたら，「チャイ」と復唱した後で，自発で表出することがあった．

自由場面では，袋の中にミニチュアの玩具をかくして，手探りで出して遊ぶ場面では，「ワンワンナーイ」「ママ，ミテ」のような2語文発話があったり，自然状況下での復唱が出ていた（次はなーんだ？→ナーダ？）．欲しいものを指差しとともにことばで伝えていたが，明瞭度は低く，何を言っているか理解することはむずかしかった．

【対人関係・状況や場面の判断】

待合室では無表情にしていたが，課題が始まると嬉しそうに応じ，片付けも自ら手伝うことができた．遊び場面では，袋の中に入っている物に期待してSTをみたり，恐る恐る手を入れたり出したりしながら笑ったりと，一緒に遊ぶことを楽しんでいるようだった．袋の中の物が当たると母親に抱きついて笑い声をあげたり，STの真似をして母親に同じようにしようとしていた．

家庭では，絵本を読んでもらうことが好きで，兄とは一緒に絵を描きながら声を出すこともあるとのことだった．

【親子関係】

母親は，本児と兄の違いに気付き，色々と心配しながら児と丁寧に関わっているが，表出を強く促す場面が何度もみられた（これはなに？，かさって言ってごらん，はっきりしゃべって，など）また2

歳を過ぎてから，幼児語や擬音語で話しかけることに抵抗があるとのことで，どのようなことばかけをしたら良いか悩んでいた．

【評価のまとめ】

知的発達は田中ビネー知能検査ⅤにてIQ 112と正常域．視知覚操作面，言語理解面はともに2歳級を通過しており遅れは認められないが，言語表出に大きな遅れがみられた．

言語理解面は，語彙レベルは日常よく使用する事物名称，動作語，大小，色，身体部位の理解が進んでおり，文レベルも用途特徴の理解，2語文レベルの理解が可能だった．家庭では，多くの絵本を読み聞かせてもらっていた．課題の理解も良く，自由場面での遊びの理解も順調だった．視知覚操作面，言語理解面はこの3か月間で順調に発達していた．

一方で言語表出は，全体的な表出量は少なく，日常よく使用する事物名称は数語であり，幼児語，擬音語がいくつか出ている程度だった．コミュニケーション行動は，ジェスチャーや指差し，ジャーゴン様のことばで相手に伝えようという意欲の高さがみられた．これは指導場面と同様に，家庭でもみられるとのことだった．

3か月前と比較すると，課題場面や遊び場面での繰り返しのことばかけから，自ら復唱したり，遅延再生する様子がみられた．

● 指導方針と経過

【目標・方法の設定】

本児は，全体発達，視知覚操作，言語理解に大きな遅れはないが，言語表出だけに遅れがみられていた．ジェスチャーで物の用途を伝えようとすることから，その物の意味は理解していて，言語発達のベースは育っているが，言語発達歴をみると喃語から遅れがあり，自然状況下での発声，音声模倣なども少ないことより，発音できる音（音韻情報）が少なく，かつ発音のための口腔内運動がまだ十分に育っていない可能性が考えられた．初診から3か月の間に発声量は増えて，復唱，遅延再生も出始めていた．

そこで，順調に育っている視知覚操作，言語理解課題を介しながら（伸ばしながら），音韻（単語）への注目を促し，すでに始まっている自然な復唱，遅延再生をさらに引き出すことを考えた．また自由な遊び場面でも，STが決まったことばを使用して模倣しやすくし，声を出す経験を増やすことを狙った．これらを母親と一緒に行うことで，家庭での声かけの手がかりとなるよう促した．

そこで第1期の目標として，次の2項目をあげた．
1) 順調に育っている視知覚操作，言語理解課題を介しながら（伸ばしながら），言語表出面にアプローチする
2) 自由場面などを通して，決まったことばや真似しやすいことばを提示して，声を出す経験を増やす

指導形態は，個別指導，3か月に1回（60分）程度とし，幼稚園入園（3歳）以降は1か月に1回程度に変更した．

【指導内容とその具体例，および児の反応】

[視知覚操作面] カテゴリー分類（動物，食べ物，乗り物など），物と物との関係性（頭と帽子，目とメガネなど）など視覚的な概念の理解を促す[1,2]．また3〜4ピースのパズル構成を介して構成力を育てる（図1, 2）[3,4]．

[言語理解面] 語彙レベル（事物名称，動作語，形容詞など），文レベル（2〜3語文，用途特徴など）の理解力を育てる（図3, 4）[4]．

[言語表出面] 手遊び歌，お絵かきなど身体を使いながら声を出す経験を増やす．STが，真似しやすい擬音語や幼児語を使用して，自然に音声模倣を促しながら，本児が表出しやすいような環境設定を行う．

[視知覚操作課題]（図1, 2）：①「カテゴリー分類（食べ物，乗り物，動物）」は，分類後に，食べ物カテゴリーのカードは，1枚ずつ「モグモグ」と言いながら袋に入れさせた．②「物と物との関係性」課題は，身体部位カード（頭，目，手など）と物カード（帽子，メガネ，手袋など）を対応させた後で，物カード（帽子）の下に身体部位カード（頭）を「かくれんぼ」と言ってかくして，当てるゲームにした．初めはジェスチャーや指差しで応答していたが，徐々に単語レベルで応答し始めた．また自ら「カクレンボ」と言ってカードをかくす手伝いをするようになった．

[言語理解課題]（図3, 4）：教示を文や成人語で行って正確な音韻情報の入力をしながら，並行して幼

図1 カテゴリー分類[3]
―乗り物，動物，食べ物―
絵を切り抜いて画用紙に貼った

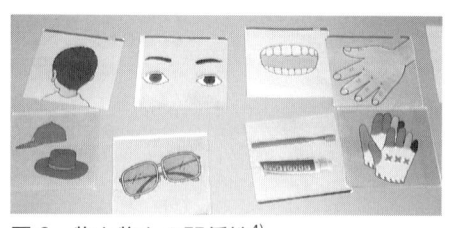

図2 物と物との関係性[4]
―身体部位と物―
切り抜き絵カードは鈴木出版の絵カードを切り抜いた

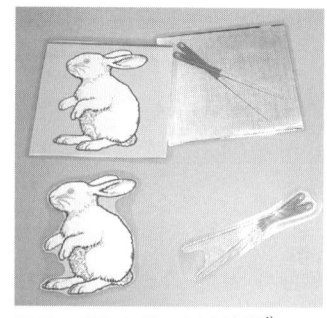

図3 事物名称，用途特徴[4]

児語やジェスチャーも提示した．例えば，動作語課題では，ターゲット語（「（ボールを）投げる」）を音声提示して，児に絵カードを選択させるだけでなく，STが「ぽーん」という音声提示とともに，ボールを投げるジェスチャーをして，復唱を誘った．復唱は増えていき，こちらの動作を期待して，先に音声表出するようになってきた．また質問応答（誰が投げたの？→パパ，何を投げたの？→ボール）をして簡単な表出課題へつなげた．

［言語表出課題］
① 挨拶を介して呼名に「はい」，役割交代で「まま」，「せんせ」を呼ぶ課題を行った．STがオーバーに挙手しながら声を出すことによって，つられて声を出すようになってきた．方法として，STの口形を真似しながら構音させた（例：まま→「ま」の口形提示ならば，口唇閉鎖を促すために人差し指を口唇に触れながら音声提示）．
② 始まりの歌，手遊び歌などを使用して，体を使いながら音声表出を促した．また絵を描く

図4 動作語[4]

時にSTが擬音をつけて提示し（あんぱんまん：お顔は，まーる，くるんなど），一緒にお絵かきを行った．手遊び歌は，STと児がそれぞれ担当パートを決めて，ジェスチャーを交えながら歌った（〈〉部分は児が担当：♪こぶた〈ぶーぶー〉，たぬき〈ぽんぽん〉，きつね〈こんこん〉，ねこ〈にゃお〉など）．次第に担当パートを交代したり，全部を歌おうとした．

課題中は，できる過程，試行錯誤する過程を楽しめるように，できた時は「じょうず」，できなかった時は「おしい」と声かけして励ますと，それを真似するようになった．

第2期（3歳2か月：年少〜4歳4か月：年中）

● 評価
【知的発達】
田中ビネー知能検査Vにて，CA 3：2，MA 3：10，IQ 121（正常域）（表2）．

視知覚操作面は，3歳級の課題まですべて通過しており，大きな遅れはみられない．言語理解面も3歳級「属性による物の指示」まで通過している．言語表出は前回よりも伸びがみられ，2歳級「語彙（絵）」は15/18と通過，復唱も2歳級「2語文の復唱」は通過したが，3歳級「語彙（絵）」「短文の復唱」は不通過となった．発話内容をみると，飛行機→コーキ，りんご→ンゴ，いす→オーチュ，時計→トチェー，はさみ→ハアミ，めがね→ンメメとなるなど，単語の一部を表出する．モーラ数はだいたい合っている．未熟構音が出ているなどがみられた．

短文の復唱の誤りは，意味はとれているものの正確に表出することがむずかしかったり（うさぎがいます→ウサギイル），単語や文の長さはだいたい一

表2　田中ビネー知能検査Ⅴの結果
CA 3：2（年少），MA 3：10，IQ 121

		視知覚操作面				言語理解面			言語表出面			記憶		数概念	その他
		操作	弁別	構成	描画	語彙	文レベル	概念	語彙	文レベル	類推力	視覚性	聴覚性		
1歳級		チップ差し（1個以上）積木つみ チップ差し（8個以上）	3種のはめこみ			身体各部の指示（客体）名称による物の指示（1/6）名称による物の指示（3/6）	簡単な指図に従う（1/3）用途による物の指示		語彙（物）（1/6）語彙（絵）（1/8）			犬さがし			
2歳級		動物の見分け 色分け	トンネル作り 絵の組み合わせ	縦の線を引く	大きさの比較 身体各部の指示（主体）	簡単な指図に従う（3/3）用途による物の指示（6/7）			語彙（物）（5/6）語彙（絵）（14/18）			2語文の復唱		
3歳級				小鳥の絵 円を描く	属性による物の指示	絵の異同弁別	語彙（絵）（16/18）物の定義	理解（基本的生活習慣）	反対類推（A）	位置の記憶	短文の復唱	数概念（2個）数概念（3個）	
4歳級			長方形の組み合わせ					語彙（絵）（18/18）	理解（身体機能）	反対類推（B）	順序の記憶		数概念（1対1対応）	

※課題名にある％は通過基準，■部分は通過した課題

致しているが，不明瞭な発音だった（さかながおよいでいます→タカナ～～（不明瞭）/おかあさんがせんたくをしています→ママ，テンタク～～（不明瞭））．

生活年齢に比して，視知覚操作面，言語理解面に遅れはみられないが，言語表出に遅れが認められた．

【言語発達】

(1) 言語理解：日常よく使用する2歳レベルの，事物名称，動作語，形容詞（大きい，小さい，暑い，寒い，きれい，汚いなど）は理解可能．用途特徴，上位概念（動物，乗り物，食べ物／空を飛ぶ乗り物や動物，海にいる乗り物や動物など）の理解，3語文（大小＋色＋名称：おおきいあかいくつ／S＋O＋V：おかあさんがりんごをたべる）の理解も可能．

(2) 言語表出：日常よく使用する2歳レベルの事物名称は，単語の一部の表出はあるもののだいたい表出可能になってきた（かさ→カタ，くるま→クーマ，牛乳→ユーユー）．しかし，動作語は依然として少なく，名詞句のヒントがあれば表出できる場合があった（降りる：バス，（バスから？）オリテル）．2語文は，自らつなげて表出することは困難だったが，こちらから2要素表出することを促せば可能（指を2本立てる，2つのチップを見せるなど）になってきた．

遊び場面では長い発話もみられ，助詞も適切に表出するようになっていた（「ナカカラ　ゼンブデテキタ．Aガトルカラ　ヨクミテテネ」）．

(3) 構音：構音検査は行えていないが，課題場面での単語表出から推測すると，さ，ざ行→タ，ダ行に置換，き，け→前方化がみられた．た，だ行は，構音時にインターデンタルになっていた．単語では，母音はだいたい合っており，モーラ数も合っている場合が多かった（ぞう→ドー，かたつむり→カタチューリ，きいろ→チーロ，ちいさい→チータイ）．誤り方をみると，単語の前後の音に引かれて同化する音や（ぼたん→ボバン，ぴあの→ピナノなど），モーラ数は合っているが構音様式または構音点が異なる誤り（とまと→ボナト，みどり→ジモリ，おおきいはし→オオオーハチ，すくない→スコナイなど）などがみられ，言い直しをする場合もあった

(おおきい→オオオー，オーシイ，オーキイ，ゆき→オーチ，ユーチなど)．

発声発語器官の形態は口腔内視診より問題は認められなかったが，機能面では舌の前後，左右運動ができず，舌圧子と鏡で誘導して可能になったものの顎も一緒に動いていた．

(4) 復唱は，自発での音声模倣，遅延模倣が増えており，単語〜2語連鎖レベルは可能になってきた．

【文字】

兄が就学すると，児も文字に興味を持ち始め，家庭では兄のとなりに座ってひらがなを読み始めた．家族の名前，日常よく使用する事物名称（清音）などは読め，その文字構成も可能．構音の誤りがそのまま文字構成に現れたが，STが音声提示すると修正が可能だった（おうま→「おま」と構成，STが「おうま」だよというと修正が可能）．

【対人関係・状況や場面の判断】

幼稚園では，特定の友達もできて，ままごと遊びなどのやり取り遊びを好んだが，他児より「なんでしゃべれないの？」「アカちゃんみたい」と，表出が少ないことや発音がはっきりしないことを指摘され，園でもどのように対応すればよいか困っている様子だった．家庭でも兄と一緒に戦隊ごっこの真似をするなど活発に遊んだが，不明瞭な発話が多く，兄からも「言っていることがわからない」と言われているとのことだった．

課題場面では，絵カードを見ながらしきりに何かを伝えようとしているが，こちらが聞き取れずに聞き返すと黙ってしまうことが何度もみられた．また「チガウ」「ダメ」という否定のことばが増えていた．

【評価のまとめ】

知的発達は田中ビネー知能検査VにてIQ 121と正常域．視知覚操作面，言語理解面ともに3歳級を通過しており，目立った遅れは認められないが，言語表出には依然として大きな遅れがみられた．

言語理解面は，語彙レベルは2〜3歳くらいの名称，動作語，形容詞の理解が進んでおり，文レベルの理解も3語文レベル，概念の理解へと進んでいた．絵カードを介さない簡単な会話の理解も可能であり，持っている語彙をコミュニケーションに活かすことができていた．

一方で，言語表出は日常よく使用する事物名称の表出が増えており，まだ幼児語や単語の一部の表出はあるものの，モーラ数は合ってきており，構音の誤り方は，定型発達の過程でみられる未熟構音（かたつむり→カタチューリ，きいろ→チーロ，ちいさい→チータイ）や音韻認識の未熟さで起こる同化（ぼたん→ボバン，ぴあの→ピナノなど）があった．また自己修正があることより，課題や自由場面を通して正しい音韻情報が入り始めていること，自ら音韻に気付いて修正ができ始めていると推測された．また文字への興味が始まったことより，文字から正しい音韻情報が入り始めた効果も出ていると思われた．

自由場面では文レベルの発話もあり，適切に助詞も使用しているが，課題場面になると動作語の表出が少なく，発話単位も短い，など場面での差がみられた．復唱は増えたが，単語〜2語連鎖レベルで，把持力が弱かった．

入園してからも同年齢児との対人関係，社会性の問題はみられなかったが，他児より発話の少なさ，発音の不明瞭さを指摘されていた．

● 指導方針と経過

【目標・方法の設定】

1年間の指導を通して，全体発達，視知覚操作，言語理解は順調に発達し，言語表出も，発話数，復唱が増え，表出できる語彙が増えた．表出内容をみると，幼児語や擬音語に加えて単語の一部を表出したり，未熟構音ではあるがモーラ数の合っている語が増えるなど，発音できる音（音韻情報）が増えたと思われた．また文字への興味が出て自ら文字構成を始めたことにより，相手の話した単語情報，音韻情報への注意が向きやすくなったと思われ，自らの音韻を意識し始めたと推測された．そこで前回と同様に順調に育っている視知覚操作，言語理解課題に加えて，文字課題を導入して，さらに音韻情報を正確に入力，出力できるように刺激することとした．また，課題場面では，動作語の少なさ，自ら単語をつなげて文で表出することの困難さがみられていたので，2枚の似たような絵を提示して，「違うところ探し」を行ったり，「系列絵」やストーリーの理解がしやすい「物語」を介して，語彙，文の表出を促していくこととした．2期の目標として，以下の4

項目を設定した.

1) 順調に育っている視知覚操作,言語理解課題を介しながら(伸ばしながら),言語表出面にアプローチする
2) 違うところ探し,系列絵,物語などを使用して,様々な表現(語彙レベル,文レベル)を理解して,表出していく
3) 文字課題を通して,正しい音韻情報の入力,出力ができるように刺激する
4) 日常よく行っていることをテーマに,自由会話力をあげていく

指導形態は,個別指導,1か月に1回程度とした.

【指導内容とその具体例および児の反応】

児の言語発達レベルが幼児期前期〜後期になると,明確に「視知覚操作課題」「言語課題」と分けることはむずかしくなるが,それぞれの課題のなかで,複数の狙い(例：違うところ探し：視覚的に違うところを探す/それらを複数の単語で説明し,/さらに文レベルの表出へつなげる,など)を意識して行うことが必要になる.

・詳細なカテゴリー分類(野菜,果物,空にいるもの,海にいるもの,楽器など)を通して意味ネットワークを広げる[1,2,5].
・語彙レベル(名称,動作語,形容詞など),文レベル(3〜4語文,用途特徴など),文章レベルの理解力を育てる.自由会話を介して,誰が,何を,いつ,どこで,どうしたなどの理解力をあげていく[1,2,5].日常よく行っている活動(お昼ご飯の内容,遊びなど)を伝える練習をしていく.また,「違うところ探し」などを通して複数の単語で説明すること,系列絵や物語などを通して文レベルで説明する力を伸ばす[1,2,6].文レベルで表出しやすいように,構文のモデル—文字文構成,絵記号文構成[7]—を使用し,慣れたら徐々にはずしていく(図5〜7)[8〜10].

[課題](図5〜7)：

① 2枚の似たような絵を提示した「違うところ探し」課題,3〜4枚程度の「系列絵」を並べる課題では,STが「これは何？」「何して遊んでいるの？」「ママは何て言っている？」などの具体的な質問を行いながらカードの状況理解を深め,構文のモデル(違うところ探し：「こっちは○○だけどこっちは○○,だからちがう」/系列絵：「だれが？」「なにを？」「どうしてる？」)を提示しながら表出を促した.

② 物語の理解,説明をする課題では,STが絵本(ノンタン)の読み聞かせをした後で,物語の内容について質問をすると(誰？ 何？ どう

図5 違うところ探し[8]

図6 系列絵[9]

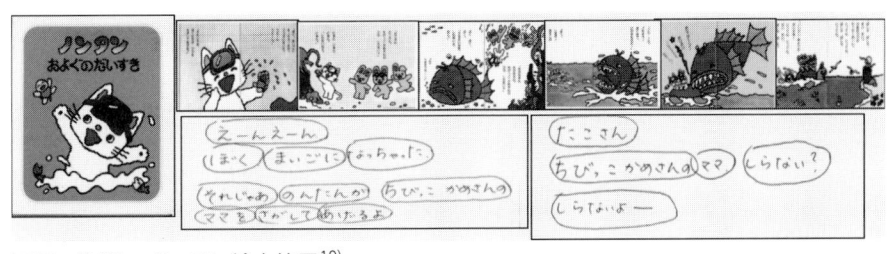

図7 物語 ノンタン絵本使用[10]

して？），だいたいの応答が可能だったことより，物語の流れや事象は理解できていると思われたが，表現方法は擬音語（ガブって，エーンエーンって）や単語〜2語文レベル（オヨイデル，ママトワカレタ）が多かった．そこで，絵本を6〜7枚程度に抜粋して系列絵にし，系列順に並べた後に，その絵に対応した状況文（文字）を対応させると，状況文から表現方法を学び始めた．始めは一部の暗記だったが，次第に状況文にない表現もするようになってきた（ココ，チビッコカメサンノ，ママノオシリ，ガブッテシテ，ハガオレタ，ダッテカタイカラ）．

③ 事物名称カードがきっかけとなり，自分が経験した話をするようになったため，相手に質問したり，会話につながるように促した．例えば「ケーキ」カードから，「イチゴノケーキ，マエニタベタコトアル」と話をしたので，STから「どこで食べたの？」「誰と食べたの？」とつなげていき，さらに母親やSTに「好きなケーキはなあに？」と質問することへつなげた．

表3　WPPSI知能診断検査の結果
CA 4：5（年中），FIQ 116，VIQ 123，PIQ 103

〈言語性〉		〈動作性〉	
	SS		SS
知識	10	動物の家	12
単語	8	絵画完成	10
算数	15	迷路	13
類似	19	幾何図形	9
理解	14	積木模様	8

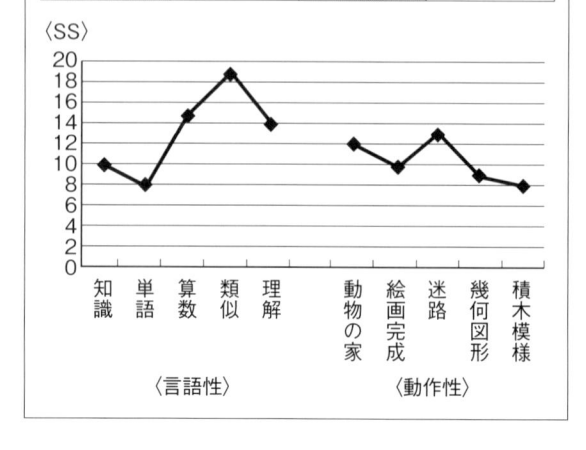

● その後の状況（4歳5か月：年中〜）

第2期以降の発達変化を記す．

① 知的発達

WPPSI知能診断検査にて，CA 4：5，FIQ 116，VIQ 123，PIQ 103（表3）．FIQ 116と正常域，VIQ，PIQともに正常域だが，有意な差があった．

下位項目をみると，言語性は全体的に高いなかで，「知識」SS 10，「単語」SS 8となった．発話内容をみると発話単位は短く，単語〜2語文レベルとなった（「帽子」→カブル（どこに？）アタマなど）．一方で，文レベルの発話もみられた（「理解」の「外から帰ってきたら手洗いをする理由」→バイキンガクチノナカニハイッテ　オナカイタクナルカラ）．仮定（もし〜）や理由（なぜ〜）の理解は可能だったが，課題の教示が抽象的になると理解がむずかしかった（「単語」の「〜なんですか？」に「ドウイウコト？」）．これらに対して，具体的な内容に置き換えたり（帽子はどうするもの？），例をあげることで理解することが可能だった．

動作性は「積木模様」がSS 8となった．内容をみると，斜め模様構成で時間がかかって時間制限内には構成できなかったが，その後に構成はできた．

検査態度は，課題には一生懸命取り組むものの，答えが合っているか，上手にできているかなどを気にする場面があった．

② 言語面

言語理解は，物語（ノンタン絵本を使用）の理解が可能であり，物語の順序の理解，登場人物に関する質問（誰がいた？　何をした？　どうして泣いていたの？　など）の理解が可能．3〜4要素を含むなぞなぞ（用途特徴の理解から名称表出：洋服で，上に着るもので，袖が短くて，夏に着るもの→Tシャツ！）の理解も可能．「もし〜」のような仮定，「なぜ？」のような理由を問う質問の理解も始まっていた．

言語表出は，語彙レベルは名称，形容詞ともに順調に増えたが，動作語は依然として少なく，発話単位は単語〜2語文レベルと短かった（オトコノコガ　スワッテル，「どこに？」→イス．また，登場人物の関係性を説明することは難しいが，具体的な質問をすることで応答は可能だった（ネズミの男の子がお菓子をたくさん食べていて，女の子が注意を

している絵：ネズミ,,,オンナノコ,,,「こっちのネズミはどうしたの？」→オカシヲ　タベテ　オナカイッパイ，「こっちは？」→タベスギチャ　ダメデショ，「どうして？」→ゴハン　タベレナク　ナルカラ）．日常の簡単な質問には応答が可能だが，非現前事象の内容や抽象的な質問になると質問の意味がわからないようだった．それに対して，具体的にイメージしやすい質問をしていくと理解ができるようだった（日常の会話：「幼稚園で何して遊んだ？」→ブロック，／非現前事象の会話および具体的な質問：「プールでは何をしてるの？」→ピンク，アカ，ハンコ，1コ，「ビート板使う？」→ビートバン　トクイ，マダ　アカボウ，ダカラ　ビートバンツカッテ　オヨグヨ，「今，赤組さんなんだね」→ウン，ソシテ　ピンク，オレンジハ　セオオヨギ，10トカ，20トカ，ツケラレルヨ，「ハンコの数が変わるんだね？」→ソウ　など）．この時点で文法規則や形態素の問題はみられなかった．

構音は，摩擦音の破裂音化（さ→タなど），破擦音化（し→チなど），硬口蓋歯茎音化（け，きの前方化）はまだ残っていたが，会話レベルでの明瞭度は上がっていた．依然として，文レベルの発話になると全体的に明瞭度が下がったが，単語レベル，文字を介した場合は明瞭度があがった．以前みられたような音韻の誤りは観察されなくなったが，逐字読みのような平板化した構音をすることが時折みられた．

③文字

ひらがな清音，および濁音，半濁音で構成された単語の音読は可能で，特殊音節の読みも始まっていた．文レベルの音読も可能で，内容と合っている絵と対応させることが可能．書字は，いくつかの清音が書けており，書けない場合も模写が可能だった．

④対人関係・状況や場面の判断

幼稚園では，特定の友達と楽しく遊べており，発話内容がわかりにくい時は，先生がさりげなく間に入ってくれているとのことだった．

家族，園への対応（全2期を通して）

言語表出に遅れがみられる場合，保護者は心配のあまり，無理に表出させたり，はっきりしゃべらせようとすることがある[1,2,11]．第1期（2歳2か月〜3歳1か月）では，言語表出（language）の遅れに加えて，自発発声，音声模倣の少なさがあったため，全体発達や言語理解力を伸ばすことが言語発達のベース（language）を育てることにつながり，身体を使って楽しく声を出す経験を重ねることが音声表出につながることをわかりやすく伝える必要があった．そこで，指導場面，遊び場面を通してモデルを示しながら母親の参加を促し，家庭でのやり取り方法の提案をした．また集団機関（保育園，幼稚園）からも「お話が少ない」「話している内容が聞き取れない」という質問には，伝えたい気持ちを受け止めて返す（コーキ！：飛行機だね〜大きいね〜），不明瞭でわからない場合は，児が伝えられなかったことが悪いのではなく，「こちらが聞き取れなかった，もう一度教えて欲しい」と話すと良いなどの説明をした[12]．

第2期（3歳2か月，年少〜4歳4か月，年中）になると，発話が増えたことにより，母親はことばでのコミュニケーションが増えたことを実感して，ことばの遅れへの心配は減ったが，原因（診断）の説明を求めた．主治医は「表出性言語障害」「構音障害」という診断をし，できていること，伸びていることを，時間をかけて説明し，STからも，次のようなことを伝えた．

①「言語発達障害」には，視知覚操作面，言語理解面に遅れがないものの，言語表出だけが遅れる一群が存在する．②指導方針は，得意な視知覚操作面や言語理解面を介しながら言語表出を育てること，発音しやすいように，身体を使いながら擬音語や幼児語を使用したり，文字を使用していくことがあげられる．③予後は，言語表出の遅れが続く可能性は高いが，その内容は言語発達レベルによって変化する．また④この一群には，文字学習の遅れを示したり，就学してから学習面につまずきを示す場合もある[1,13]．

本児は早くから文字学習が進んでいるので，この得意な力を使用して伸ばしていくことと，現在の言

語発達レベル（幼児期前期）では，構文を作るために必要な力である，語彙の数，種類を増やす，とくに動作語を増やしていく必要があることを伝えた．母親は，児と同じ状態像の一群が存在する，同じ指導方針がとられている，児ができていることがある（文字学習など），などを理解することで前向きにとらえたように感じた．

園に対しては「できていることと苦手なこと」をわかりやすく文書（情報提供書）にして報告した．

その後（4歳5か月，年中～），就学に向けての心配は出たが，母親は児とゆっくり関わる時間を持ち，家族内でも会話を楽しむ環境が整ったようだった．園では依然として，「発話の少なさ」「発音の不明瞭さ」を指摘されたので，自由会話（非現前事象）の場合，適宜質問を加えながら（海に行ったお話？　誰と行ったお話？　など）お互いに内容を理解しやすいようにする方法を伝えた．

まとめ

知的発達に遅れはみられないが，言語表出に大きな遅れが認められた児である．

幼少期より，言語理解に目立った遅れはなく，物の用途をジェスチャーや動作模倣を使用して相手に伝えようという意欲が頻繁にあったことより，その物の意味は理解しており，言語発達のベースは育っていると考えられたが，それに比して喃語の遅れ，少なさ，そして自然状況下での発声，音声模倣が少なかったことより，発音できる音（音韻情報）が少なく，かつ口腔内運動がまだ十分に育っていなかった可能性が考えられた[14]．

これに対して，単語内の音韻への注目を促すために，順調に育っている言語理解課題を通じて，単語レベル（成人語，幼児語，擬音語など）で繰り返し正しい音韻情報を聴き，得意な視知覚操作課題や自由な遊び場面を通じて，出しやすい幼児語や擬音語を，楽しく，体の動きを伴いながら表出（出力）するように促した．これにより，単語の一部や擬音語，幼児語を表出するようになり，誤りがあってもモーラ数はほぼ合うようになったため，ことばが持つ音韻のイメージが入り始めたように思われた．また早くから文字学習を始め，さらに正しい音韻情報を入力すること，自らの音韻を意識するように促した．これらの指導により，発音できる音（音韻）は増え，表出語彙も増えていき，発音は定型発達にみられる誤りにそった経過をたどっていった[15]．

一方で，表出語彙数は増えていったが，動作語は依然として増えず，また発話単位も短いことが多かったが，状況の理解は可能であり，具体的な質問には答えられた．そこで状況の理解力をベースに，表出しやすいような構文のモデルを使用することで，文レベルの表出を導いて，仮定（もし：遊びたいおもちゃがなかったら？）や理由（なぜ：なぜ歯が折れちゃったの？）などの理解へつなげ，理解力は年齢相応の言語発達レベルとなったが，表出は依然として短く，なかなか般化しなかった．

言語表出が遅れている場合，指導場面でも家庭でも，遅れている表出面だけにアプローチしがちだが，視知覚操作面，言語理解面などのすべての認知面にアプローチしたうえで，幼少期は，①理解課題などを通じて，単語レベルで，繰り返し正しい音韻情報を提示して，音韻をしっかり聞き取る場面を作る，②得意な力，好きな遊びを使用して，出しやすい音を，楽しく出す経験を積んでいき，自ら発声したり，復唱する力を引き出す，③両親や家族，園にも参加してもらい，楽しくやり取りすることばかけのモデルを示していく必要があると思われる．年齢が上がって，文字や数などに興味を持ち始めたら，④文字学習を介してさらに音韻情報の入力，出力を意識させる，⑤表出しやすいように，構文のモデルなどを提示して手がかりを作っていく，⑥児の言語発達レベルに合った言語発達指導（仮定，理由，自由会話など）を行う，などが重要だと思われる．

（柴　玲子）

● 文献（概要）

1) Rescorla L, Lee C：Language impairments in young children. In T. Layton & L. Watson (Eds.), Handbook of early language impairment in children. Nature, **1**：1-38, 2000.
2) Zubrick S, et al.：Late language emergence at 24 months：An epidemiological study og prevalence, predictors, and covariates. Journal of Speech, Language, and Hearing Research, **50**：1562-1592, 2007.
3) Rescorla L：Do late talking toddlers turn out to have language and reading difficulties a decade later? Annals of Dyslexia, **50**：87-102, 2000.
4) Ellis E, Thal D：Early language delay and risk for language impairment. Perspectives on Language Learning and Education, 2008, pp93-99.
5) Olswang l, Rodriguez B & Timler G：Recommending intervention for toddlers with specific language difficulties. We may not have all answers, but we know a lot. American Journal of Speech-Language Pathology, **7**：23-32, 1998.
6) Weismer S, et al.：Lexical and grammatical skills in toddlers on autism spectrum compared to late talking toddlers. Journal of Autism and Developmental Disorders, **41**：1065-1075, 2011.
7) Rescorla L：Age 17 language and reading outcomes in late-talking toddlers：Support for a dimensional perspective on language delay. Journal of Speech Language Hearing Research, **52**：16-30, 2009.
8) Weismer E, MurrayB & Miller F：Comparison of Two Methods for Promoting Productive Vocabulary in Late Talkers. Journal of Speech, Language, and Hearing Research October 1993, **36**：1037-1050, 1993.
9) Robertson S, Weismer E：Effects of Treatment on Linguistic and Social Skills in Toddlers With Delayed Language Development. Journal of Speech, Language, and Hearing Research, **42**：1234-1248, 1999.
10) Girolametto L, Pearce P & Weitzman E：Interactive focused stimulation for toddlers with expressive vocabulaly delay. Journal of Speech, Language, Hearing Research, **39**：1274-1283, 1996.
11) Fey M, et al：Two approaches to the facilitation of grammar in children with language impairment. Journal of Speech and Hearing Research, **36**：141-157, 1993.
12) RobertsM,KaiserA：The Effectiveness of Parent-Implemented Language Interventions：A Meta-Analysis. American Journal of Speech-Language Pathology, **20**：180-199, 2011.
13) Baxendale J, Hesketh A：Comparison of the effectiveness of the Hanen Parent Programme and traditional clinic therapy. International Journal of Language & Communication Disorders, **38**：397-415, 2003.

● 文献（事例）

1) 石田宏代：3 特異的言語発達障害．言語聴覚士のための言語発達障害学（石田宏代，大石敬子編），医歯薬出版，2011，pp183〜201.
2) 柴 玲子：2 言語発達訓練．小児リハビリテーションポケットマニュアル（栗原まな監修，本田真美，小沢浩，橋本圭司編），診断と治療社，2011，pp244〜245.
3) カテゴリー分類1：ミニしかけえほん5「これなあに―たべもの―」，ミニしかけえほん6「これなあに―のりもの―」わだことみ作，森園みちよ絵，岩崎書店
4) 物と物との関係性，3) 名称，4) 動作語：「ことばあそび絵カード」No.1〜No.10 監修：村石昭三，関口準，編集協力：（社）精神発達障害指導教育協会，斎藤二三子，小谷隆真，他，販売：鈴木出版
5) 石田宏代：特集＜軽度発達障害の言語の問題＞特異的言語発達障害児の言語発達―臨床の立場から―．音声言語医学，**44**(3)：209-215, 2003.
6) 田中裕美子：第6章 SLIの文法スキルの指導法．ここまでわかった言語発達障害―理論から実践まで―（Courtenay Frazier Norbury, J.Bruce Tomblin and Dorothy V. M. Bishop／田中裕美子監訳），医歯薬出版，2011，pp73-94.
7) 佐竹恒夫：第3章 統語．記号形式―指示内容関係に基づく〈S-S法〉言語発達遅滞訓練マニュアル〈2〉（佐竹恒夫著），エスコアール，2001，pp65-114.
8) 間違い探し：「What's Different?」Super Duper® Publications
9) 系列絵：「Sequencing Fun Deck」Super Duper® Publications
10) ノンタンあそぼうよ4「ノンタン およぐのだいすき」作・絵：キヨノサチコ 販売：偕成社
11) 那須道子，東江浩美：第1章幼児期早期のことば/発語面の一時的な遅れの指導．言語聴覚士のための言語発達遅滞訓練ガイダンス（佐竹恒夫，小寺富子，倉井成子編），医学書院，2008，pp15-18.
12) 中川信子：小冊子「発音がはっきりしないとき」（中川信子監修），社団法人家族計画協会，2005.
13) 大石敬子，宮入八重子，長畑正道：表出言語障害の1例における音声言語と文字言語の発達．音声言語医学，**28**(3)：152-161, 1987.
14) Erin Redle and Carolyn Sotto：CASE3 Ben：A Toddler with Delayed Speech and Developmental Milestones. Shelly S. Chabon, Ellen R. Cohn：the communication disorders casebook learning by Example, 1 edition, PEARSON, 2010, pp21-27.
15) 大平章子：3. 一語発話期の構音/音韻の発達．標準言語聴覚障害学 発声発語障害学（藤田郁代シリーズ監修，熊倉勇美，小林範子，今井智子編），医学書院，2010, pp108-110.

DSM-5が子どもの言語臨床に持つ意義

　Diagnostic and Statistical Manual of Mental Disorders（DSM：精神疾患の診断・統計マニュアル）とは，米国精神医学会による精神疾患の診断基準を示すもので，様々な国の臨床で使われ，言語聴覚士の対象であるコミュニケーション障害，自閉症スペクトラム障害（autistic spectrum disorder：ASD），学習障害などの診断基準も含まれる．2013年5月に第5版（DSM-5）が出版され，10年近くにわたる研究知見の集積に基づいてそれまでのDSM-Ⅳ-TR（2000）とは異なる見解が示されたため，子どもの言語臨床に影響する重要な変更について述べる．DSM-5で最も画期的な点の1つは，コミュニケーション障害，ASD，他の発達障害の診断基準の改訂プロセスに言語聴覚士が関わったことである．DSM-Ⅳでは，コミュニケーション障害の診断基準には，表出性言語障害や受容-表出混合性言語障害が設けられていたが，DSM-5では言語障害（language disorder）のみとなり，受容や表出性の視点を含まない．その理由には，子どもの言語の問題は受容と表出の2つを中心とするより語彙や文能力（sentence ability）の側面でとらえた方が実情に合うという研究知見が蓄積されてきた[1]ことによる．ただしこのように受容や表出性というカテゴリーはなくなったとはいえ，理解や表出性の評価は子どもの言語プロフィールを示すためにやはり重要であると考える．また，言語障害は，知的障害やASDなどの障害に併発するものとして診断を受ける位置付けとなった．背景に必要な言語指導・支援を実現するためには，言語障害が他の様々な障害に伴って生じるという認識が不可欠であるという考えがある．例えば，ダウン症そのものを変えることはできないが，ダウン症の子どもには言語（発達）障害が併発し，適切な言語指導で伸ばすことができるという認識を促すことが大切である．

　DSM-5では，コミュニケーション障害にSCD［Social（Pragmatic）Communication Disorder］の診断基準が新たに設けられた．これは自閉症の診断には当てはまらないが，言語の意味や語用面の問題のために他者との会話やコミュニケーションがむずかしい語用性言語障害（pragmatic language impairment：PLI）と呼ばれる子ども達についての報告[2,3]を反映している．また，特異的言語発達障害（specific language impairement：SLI）児の追跡調査を進めていくと，なかにはSLIの条件よりPLIの条件を満たす子どもが少なくないことがわかってきた[4]．SCDもASDも文脈や聞き手のニーズに合わせる，暗に言われたことを理解するなどの言語的・非言的コミュニケーションにむずかしさを示すが，SCDには「こだわり」という特性が認められない．したがって，DSM-Ⅳでアスペルガー症候群と診断された子どものなかで，こだわりがある場合は，DSM-5ではASD，こだわりがないとSCDという診断になる．因みに，DSM-5におけるASDの診断には，口頭言語の発達の遅れは含まれず，発現時期が「3歳まで」から発達早期に変更になった．

（田中裕美子）

●文献

1) Tomblin J B & Zhang X：The dimensionality of language ability in school-age children. Journal of Speech-Language-Hearing Research, 49：1193-1208, 2006.
2) Bishop DVM：Pragmatic language impairment：A correlate of SLI, a distinct subgroup, or part of the autistic continuum., Speech and language impairments in children（Bishop DVM & L. B. Leonard, Eds.）：Causes, characteristics, intervention, and outcome. East Sussex：Psychology Press, 2000, pp 99-113.
3) Bishop DVM & Norbury CF：Exploring the boarderlands of autistic disorder and specific language impairment：A study using standardized diagnostic instruments. Journal of Child Psychology and Psychiatry, 43：917-929, 2002.
4) Tomblin J B, et al.：Dimensions of individual differences in communication skills among primary grade children. Developmental language disorders（Rice ML & Warren SF, Eds.）：From phenotypes to etiologies. Mahwah, NJ：Lawrence Erlbaum. 2004, pp 53-76.

[言語発達障害]

Section 9 特異的言語発達障害(SLI)

概要

　特異的言語発達障害(specific language impairment：SLI)とは，知的障害，自閉性，聴覚障害など言語発達を阻害する問題が認められないにもかかわらず，言語が特異的(specific)に障害される場合をさす[1]．レイト・トーカー(late talker：ことばの発達が遅れた2歳児，Section 8参照)の13～15%が5～6歳頃にSLIに至るという報告もある[2]が，米国での発現率調査では，通常学級の5歳児の約7～8%に認められ，まれな障害ではないととらえられている[3]．

　SLIの最初のサインは初語や2語発話の発現の遅れである．さらに，英語圏では，5歳頃に文法の障害を示す文法形態素の省略という症状が顕著になるという[1]．例えば，'Rick walk everyday'のように，三人称単数のsが抜ける，'Ann walk yesterday'のように過去形のedが抜けるなど，とくに動詞形態素の省略が目立ち，ネイティブ話者ならすぐに気付くということから，Riceら[4]はSLIの臨床マーカーであると示唆している．また，ノンワード復唱課題の成績が定型発達児に比して低く，音韻記憶にも障害があると報告されている[5]．そして，長期間にわたる追跡調査の結果，これら文法や音韻の問題は青年期にも持続すること[6]や，音声言語の問題に加え書字言語，とくに読解の問題や学習のつまずきにつながることも指摘されており[7]，SLIは言語発達の単なる遅れではなく，意味(語彙)，文法，音韻などの全般的な言語障害であるといえる．

　英語圏のSLIの臨床マーカーである文法形態素の省略を日本語に当てはめると，日本語SLIの言語症状は助詞の省略または誤用ではないかと予測される．しかし，日本語の日常会話では，大人でも助詞の省略や誤用が多いうえに，文の構成要素である主語，目的語などの省略も多いため，省略という症状は浮き彫りになりにくい．そのため，遊び場面や自由会話における子どもの発話をいくら収集しても，子どもが言えるけど言わないのか，言えないから言わないのか判断がつかない．そのためもあって，状況や指示理解は比較的良く，日常のコミュニケーションにそれほど支障はないが，自発的な発語が乏しく，ことばの想起が困難でジェスチャーで応じることが多い，語彙がなかなか増えないなど，理解より表出面での非流暢性や遅れが目立つ子どもは，SLIのプロフィールを呈するものの，発達健診などでは「様子をみましょう」と判断され，言語聴覚士(ST)に紹介されても経過観察になることが多い．

　このように日本語での言語症状がいまだ明らかでない段階でSLIかどうかを判断するには，Leonard[1]の操作的定義が参考になる．Leonardは，表出面もしくは表出・理解の両面で，言語検査の成績が平均より1.25～1.5SD(標準偏差)低いという内包基準を満たし，動作性IQが85以上であり，聴覚に異常はなく，社会・対人関係や行動面で問題が認められないという除外基準を満たす場合にSLIと判断するという．確かに，SLIの定義が言語の問題のみということで，比較的単一の障害で判断が容易という印象を与えるが，検査結果を中心にした判断には様々な問題が潜んでいる．田中[8]は，複数の臨床家がSLIと判断した子どものなかには，言語標準化検査の成績が健常域の場合が少なくなく，必ずしも検査成績だけでは特定できないと指摘している．また，言語性IQと動作性IQの乖離(VIQ < PIQ)に基づく判断では言語の問題を明らかに示さないという批判が従来からあり，そのために近年では，SLI

をPLI（primary language impairment）と表記する研究者も出てきている．このprimary（一義的）とは，言語の問題が他の発達側面における問題から生じた二次的なものではないことを強調するものである．さらに，SLIは自閉症スペクトラム障害（autistic spectrum disorder：ASD）を発症するリスクが高いという報告[9]があるように，そもそもSLIと語用性言語障害（pragmatic language impairment：PLI）もしくはDSM-5で新たに設けられたSCD［social (pragmatic) communication disorder］との鑑別がむずかしいということがある．

これら診断に関わるむずかしさを鑑みると，標準化検査に加え，言語特徴を明らかにする評価課題の開発が必要であり，近年，SLIの臨床マーカーである動詞形態素を誘発するテスト[10]など新しい言語課題が開発されている．筆者らも表出語彙や動詞活用の誘発，ノンワード（古語）復唱，ナラティブ再生などの課題を開発し，定型発達児やSLIと判断された子どもに実施して言語特徴の解明を行ってきた．本Sectionでは，構音の問題を指摘されてSTに来所した年長事例を取り上げ，標準化検査に加えてこれらの課題成績に基づいて日本語SLIのプロフィールを示すとともに，ナラティブを用いた指導法を紹介する．

事例

対象児

事例：男児，5歳6か月〜7歳6か月．

主訴や初診時の様子：初診は5歳6か月時で，通っている保育園から言いよどみや軽い吃など構音の不明瞭さを指摘されたことによる．対人関係や行動面，日常のやり取りの問題は担任から報告されていない．また，直前に受けた就学時検診でも特別な指摘はなかった．初診時の自由会話では，了解は良く，たずねられた質問におっとりと短いことばで応じ，主訴である吃や構音の問題は目立たなかった．しかし，検査中「どうして？」などのオープンクエスチョンの発問に答える，何か説明を求められると，「うーん」「えーと」となかなかことばが出て来ず，さらに問うと，「わかんない」「わすれちゃった」と言うなどの回避がみられた．母親は本児の発話が乏しく，会話のキャッチボールにはなりにくいことを2年くらい前から心配はしていたという．

生育歴：胎生41週，出生体重3,100g，陣痛促進剤使用するも分娩開始せず破水したため帝王切開により出生した．アプガースコアは9/10．定頸3か月，座位6か月，始歩9か月と運動発達はむしろ早めの一方，初語1歳6か月，2語文2歳6か月と言語発達はやや遅かった．しかし，1歳6か月，3歳時発達健診では何ら指摘されなかった．

家族構成：父，母，祖父母，本児．

初診時評価の結果

● 聴力

標準純音聴力検査の結果，聴力（右10dB　左5dB）に異常なかった．

● 構音

単語，文レベルで浮動的にs→ʃに誤る，「食べる」を「はべる」，「ぱべる」と言うなど語頭音を誤る，語頭音を繰り返すことが時折認められたが，STとの会話では保育士が指摘したほどの言いよどみや吃が目立つことはなかった．

● 知的発達

WPPSIを実施したところ，動作性IQ 115，言語性IQ 67で知的には高い半面，言語が弱く，言語性下位項目の評価点は5〜6の範囲内で全般的に低かった．とくに，聴覚的記憶を示す数唱は，K-ABCでも確認したところSS6（4歳レベル）とWPPSIと同様の結果を示し，聴覚的記憶の弱さが認められた．

● 社会・対人関係および適応行動

初診時の観察，保護者や園からの報告では，社会

資料1 言語特徴を掘り下げる課題

① 音韻記憶：ノンワード（古語）復唱
　4～8モーラの古語をPCを用いて再生し，ヘッドホンから聞こえた通りに復唱させ正答率を測定する課題である．今回は4～5モーラの結果を用いた．

② 意味（表出）：名詞および動詞表出語彙・活用課題
　名詞（30語）は3つのカテゴリ（鳥・四足動物・身の周りの事物）に属するものを呼称する．動詞（25語）は，絵の動作を命名させ，その後終止形で言わせる課題で意味と文法の両面の測定ができる．ともに正答率で成績を求めた．

③ ナラティブ：ナラティブ再生課題として，「カエルさん，どこいったの」[17]をPCを用い音声付きで絵を提示した後，各ページを順に再生して，子どもに話しをするように促し，再生発話を収集する．再生発話についてはトランスクリプトにし，ナラティブのミクロ構造指標（異なり語数，T-unit[*1]数，1つのT-unitに含まれる平均語数，従属節や関係節などの複雑な節の数など）を求め[16]，定型発達平均との比較などの発話分析を行う．さらに，子どもの発話再生後，次の2つの課題を実施する．

・登場人物の心情理解：「あれだけ探していた男の子がなぜカエルを連れて帰らなかったか？」と発問し，話の流れや登場人物の心情理解を調べる．

・受動態文の誘発：登場人物が2人以上の2ページについて「男の子（または，犬）はどうされたの？」と発問し，発問が受動態文であることの認識や，受動態文の応答ができるかを調べる．

[*1] T-unit（Terminable unit）とは，1つの節とそれに伴う従属節を1つの単位にしたもので，それ自身で独立して成り立つことができる文の最小単位をいう．

表1 言語特徴を掘り下げる課題による言語の側面についての評価結果

言語側面	下位項目	本児の正答率	定型発達年長平均（SD）
意味	表出語彙		
	名詞	75.0%	75.3%（12.9）
	動詞	40.0%*	70.4%（11.2）
文法	動詞活用	9.0%*	42.6%（33.3）
音韻	音韻記憶（ノンワード（古語）復唱）		
	4音節	77.8%	85.6%（13.5）
	5音節	50.0%*	70.0%（15.3）
	6音節	35.9%*	62.9%（18.3）

*同年齢の定型発達年長児の平均より，1SD以上低い場合

1）標準化言語発達検査の結果

　絵画語い発達検査の評価点は9（語彙年齢5歳4か月）で，理解語彙に遅れはなかった．ITPAの結果では，視覚─動作の平均SSが34，聴覚─音声の平均SSが26と，動作性の表現，類推，記憶に遅れはないが，ことばによる表現，類推，記憶に1SD以上の遅れが認められ，動作に比して音声言語が弱く，理解に比して表出が弱いことがわかった．

2）言語特徴を掘り下げる課題による語彙，音韻記憶，ナラティブについての評価結果

　言語特徴を掘り下げる課題とは，表出語彙（意味），動詞活用（文法），音韻記憶，ナラティブなどの発達を評価するもので，言語の各側面における発達をとらえる目的で作成された（各課題の内容や実施法については資料1参照のこと）．

　まず，表1に表出語彙（名詞・動詞），動詞活用，音韻記憶課題の本児の正解率および定型発達年長児の平均正解率および標準偏差を示す．本児の意味習得では，名詞に比して動詞の習得が遅い．英語圏でも，4～5歳のSLI児に品詞によって習得の違いが生じてくるという報告があり，とくに名詞より動詞の習得がむずかしく，自発的に表出できるまで定型発達児の2倍時間がかかる場合があるという[14]．動詞については，終止形活用課題でも成績が低く，文法習得の遅れも認められた．音韻記憶を評価するノンワード（古語）復唱課題では，4音節のノンワード（古語）の復唱はできたが（同年齢の平均範囲内），音節が増えるごとに同年齢の平均値より著しく低くなり，英語圏のSLI児と同様の音韻記憶の弱さが

性・対人関係に問題はなく，こだわりや落ち着きのなさなど，ASDや注意欠陥/多動性障害（attention-deficit hyperactivity disorder：ADHD）を疑わせる行動特徴は認められなかった．保育園における集団活動では，一斉に指示を出した際に周りを見てから動くことが多く，全体的な発達がゆっくりの子どもと思われていた．

● 言語発達

　言語発達の評価は，標準化検査および筆者らが開発している言語特徴を掘り下げる言語課題[8]を用いて行った．

表2 初回のナラティブ再生課題の発話トランスクリプト

ページ	本児の発話 〈 〉内はSTの発話 ( )内は正しい表現
4	わかんない ○君*(自分の名前)が声出してる
5	これわかんない 〈何してるかな?〉 ○君が穴の中おいてすてる(おーいってしてる)
6	わかんない これわかんない 〈ここは何してるかな?〉 これは見てる
7	わかんない 〈ここどうしたかな?〉わかんない 〈これはどうしたかな?〉にげてる
8	池におちて 池におちた
9	声がする
10	見てる 〈どこを?〉木の後ろ
11	わかんない 〈何してるの?〉○君がカエルを見てる
12	○君がカエルを(に)バイバイしてる

*主人公の名前は「守君」であるが,子どもが幼い場合や言語の問題がある場合,本児のように自分の名前を言う場合が少なくない

表3 音韻意識・リテラシーに関する評価結果

	課題	本児の成績	年長児の平均(SD)
音韻意識	逆唱 (有意味語) 2モーラ 3モーラ	80% 40%	95.2% (13.8) 52.1% (31.6)
読みスキル	K-ABC ことばの読み	標準得点83	

認められた.

ナラティブ再生課題の発話をトランスクリプトにしたもの(表2)から明らかであるが,本児は「わかんない」を連発した.この課題では,ナラティブ再生の直前にパソコン(PC)を用い絵とナレーションで話を見聞きしており,ナラティブ再生後の発問[*1]の回答をみても,話がわからないのでなく,「どのように言うか」わからないと解釈された.とくに複数の登場人物が別々のことをしている場面で「わからない」と言うことが多く,それぞれの場面や主人公の様子を叙述するための語の想起や文の構築が困難と考えられた.そのため,STの再三の誘発には,「これは見てる」「にげてる」「声がする」などと各場面の行為や様子を短く答えるのみで,3歳頃の列記的表現に近い.また,主人公がカエルを「呼んでる」というナレーションに対して「声出してる」「おーいしてる」など,動詞が未習得もしくは適切な動詞が想起できない様子や「○君がカエルをバイバイしてる(12ページ)」など助詞の誤用も認められた.さらに,11ページでは,主人公が一所懸命探していたカエルに偶然再会し,家族ができているのを知る場面であるが,本児は「○君(自分のこと)がカエルを見てる」と言い,話がどう展開したかというナラティブの流れを表現できなかった.

● 音韻意識およびリテラシーの評価結果

就学が近いことや,音声言語の指導に書字言語をどの程度用いることができるかを検討するために,音韻意識課題である逆唱,K-ABCの「ことばの読み」などを実施した.その結果,表3にあるように,聞いたことばを逆にいう逆唱では,同年齢の平均の下限,K-ABCの「ことばの読み」では標準得点が83で,かな文字習得も同年齢平均内にあることがわかった.また,自分の名前を書いたり,3モーラ程度の絵の名前をひらがなで書いたりもでき,読み書き習得には遅れは認められないと判断され,書字言語を音声言語の指導に用いることが可能であることがわかった.

【初診評価のまとめおよび指導方針】

評価結果のまとめおよびそこから導かれた指導方針を下記に示す.

1) 聴力,対人関係や適応行動における問題はなく,知能や理解語彙力も正常域であるのに,表出言語の発達に遅れが認められた.

2) 言語表出の問題は,特定の品詞(動詞),言語の特定の側面(文法・ナラティブ)に主に認められ,名詞の習得は年齢並みというように全般的な言語発達の遅れでなく,単なる速度の問題だけではないことが明らかとなった.

3) ノンワード(古語)復唱課題の成績が低く,標準化検査(WPPSI,ITPA,K-ABC)でもことばや数を用いた記憶の成績が1SD以下で,聴覚的記憶の弱さが認められた.

[*1]子どもがナラティブ再生を終了後,主人公が「あれだけ探していたカエルをなぜ連れて帰らなかったか?」という発問を行い,話の筋や主人公の心情の理解ができているか確認する.

4) 文レベルの発話があり，日常のコミュニケーションにさほど支障はなく，健診でも指摘されたことはない．しかし，ナラティブ再生などの発話誘発課題では，語の想起や文の構築などが困難で，列記的表現が主になることが明らかになった．ナラティブは語り手が聞き手にメッセージを伝達するために，ことばを駆使して聞き手にわかるように文脈を構築しないといけないため，語り手には複雑で高次の言語能力が要求される．英語圏でも SLI 児のナラティブは，ことばの数が少ない，文法的な誤りが多い，接続詞などを用いた結合性が乏しい，話の構造化が弱いなど，SLI 児に共通する点が指摘されており[11]，ナラティブ習得を促す必要性が示唆された．

5) 音韻意識や文字の習得は正常域の下限にあり，音声言語の弱さを文字・リテラシーで補うことが可能であるため，絵本など書字言語を活用した言語指導が可能であると考えられた．

6) 主訴である吃を疑わせる構音の不明瞭さは時折あるが，コミュニケーションを損なうレベルではなく，むしろ母親は発語の乏しさからことばのキャッチボールができないことを心配していた．そこで，言語の弱さから予想される就学後のつまずきを予防するための言語指導や国語の学習支援を中心とした定期的な指導が必要と判断され，家族の同意を得た．

指導

言語指導は，①語想起や文の構築を中心に言語表出を促す，②語想起を促進するための意味のネットワークを構築する，③教科学習のつまずきを予防するなどを目標とし，ナラティブを用いた言語指導（narrative-based language intervention：NBLI）[11]，スリーヒントゲームなどを用いた語彙・語想起指導および予習による国語の学習支援などを並行して行った．本稿では，NBLI の指導内容と効果を取り上げる．

● 指導形態

原則として週1回45分の個別指導のなかで，NBLI に約20分費やし，本児の就学直前から約1年間，小学1年修了時まで計40回実施した．

● 指導内容

NBLI とは，ナラティブを媒介にし，自然な相互作用のなかで構造化された言語活動を子どもに行わせ，言語能力を伸ばすという間接的指導と直接的指導の両方を取り入れたハイブリット指導法で，ナラティブ構造に基づく文レベルの発話の表出，文法構造や文字習得を促進するものである．詳細はコラム（NBLI とは：p94 参照）にゆずるが，子どもの言語活動には，復唱，ST の発話の完成，ST の発話の誤りに気付く，ST に質問するなどが含まれ，指導目標に注目させる刺激法（focused stimulation）や規則性に気付かせるリキャストなどの技法を用いて子どもの反応を誘発していくものである．

NBLI には，Paul[15]の語彙や文法指導用の絵本リストから次の絵本4冊，①Where have you been?（どこへ行ってたの？），②The runaway bunny（ぼくにげちゃうよ），③The trouble with elephants（ぞうってこまっちゃう），④If you give a mouse a cookie（もしネズミにクッキーをあげたら）を適用した．つまり，これらを原本としてそれぞれの指導目標や指導ポイントを新たに構築し（資料2），それに従い絵を描き，言語指導用としてナラティブ文を訳し，文字のあるものとないもの，指導目標となる語や助詞を抜いたものなどを作成して PC に取り込んだ（図1）．そして，指導の実施前と実施後では，手がかり（文字）のない絵本（PC）を用いて語彙，文型など表出言語の評価を行った．

子どもの指導への反応

NBLI の短期効果に基づく指導方針の確認

1冊目の絵本「どこへいってたの？」は，行為主，場面，行為は異なるが，読み手が「だれがどこで何をしていたかを尋ねる」というテーマを繰り返す構造を持つため，「誰が？」，「どこへいってた？」，

資料2　NBLIに用いた絵本と各指導目標および指導のポイント

絵本	どこへいってたの？	ぼくにげちゃうよ	ぞうってこまっちゃう	もしネズミにクッキーをあげたら
原本	Where have you been ? Margaret Wise Brown (1989) New York : Scholastic.inc.	The running bunny. Margaret Wise Brown (1977). HarperCollins Children's books	The trouble with elephants. Chris Riddell (1991) New York : HarperCollins	If you give a mouse a cookie. Laura Numeroff (1997) New York : HarperCollins Children's books
目標	「どこへいってた」「何をしてた」の質問文の表出，文の時制を認識する	条件節「もし～になって～したら」を含む文型の理解と表出，絵カードを用いた応用や類推力の向上	「たとえば～すると，～になる」の文型の表現，動詞や助詞の表出と活用をかな文字を使って促進する	「～したら，～するだろう」の文型の理解と表出，行動間の因果関係の理解，ナラティブのマクロ構造の推測，動詞語彙の拡大，カタカナや漢字の読みの向上
指導のポイント	・質問と答えの役割交代を行う ・子どもがSTに質問する場合，STが時々間違って答え，訂正させる ・STによる質問文の時制に合った答え方を認識させる ・家で家族に質問させ，答えをSTに報告させる	・名詞や動詞の意味の確認 ・文型の応用　例「もし先生が蝶になって逃げたら，○君は何になって追いかける？」 ・文型を用い対になる語を類推．例：ST「もし先生がにんじんだったら，○君は何になってどうする？」子ども「うさぎになって食べちゃう」	・各ページのテキストに含まれる動詞を空白にして誘発する．例：ST「たとえばいっしょにおふろにはいるとおゆが…」子ども「あふれる」 ・同様に助詞を空白にして誘発する．例：「おふろにはいる□おゆがあふれる」 ・言えない場合は，復唱させる	・ページを並べ替えて話の展開と文型との結合を図る．例：「もし，○君がネズミにクッキーをあげたら」，「ネズミはミルクをちょうだいって言うだろう」 ・事物の名称および用途から話を想起して説明させる ・ネズミ，クッキーなどのカタカナや平易な漢字は読みを推測させる・ルビ付きの熟語も含める

もし　ぞうが　いえに　いたら
こまっちゃう　ことが　あるよね。
たとえば　いっしょに　おふろに　はいる　□
おゆが　ざーと　あふれるんだよね。
（指導目標の言葉の色や書体を変えて注意を促したり，助詞を省略し，□にどんな助詞を入れるか考えさせた例）

図1　NBLIの例

「何をしてた？」の疑問文の自発的使用と，それらに対する適切な文レベルの反応を習得することを目標にした．子どもの言語活動は，STの発話の復唱や完成，質問者と回答者の役割を交代しSTによる回答の誤りの発見や訂正などである．週1回の指導で回を重ねるに従い，絵や文字などを手がかりに自発的に質問や回答することが可能になった．また，毎回，宿題として家族に「どこへいってたの？」「何をしてたの？」と質問させ，回答をSTに報告するようにしたところ，家族との質問─応答を楽しみ，

積極的に話すようになった．母親は，約2か月という短期間で自発的に会話を開始するようになり，文も長くなり，発話量が増えたと驚きとともに報告した．

NBLIでは，各教材について指導前と指導後で子どもの指導への反応を比較し，効果を確認する．1冊目の絵本「どこへ行ってたの？」では，各ページについて，「これは誰（何）？」「どこへ行ってたの？」「そこで何をしていたの？」と発問し，それらに対する本児の反応を事前・事後で比較し，効果を検討した．指導前後の比較を示す表4から明らかなように，「これは誰（何）」が＋17.4%，「どこへいってた」が＋42.9%，「何をしてた」が＋57.1%と発問のすべての項目で成績が伸びているが，とりわけ行為についての正解率が最も上がった．このようにNBLIを通じて疑問文の表出や理解，動詞の習得などが促進され，発話量が上がったと判断し，NBLIの効果が認められたため，継続を決定した．

1年後の再評価

指導開始1年後には小学2年になることから，NBLI指導の継続の如何を含め指導方針を検討するために，標準化検査やナラティブを用いた再評価を行った．

● 標準化検査（絵画語い発達検査，ITPA，WISC-Ⅲ）の結果

1年後の再評価で，PVTはSS 9，ITPAはPLA 31とこれらの言語検査ではプロフィールが変化していないが，WISC-ⅢではPIQ 115 VIQ 104 FIQ 110となった．言語性IQの下位項目を見ると，算数が良好なために評価点が引き上げられているものの，単語や類似の成績が2倍に伸び，初回評価のVIQ 67からかなり伸びが認められた（図2）．検査間で伸びに違いが認められた理由の一つには，本児へのNBLI指導が単語ではなく，文レベルの理解や表出を主に促したことによるのではないかと考えられた．

● 言語特徴を掘り下げる課題による1年後の再評価結果

1）意味，文法，音韻記憶の伸び（図3）

初回評価では，動詞の意味や活用の習得の遅れ，音韻記憶の弱さが認められた．指導を開始して1年後の結果を初回評価や定型発達児1年生の平均とともに図3に示した．この図から明らかなように，

表4 指導前・後における質問に対する正解率（NBLIの短期効果）

評価項目	STの発問	指導前	指導後
名詞：事物	これは誰（何）？	56.5%	73.9%
名詞：場所	どこへいってたの？	7.1%	50.0%
動詞	何をしてたの？	28.6%	85.7%

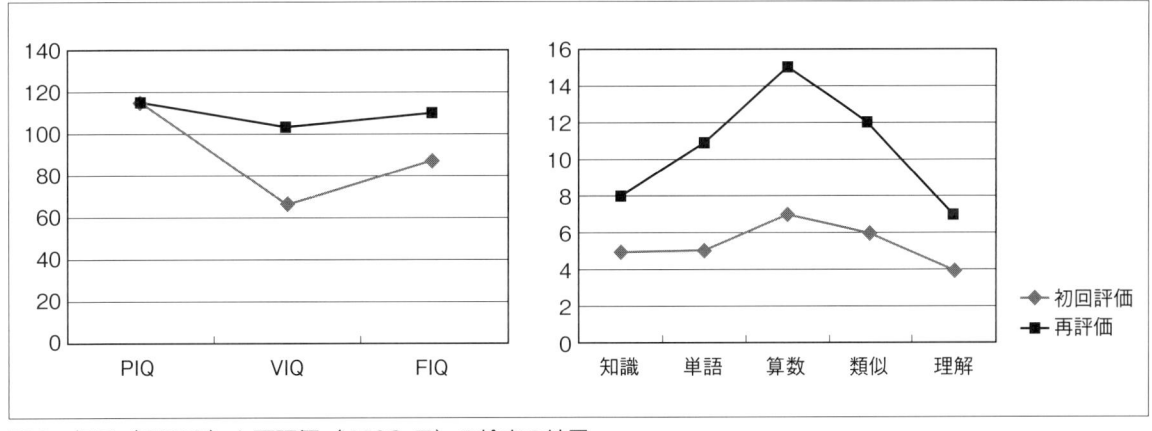

図2 初回（WPPSI）と再評価（WISC-Ⅲ）の検査の結果

[言語発達障害]

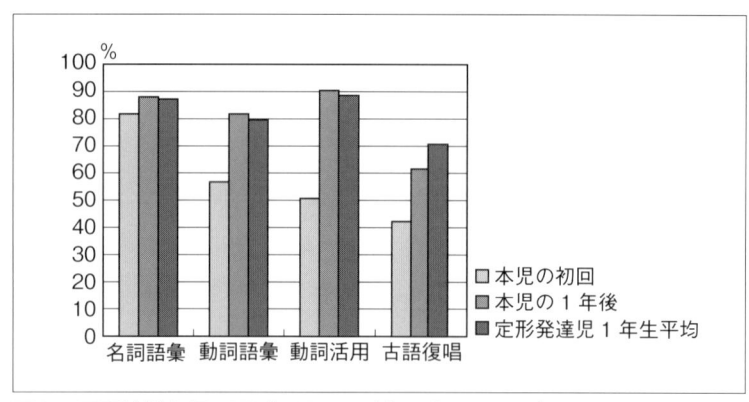

図3 言語特徴を掘り下げる課題の本児の初回および1年後の達成率や定型発達児1年生の平均達成率

表5 本児の1年後のナラティブおよび定型発達年長児（6歳1か月）のナラティブ

ページ	ナレーション	本児（1年後：7歳）	定型発達年長男児（6歳1か月）
2	ある夜 守君と犬が眠っている間にカエルがビンから這い出てしまいました．そして，開いている窓から外へ逃げ出しました．	（うーんと）守君が寝てるときに カエルがビンから逃げ出した．	守君と犬が寝たら カエルがビンの中から出て 開いてる窓から逃げ出しました．
4	守君と犬は外を探してみることにしました．何日もカエルを呼んで探しました．	そして 守君がカエルって呼んでも（うーんと）いなかったから ち（うーんと）違うところに行った．	守君と犬は外まで探しに行きました．何日も何日も探しました．
7	怒ったハチが犬を追いかけました．怒ったふくろうも穴から出てきて守君をおどかしました．	そして 犬はハチに追いかれられて（うんと）守君はフクロウにびっくりさせられた．	怒ったハチは犬を追いかけました．怒ったフクロウは守君を驚かせました．
10	守君と犬は声が聞こえた方の朽ちた丸太の上に腹ばいになって，その後ろをのぞきこみました．	木のまーるいところの後ろをのぞいてみたら	聞こえる丸太の後ろを見て，（んと）カエルの鳴き声がそこからします．
11	するとどうでしょう．そこに守君のカエルがいました．しかも奥さんのカエルや8匹の赤ちゃんもいます．赤ちゃんガエルの中には守君にはねて近づき，挨拶をするものもいました．	家族がいた そして赤ちゃんが8人で そして 守君がもってたカエルもいた．	すると そこには守君が飼っていたカエルがいました．お母さんガエルも，あ，あと8匹の赤ちゃん，赤ちゃんガエルがいました．
12	今やお父さんになり，家族ができたカエルを見て，安心した守君は家に帰ることにしました．そこで，カエルたちに「さよなら元気でね」と手を振りました．	そして守君と犬がさよならって言ったらって言ったら カエルもさよならって言った そして帰って行った．	最後に 守君と犬は「おーい,元気でねー」といいました．

動詞語彙や動詞活用はほぼ定型発達児1年生平均と同レベルになったが，ノンワード（古語）復唱の成績は初回よりは伸びたものの，同年齢の平均の下限のままであった．一方，WISC-Ⅲの数唱の成績は，SS 6からSS 12と1年で劇的に伸びている．英語圏のSLI児の追跡調査でも，数字などを用いたSTM（短期記憶）は伸びるが，ノンワード復唱の成績は低いままであると報告されており，ノンワード復唱課題は他のSTM課題とは異なり，言語の処理能力をより反映するという示唆がある[5]．

2）ナラティブ（カエルさん，どこいったの）再生発話に認められる伸び

表5は，PCで提示するナレーション，本児の1年後の再生発話，定型発達年長男児（6歳1か月）の再生発話の抜粋を示す．指導後の本児の再生ナラティブには，初回の再生発話（表2）に比して長い文表現が増えた．例えば，初回の7ページの再生では，「わかんない．（ST：ここどうしたかな）わか

表6 本児の初回，1年後および定型発達年長児のナラティブのミクロ分析結果の比較

ミクロ分析視点		本児 初回	本児 1年後	定型発達年長男児(6歳1か月)
文法的指標	MLT-W（1つのT-unitに含まれる平均語数）	2.7	4.7	4.5
	受動態の表出	－*	＋*	＋
	複雑な構文（関係節や従属節文）	－	＋	＋
語彙的指標	総語数（ナラティブに含まれたすべての語数）	46	85	111
	異なる語数	21	44	50
	名詞	11	19	20
	動詞	10	21	23
	形容詞・副詞など	0	4	7

＋は認められる，－は認められない

んない，（ST：ここどうしたかな）逃げてる」であったが，1年後では，「そして　犬はハチに追いかけられて（うんと）守君はフクロウにびっくりさせられた」となった．このように再生発話には複文や受動態などの複雑な表現が認められるようになったが，この伸びは表6のミクロ構造指標[16]の一つである文法的指標，MLT-W（1つのT-unitに含まれる平均語数）が，2.7語から4.7語に増えたことでもわかる．また，再生時の発語数も46語から85語に増え，ナラティブに必要なキーワード数（登場人物，行為などに関することばの数），「とうとう」などの副詞や「〜ときに」，「〜から」，「〜たら」などの接続助詞の使用，「そして」などの接続詞の使用などが認められるようになった．

このようにミクロ分析結果では文法や語彙が，1歳下の定型発達6歳児とほぼ同様のレベルになったといえる．しかし，ナラティブのマクロ構造について比較すると，とくに起承転結に関するストーリーグラマー（話の構造化）の要素に欠ける．例えば，年長児では，「起きた時，いなくなった」「探してもいない」という問題発生や，「外」「そこ（木の後ろ）」

表7 小1終了時の国語の学力テストの結果

項目	本児の達成度	学年の目標値
基礎	66.7%	65.3%
応用	20.0%	59.0%
総合	56.5%	63.9%

「最後に」などの場所・状況の展開を説明する表現があるうえに，日本語特有のナラティブの言い回し（「〜しまいました」など）も認められる．一方，本児の再生発話は「そして」と話をつなげる努力をするようになったものの，場面に合わない使用がある．また，各ページについての叙述も列記的レベルにとどまり，ナラティブを構造化させるような状況の説明に乏しい．さらに，「うんと」「うーんと」の発話が多いことでもわかるように，言語表出における非流暢性が継続していた．以上のように，今回用いたNBLIにより，文法や語彙のミクロの側面に伸びが認められたものの，ナラティブのマクロ構造の伸びにつながらなかったことから，マクロ構造についての指導も必要であることが示唆された．

学校生活や学力テストの結果

就学後，1年時の担任から何ら問題の指摘はなかった．クラス内の友達関係でとくに困ることはなく，放課後友達の家に遊びに行くこともあった．時折，吃のような言いよどみがあるが，コミュニケーションに支障はないとのことであった．1年終了時の国語の学力テストの結果（表7）から，授業やSTから指導を受けた内容（基礎）については，学年の目標値に十分達しているが，それらを応用する国語力いわゆる言語力に課題を残しており，単語の知識や理解は良いものの，読解が弱いということが報告された．

【1年後の再評価のまとめと指導方針】

1) 標準化検査では，言語性IQが著しく向上した．また，語彙（動詞）や文法が伸び，ナラティブ再生では文の長さや発話量が増加するなど，STによる言語指導に一定の効果が認められた．

2) ノンワード（古語）による音韻記憶の弱さ，ナ

ラティブのマクロ構造（ストーリーグラマー）習得の未熟さなどが継続的に認められた．英語圏でも，SLI児はストーリーグラマーの習得に時間がかかり，話しの構造化が弱く，小学3年頃には直接的な指導が必要になるという[11]．そこで，近年，Petersenら[13]が，5コマの絵を用いてナラティブのマクロ構造そのものの習得を促す指導法を開発しており，その適用を検討することにした．

3) 国語の学力テストの結果から言語の問題の深刻さが示唆され，週1回の頻度でナラティブや書字言語を活用した繰り返し練習により国語の基礎は学習できても，応用が困難である．これらのことから，言語の問題が今後も持続し，学年が上がるほど課題が増えることを予想させるため，言語指導の継続が必要であると判断された．

まとめ

文法形態素の省略という英語圏におけるSLI児の言語症状に比して，日本語SLIの言語プロフィールは日常のコミュニケーションでは明らかになりにくい．そのため，これまで「知的には遅れてないからそのうち話すようになる」「理解が良いから集団に入れば，しゃべるようになる」と言われてきた子どものなかにSLI児が含まれていると考えられる．また，発達健診で「様子をみましょう」とSTによる経過観察となったものの，しばらくすると「しゃべるようになった」ということで終了になった子どものなかにもSLI児がいた可能性が高い．しかし，本事例が示すように，表出言語の問題は「ことばを話すかどうか」ではなく，「どのように話しているか」に現れる．さらに，ことばは話しているが，構音が不明瞭な子どものなかに本児のようなSLI児が含まれる．近年，SLI児の40％に構音の問題があるという報告があり，構音の誤りでは，/dap/for/tap/，/mændə/for/əmændə/など，語頭母音の省略や有声化が多いという報告がある．つまり，構音の問題ということでSTのところに紹介された場合，SLI児であり言語の問題を呈する可能性も高く，speechの評価だけでなく言語（language）の評価も必要である．また，幼児期に見過ごされたまま就学したが，教師の指示や授業内容の理解が悪い，読んだ内容が理解できないなど，高次の学習言語習得が困難な場合があるため，音声言語のみならず読みや読解についての評価も必要である．

SLIは認知や社会性とは比較的独立した言語の問題を持ち，STしか扱えない．ただ，その問題は深刻で集中的な言語指導にもかかわらず，音韻記憶の弱さ，ナラティブの構造化困難，さらに基礎は習得しても応用がむずかしいなど言語の習得の資質（endowment）に弱さが認められ，学習のつまずきにつながる可能性が高い．そのためSTによる継続した指導が必要であるが，言語の問題が一見わからない（invisible）ため担任からの指摘もなく，保護者が指導のニーズを認めない場合も少なくない．そのため，STによる言語指導に「効果がある」と，子どもはもちろんのこと保護者にも実感させる知識と技能がSLIの臨床には求められるといえる．

（田中裕美子）

● 文献

1) Leonard LB : Children with specific language impairment. Cambridge, MA : MIT Press., (1998).
2) Ellis E & Thal D : Early language delay and risk for language impairment. Perspectives on Language Learning and Education, pp93-99.
3) Tomblin B, et al. : Prevalence f specific language impairment in kindergarten children. Journal of Speech, Language, Hearing Research, 40 : 1245-1260, 1997.
4) Rice ML, Wexler K & Cleave PL : A specific language impairment as a period of extended optional infinitives, Journal of Speech, Language, Hearing Research, 38 : 850-863, 1995.
5) Vance M : Short-term memory in children with developmental language disorder. 'Understanding developmental language disorders : from theory to practice [In (Eds.). C.F. Norbury, J.B. Tomblin, & D.V.M. Bishop] Psychology Press, 2008.
6) Stothard SE, et al. : Language impaired preschoolers : A follow-up into adolescence. Journal of Speech, Language, Hearing Research, 41 : 407-418, 1998.
7) Catts HW, et al. : A longitudinal investigation of

reading outcomes in children with language impairments. Journal of Speech, language, Hearing research, 45：1142-1157, 2002.
8) 田中裕美子：日本語 SLI の臨床像の検討. コミュニケーション障害学, 27：176-184, 2012.
9) Conti-Ramsden G, Simkin Z & Botting N：The prevalence of autistic spectrum disorders in adolescents with a history of specific language impairment (SLI). Journal of Child Psychology and Psychiatry, 47：621-628, 2006.
10) Rice M & Wexler K：Test of early Grammatical Impairment. New York：The Psychological Corporation, 2001.
11) Swanson LA, et al.：Use of narrative-based language intervention with children who have specific language impairment. American Journal of Speech-Language Pathology, 14：131-143, 2005.
12) Petersen DB, Gillam SL Gillam RB：Emerging procedures in narrative assessment：The Index pf Narrative Complexity. Topics in Language Disorders, 28：115-130, 2008.
13) Petersen DB, et al.：The effects of literate narrative intervention on children with neurologically based language impairments：An early stage study. Journal of Speech, language, Hearing Research, 53：961-981, 2010.
14) Windfuhr K Faragher B & Conti-Ramsden G：Lexical learning skills in young children with specific language impairment. International Journal of Language Communication Disorders, 37：415-432, 2002.
15) Paul R：Language Disorders frm infancy through adolescence：Assessment & Intervention. Mosby, Inc. 2007.
16) Justice LM, et al.：The index of narrative microstructure：A clinical tool for analyzing school-age children's narrative performances. American Journal of Speech Language Pathology, 15：177-191, 2006.
17) Mayer, M.：Frog, where are you？ New York：Dial Press. 1969.

コラム

NBLI とは

　幼児期の文法習得は自然な文脈のなかで知らず知らずのうちに行われるため，ことばの遅れた幼児にも特別な指導目標や方法を設定せず，家庭や園での生活のなかで子どもに主導権を与えながら周囲の関わり方やことばかけを適切に調整し文法を習得させるという，子どもの力に依存した間接的なアプローチ（一般に whole language approach と呼ばれる）がある．しかし，文法障害が明らかな SLI 児の言語指導の場合，文法規則を理解させ，表出を可能にしようとすると，指導の目標となる語を提示する，規則を理解したかを確認するなど直接的な手続きが当然含まれてくる．ただ，SLI 児には4～5歳で文レベルの発話が認められることから言語の理解や表出がある程度できており，環境からの言語情報（input）から言語について学ぶ潜在能力は持っていると考えられる．また，文法習得を周囲の大人の発話に含まれる文法規則を発見し，それを新しい発話や文脈に応用していくことととらえると，文法規則を使わねばならいない状況の方が子どもも規則性を発見し，応用しやすいといえる．つまり，言語情報の提示の仕方として文法規則の使用を余儀なくされる（obligatory）のは，日常会話よりはナラティブ，話しことばよりは書きことばである．

　このような考えを背景に，近年，ナラティブを媒介もしくは直接指導する NBLI（narrative-based language intervention）が検討されている．Fey[2]によると，これは子ども主体の姿勢や自発的な発話を尊重しつつ，明確な指導目標や課題を設定し方法を構造化する方法をかね合わせたハイブリッド指導法である．そこで用いられる技法は，以下の通りである．

(1) focused stimulation（指導目標に注目させる刺激法）：特定の文法項目（be + ing）やことばを何度も示し，時には子どもの発話を言い直したり，リキャストを用いたり，わざと間違えたり，聞き返したりなど様々な方法を会話のなかで用い，目標に注意を向けさせる．

(2) 文法規則の違い（contrastive）を明確に提示する：短いお話を読み聞かせるが，例えば，動詞を明らかに違う時制や人称で複数回用いる（eat, eats, ate；現在形，三人称単数，過去形など）ことで，文法規則を認識させる．

(3) 文法規則に気付かせるリキャスト（recast）を行う：リキャストとは子どもの文法的に不完全な発話を意味を変えずに完全な発話に修正する方法であるが，定型発達児では大人のリキャストの後，発話を言い直すという報告があり，文法習得を促進する方法といわれている．とくに，自然な文脈で使えるので家庭や園での適用が可能である．

(4) 復唱の適用：リキャストに加えて復唱が推奨されている．ただし，子どもが復唱で言語を学ぶということではなく，知覚や表出がむずかしい文法項目に注意を向けさせ，表出させて確認するという意味がある．したがって，同じような文を復唱させるのではなく，時制や主語を変えて復唱させながら比較できるようにする．

（田中裕美子）

● 文献
1) Fey, M. E：Language intervention with young children. Allyn and Bacon. 1986.

[言語発達障害]

Section 10 発達性語聾

概要

　子どもは誕生以来，周囲で語られることばを聞きながら母国語を学んでいく．そんな子どもが，音は聞こえているのに，ことばをことばとして聞き取れなかったら，その子どもの言語学習は果たしてどうなるであろう．名前を呼ばれても，その「音」に「意味＝自分」があると学習できず，振り向くことはないだろう．あたかも難聴児のように…あたかも自閉症児のように…．

　発達性語聾とは聴力および知能が正常範囲であるが，言語音の聴取に困難があり，そのため言語の意味理解が困難で表出言語も障害される状態と定義される．先天性語聾という語を用いた報告もあるが，ここには「発達性失語症のなかに先天性語聾，先天性語唖，発達性失読失書がある」という括りがされている[1]．小島ら (1985)[2] は「発達性語聾ないし先天性語聾」と記しており，いずれも同義語と思われる．いずれにしろ聴力が正常であるにもかかわらず，言語音の認知が不良で，そのために言語理解が著しく障害された状態とされる．言語音の聞き取りに困難を示す代表疾患は Landaw Klefner 症候群である[3,4]．これは側頭葉てんかん発作後，電話のベルといった環境音には正常に反応する一方，ことばが聞き取れず，あたかも聾者のように振る舞う状態である．発達性語聾は，こうした明確な病因が認められないにもかかわらず，言語音の聞き取り困難である場合をいう．しかし発達性語聾という用語を用いた研究は 2000 年以降，見当たらない．諸外国では 1920～1970 年代に活発に報告され，我が国では 1960 年代から報告され始めた．筆者が渉猟し得た最初の論文は，1929 年に Worster-Drought らによって報告された 12 歳の少年事例である[5]．Creak が 1932 年に報告した 5 歳女児の報告[6] とともに，非常に詳細な生育歴，言語発達経過が記されており，いずれも発話の問題以外は健常である，と強調している．我が国で最初の報告と思われる症例は 1962 年に黒丸らが報告した 2 例である[1]．一つは 7 歳男児で，WISC 知能検査の動作性 IQ は 122 であったが，言語理解は簡単な単語に限られ，文章理解は困難であった．不規則な構音の誤りがあり，聴力は低音部で 30～50 dB，高音部は 50～70 dB の低下で変動を認めた．もう一症例は 8 歳男児で，WISC 知能検査の動作性 IQ は 130 であった．この症例は錯語が多いとの記載があるが，その聴力は低音部 20～50 dB，高音部は 80～90 dB とあり，高音域の聴力障害による語音聴取困難と言い誤りの可能性もある．1970 年には斎藤らが 3 症例を報告しているが[7]，全例に脳波異常があり，そのうちの 2 例は聴力低下が 60～80 dB と記載されていて，これも聴力障害である可能性が否定できない．もう一症例は 2 歳代と年齢が低く，聴力低下は認められずに 4 歳代から言語治療を開始した，とあるも，その詳細は不明である．1972 年には田中らが 24 歳男性例を報告しているが[8]，脳波異常を伴って「著しい大脳機能不全を広範囲に示す」とあり，発達性語聾の定義からは外れると思われる．1976 年には村田が 7 歳女児を報告し[9]，WISC の積木模様評価点が 9，符号が 10 と正常域を示し，聴性脳幹反応 (auditory brainstem response：ABR) も正常であるが，身振り，表情で意思疎通を図り，母音の模倣も困難であったと報告している．1985 年には小島が 4 歳女児の指導経過を報告し[2]，文字の併用が有効であったと述べている．この症例は ABR が正常で，構音訓練と文字指導を行い，就学頃までに短文の音読が

可能となった，とのことであった．1988年には吉岡らが9歳男児の経過を報告している[10]．村田や小島，そして吉岡らの症例はいずれも脳波異常を認めている．また1995年に verbal auditory agnosia 症例として Kale が報告した症例[11]も脳波異常があり，マカトンサインの導入によってコミュニケーションが改善した，と報告している．これらの詳細をみると，いずれも聴覚障害や知的障害，広汎性発達障害との鑑別が明確でなく，発達性語聾症例と考えて良いかどうか疑問である．

一方，近年類似疾患として auditory nerve disease または auditory neuropathy や auditory processing disorders（APD）の報告がみられるようになった．Auditory neuropathy は純音聴力検査では軽～中等度の閾値上昇にもかかわらず，語音聴力検査は著しく不良で，耳音響放射は正常，ABRが無反応という病態である[12]．発達性語聾と同じく，純音聴力検査では比較的良好な結果であっても語音聴取が悪いが，両者の鑑別診断は，ABRの反応の有無が決め手となる．またAPDについては米国言語聴覚士協会（American Speech-Language-Hearing Association：ASHA）が厳密に定義するよう文書を出している[13]．これによると，APDはあくまでも聴覚的な欠陥（deficit）であり，他の高次脳機能や言語の障害ではない，ということを強く述べている．とくに近年米国では注意欠陥／多動症候群（Attention Deficit／Hyperactivity Disorder：ADHD）や自閉性スペクトラムなど他の発達障害を併せ持つ言語理解障害児が，ともするとAPDとして報告される傾向があるようで，こうした風潮にASHAとしては懸念を表明している．しかし鑑別診断について，とくに医学的検査によるAPDの診断基準は明示されておらず，騒音下での語音の聞き取り困難，音源定位困難，類似音（/b/と/p/など）の弁別困難，これらによる読み書き障害といった現象的な記述にとどまり，最終的な判断はオージオロジストによって行われるべきである，としている．

本書で筆者が提示する事例は，側頭葉てんかんなどの脳波異常はなく，聴力もほぼ正常であるのに，言語音の聞き取りに特定的な困難を示した事例である．言語音の聞き取り能力は年齢とともに少しずつ向上しているものの，3音節以上の長音節単語は聞き取りの誤りが多発し，有意語発話はみられない．主なコミュニケーション手段は文字，指文字，手話と身振り，表情などである．本報告に関しては，ご家族の了承を得ている．

事例

対象児

事例：男児，1歳2か月～9歳10か月（指導継続中）．
主訴：片側唇顎口蓋裂術後言語フォロー，聴力障害の疑い．
言語的診断名：発達性語聾．
生育歴：胎生40週5日，出生体重2,610g，自然分娩にて右側唇顎口蓋裂，右内反足，右鼠径ヘルニアを伴って出生した．アプガースコアは9/10であった．生後3か月で唇裂形成術，1歳7か月時に口蓋形成術が施行された．
家族歴：父，母，本児．父母に特記すべきことはなし．

医学的検査

①聴力
　生直後の新生児聴覚スクリーニング検査でリファーとなり，生後4か月に両側パスとなった．しかし1歳時のABRでは両側70dBの聴力低下を認めた．言語面接では，当初より呼名応答不良など難聴を疑わせる行動が多く，滲出性中耳炎の合併もあり，頻回に聴力検査を実施した．最終的に6歳5か月時の標準純音聴力検査では，左耳平均21dBと正常域，右耳平均35dBの伝音難聴を示した．6歳2か月時に行った語音聴力検査では単音節の聞き取りが右耳80dB90％，左耳60dB85％，2音節，3音節単語の聞き取りはそれぞれ60dB60％であった．これらの語音の聞き取り能力については，後に詳述する．6歳10か月時のABRは左閾値30dBで正常波形，右閾値60dBで伝音難聴型波形を示した．DPOAE（耳音響放射検査）では左耳正常，右耳無

反応であった．

②脳波

5歳8か月時の脳波検査では，とくに異常を認めなかった．

相談歴／現病歴：本児は唇顎口蓋裂児であったため，当初は当院で実施している通常の口蓋形成術後評価プログラムを実施した．したがって，本格的な言語指導を開始するまでは定期的な評価面接を行った．その経過を記す．

〈初回面接：1歳2か月〉

言語聴覚士（ST）が初回面接を行ったのは本児が1歳2か月時であった．本来であれば口蓋形成術後の2歳時からフォローを開始する予定であったが，聴力の問題を母親が心配して早期の面接開始となった．この時に実施した遠城寺式乳幼児分析的発達検査では全項目ともに0歳8か月とバランスがとれていた．「アーアー」といった発声が盛んで，STからの関わりに非言語的な反応は良好で，その後のキャッチアップが期待された．

〈評価面接：2歳0か月～4歳0か月〉

口蓋形成術後の2歳0か月時に第1回評価面接を行った．遠城寺式乳幼児分析的発達検査では運動10か月～11か月，手の運動：1歳9か月～2歳，基本的習慣：11か月～1歳，対人関係：1歳9か月～2歳，表出言語：10か月～11か月，言語理解：1歳4か月～1歳6か月と，粗大運動および発語の遅れが目立った．この時点でも呼名には振り向かず，正面から目が合えば笑顔を返した．行動観察から対人的反応は良好であったが，言語指示は全く理解されていないように思われた．

2歳6か月時の評価でストローが使えるようになっていたが，吹くことはできず，鼻咽腔閉鎖機能は確認できなかった．母親も状況の理解はそれほど悪いように思われないが一言も発語がみられないことなどを心配し，通園施設に週1回通うようになった．

2歳8か月に初めてストロー吹きによる鼻咽腔閉鎖機能検査を実施することができ，呼気鼻漏出がなく，鼻咽腔閉鎖機能は良好と判断した．しかし，発声は「アーアー」といった通常の母音というよりは，「ンー」という喉に力を入れたうなり声が多く，子音を含む喃語は全く観察されなかった．

2歳9か月時には音声模倣をしようとするが声を伴わない様子がみられた．例えば滑り台に上った際，STが下から「ヤッホー」と身振りをつけて声かけをすると，それに応じて身振りはするものの，口の動きだけで声は伴わなかった．絵の名称理解については1/2絵カード選択でも反応は曖昧であった．パズルなどの視覚課題は非常に優れていた．

3歳1か月時の面接で色分類は6色可能であった．またSTの院内携帯電話の音に反応し，楽器音の音当ても可能であった．

3歳2か月時の絵カード選択課題では，音声提示だけでは全く選択できず，そのうち飽きてしまい，STに注目し続けることが困難であった．しかしSTがジェスチャーを併せて示すと，STに注目してジェスチャーを模倣するなど，反応の違いが観察された．この頃の母親からの報告では，車でトンネルを通る時に，決まって絵本の一節を言って聞かせていた．ある時，母親が寝ている間にトンネルを通過したため，本人は母親の口を触って起こし，いつものセリフを言うよう要求した，という．

3歳4か月頃にようやく呼名への挙手応答が成立した．そこで音声だけで反応できるものを確認すると，呼名，後方からの「バイバイ」，パズルのピースを回転させる際の「クルクル」の3語のみであった．絵カード選択で「帽子，靴，電話，鋏」は音声だけでは選択できず，ジェスチャーを伴えば正答した．

3歳5か月時に口腔機能を評価した．口唇の突出・横引きは可能であった．舌の突出は可能であったが，口角接触や上唇反転挙上はできなかった．母音発声は口型のみを模倣し，音声は伴わず，本人もどうして良いかわからない様子であった．以後4歳まで月1回程度の評価面接を行った．その間，音声で理解できる単語がわずかずつ増加してきた．

3歳9か月時に心理士が実施した新版K式発達検査では姿勢-運動：3歳1か月，認知-適応：2歳4か月，言語-社会：1歳8か月，全領域：2歳1か月であった．

4歳0か月の面接で絵の名称理解を確認したところ，確実に音声（と口型）のみで理解できる単語は「ご飯，鋏，時計，眼鏡，靴，猫，ブドウ，リンゴ，イチゴ」で，その他「バナナ，パン，電車，帽子，

「時計，車，飛行機，電話」など数語は，安定しないものの，理解できる時もあった．

これらの約2年にわたる評価面接から，本児は社会音への反応に比較して，音声（言語音）の受容能力に弱さがあり，聴覚回路のみによる言語学習は限界がある発達性語聾を疑うようになった．そして音声模倣に対する本人の拒否的な様子から，発語指導に軸足は置かず，むしろ文字指導，サイン言語などの視覚的手段を導入することについて母親と協議を重ねた．母親は本児がことばの模倣を求められると非常に苦痛な表情をすることを実感し，むしろ音声言語の学習を断念して手話によるコミュニケーションをとりたい，と希望した．ST自身は手話の素養がなかったが，母親の提案に賛同し，文字学習を中心に可能な範囲で指文字と手話を取り入れることとした．

〈認知・言語等検査結果〉

下記の検査のうち，言語で回答すべき項目はすべて筆談または指文字で実施した．

3歳9か月：Picture Block Test（PBT）IQ 108
動作性能力は正常範囲と思われた．

6歳2か月：ITPAことばの理解3：3，絵の理解4：4，形の記憶5：6，数の記憶3：3，ことばの類推2：6，絵の類推3：5，絵探し4：11，動作の表現3：8．

この検査を実施しようと考えた動機は，視覚的記憶と聴覚的記憶に乖離があるかどうかを確かめることであった．視覚的記憶が良好であるならば視覚語彙の増加も期待できると考えた．その結果，「形の記憶」では比較的良好な結果が得られた．

6歳3か月：WPPSI知能診断検査，言語性検査は未実施，動作性IQ 97（表1）．

動作性プロフィールから幾何図形の落ち込みが目立った．書字指導を行う際，空間関係や文字形の再生能力が非常に弱いと感じていたが，本検査からもそれが裏付けられた．

6歳3か月：K-ABC継次処理94±9，同時処理87±11，習得度80±7（表2）．

当初の予想に反して，継次処理が比較的良好であったが，視覚課題である「手の動作」が全体の成績を押し上げており，語音が密接に関わる「語の配列」は成績が低下していた．

7歳5か月：WISC-Ⅳ，FSIQ 65．

VCI 60（類似5，単語2，理解3，知識4，絵の類推2）．

PRI 68（積木模様7，絵の概念4，行列推理4，絵の完成6）．

WM 76（数唱10，語音整列1，算数2）．

PSI 83（符号9，記号探し5，絵の抹消5）．

学童期に入り，聴覚回路からの学習が進まないことによる，全体的な成績の低下が示された．

〈語音の聞き取り能力の変遷〉

4歳9か月時に指文字と手話の導入を本格化し，それまで実施した読字・書字指導と併せた結果，6歳2か月時に清音の単音は肉声で全音聞き取り（書き取り）ができるようになった．以後，表3のように年齢とともに，聞き取れる音節数が増加したが，それでも誤聴取は2音節でもみられた．また本人にとって新奇な語（非語）は既知の語に置き換えて理解する傾向があった．例えば6歳8か月時の3音節で「すくれ」を「つくえ」と聞き取って机を指差したりした．また7歳3か月時の古語聞き取りでは「まいりく」を「まいく」と既知単語に聞き取り，これは8歳の現在も同様である．

7歳0か月時の評価では有意味語（「あ」のつくことば）を用いて次のような刺激提示を行った．

1）音声のみ　2）音声と口型提示　3）音声・口型と指文字提示

この結果は以下のようであった．

1) 音声のみで正答：あける，あした，あそぶ，あたま，あつい，あなた，あひる，あまい，あいろん，あかとんぼ

2) 1)で誤答し，2)で正答：あめりか→ありめか，あいさつ→あさいつ

3) 1, 2)で誤答し，3)で正答：
あくび→1) あるみ，2) あるみ，あくしゅ→1) あくる 2) あゆう，あかるい→1) あるい，2) あるい，あさがお→1) あお，2) あさお，あしあと→1) あしと，2) あしと，あぱーと→1) あぱと，2) あぱと，あるばむ→1) あるむ，2) あるばる，あとかたづけ→1) あとずけ，2) あとあずけ

この結果から，本児は文字学習成立後から視覚語彙の学習が進んでおり，その範疇では例え音節数が長くなっても音声提示のみで正答できるが（例：あ

表1　WPPSI知能診断検査（実施年齢6歳3か月）

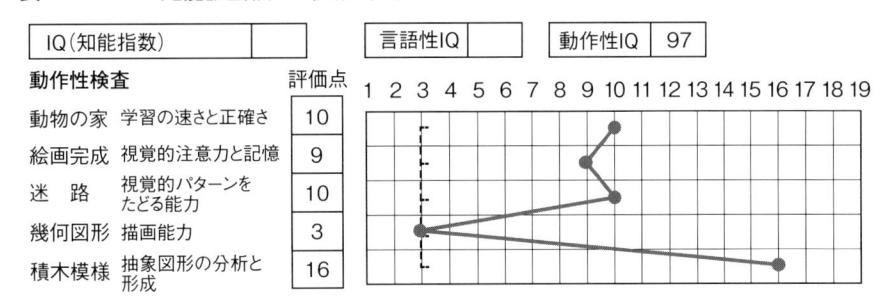

IQ（知能指数）	言語性IQ	動作性IQ　97

動作性検査　　　　　　　　　　　　評価点　　1 2 3 4 5 6 7 8 9 10 11 12 13 14 15 16 17 18 19

動物の家	学習の速さと正確さ	10
絵画完成	視覚的注意力と記憶	9
迷　路	視覚的パターンをたどる能力	10
幾何図形	描画能力	3
積木模様	抽象図形の分析と形成	16

表2　K-ABC検査結果（実施年齢6歳3か月）

認知処理過程尺度 平均＝10　標準偏差＝3	粗点	評価点 継次処理	評価点 同時処理	評価点 非言語性	パーセンタイル順位	S or W（強 or 弱）	その他の情報
1. 魔法の窓	11						5：00
2. 顔さがし	3			0			2：06
3. 手の動作	13	13			84		8：00
4. 絵の統合	10		8		25		5：06
5. 数唱	8	8			25		5：03
6. 模様の構成	7		10	7	50		6：00
7. 語の配列	5	6			9		4：03
8. 視覚類推	1		4	1	2		5：00
9. 位置さがし	8		10	8	50		6：03
評価点合計		27	32	16	継次＋同時＝認知処理		59

習得度尺度 平均＝100　標準偏差＝15	粗点	標準得点±測定誤差 0	パーセンタイル順位	S or W（強 or 弱）	その他の情報
10. 表現ごい	11	±	0		3：06
11. 算数	8	67 ± 12	1		2：09
12. なぞなぞ	0	64 ± 13	1		2：06
13. ことばの読み	12	112 ± 6	79		6：09
14. 文の理解	2	86 ± 8	18		5：09
標準得点合計	329				

総合尺度 平均＝100　標準偏差＝15	下位検査得点合計	標準得点±測定誤差 95％信頼水準	パーセンタイル順位	その他の情報
継次処理尺度	27	94 ± 9	34	
同時処理尺度	32	87 ± 11	19	
認知処理過程尺度	59	89 ± 8	23	
習得度尺度	32.9	80 ± 7	9	
非言語性尺度	16			

総合尺度間の比較	継次処理	＝	同時処理	同時処理	＝	習得度
＞	有意差：	なし		有意差：	なし	
＝	継次処理	＝	習得度	認知処理	＝	習得度
＜	有意差：	なし		有意差：	なし	

表3 語音聴取能の変遷

年齢	聴取法	単音	2音節	3音節	4音節（古語の聞き取り）	数唱（書き取り）
6歳2か月		肉声なら100%	〈正答〉かさ，あさ，ほね，むね，もね，〈誤答〉かた→かさ，たか→かた，あか→かあ，りち→ちり，ちげ→げち			6歳3か月時K-ABCの数唱4数まで正答
6歳8か月	肉声	〈正答〉ぬ，け，も，ら，し，に，ぐ，び，べ 〈誤答〉ざ→ら	〈正答〉いね，ろへ，のき，けそ，らも，ぽに，よへ，うれ，ほぶ 〈誤答〉ぜぐ→ぐ	〈正答〉ざむり ねほけ 〈誤答〉けそね→けそけ，うへき→うえき，ろめの→ろめろ，ごせき→こせき，るかす→すかる，いなじ→いなり，すくれ→つくえ（机をさす），さほる→たこる	ぬひどの→ぬの，りせぬせ→ぬりえ	
7歳3か月	単音はレシーバー，2音以上は肉声	第1表 60dB 85% た→か，じ→き，て→け 第2表 50dB 85% 同上 第4表 80dB 65%同上に加え，し→へ，り→し，く→ぐ，お→ほ 第5表 80dB 75%同上に加え，わ→へ，お→こ，以後，第6表以降，一貫して た→か	〈正答〉すと，げひ，なへ，ぜな，くひ，わせ，ねく 〈誤答〉らね→らめ，おみ→おき，るご→るこ	〈正答〉せつな，かせき，はかせ，らしい，すませ 〈誤答〉ぐとひ→くとひ，こよい→ここい，くつう→くくつ，おきな→こきな，うきよ→うきお	全誤答 まいりく→まいく，よくしん→よしん，うがちつ→うがつ，ぬひどの→ぬいど，げんがた→げがた	〈数唱ITPA問題〉4数まで正答 5数：2問正答，3問2回試行で正答
7歳9か月	肉声				〈正答〉よくしん，ろうじゅう（ろーじゅう），〈誤答〉まいりく→まいく，うがちつ→ういがく，ぬひどの→ぬしいど，きょうらい→ちょうらい，かっちゅう→かちゅ，げんがた→げんがま，くっきょう→くきょう	

かとんぼ）．視覚語彙が明確でない単語については音声のみでは正確な理解が困難で，音（文字）の入れ替え（あめりか→ありめか，あいさつ→あさいつ）が起こる可能性が示唆された．また語内での音圧が弱かったり，同じ口型音が連続している場合は脱落して聞き取られる傾向がみられた（例：あかるい：/ka/の脱落，あさがお：/saga//ga/の脱落など）．

指導

基本的には週1度の指導を行った．

●4歳0か月～4歳9か月：文字学習準備

文字弁別課題：これは比較的容易に理解され，類似形の文字群から，提示された文字を弁別することが可能であった．

書字準備課題：なぞり書きは螺旋などの複雑なラインでも容易であった．しかし点結びなどの空間関係課題は，年齢的にも若干むずかしい課題であった．

文字単語と絵のマッチング：4歳5か月頃より，S-S法の文字指導に則って，文字単語と絵のマッチング課題を導入した．

構成課題：見本との視覚的照合能力をつけるために実施した．当初は色カードを用い，横一列に並べられた色カード見本を見ながら，同様に並べるという設定で，比較的容易に理解された．次に文字チップを用いた．縦一列または横一列に並べられた「い」「り」「こ」などの紛らわしい文字形の

チップの見本をみて，同様に構成するという設定で，これも非常な集中力を示して正答した．

動作語の理解：名詞の理解は進んだが，動作語の理解はジェスチャーを伴っても「食べる，洗う，寝る」程度であった．ジェスチャーを多用して，様々な動作語を表現する課題を行った．

大小比較概念：身近な単語は少しずつ理解可能となっていたが，大小などの比較概念は全く身についていなかった．そのため大小概念を指導した．大小の円盤を分類させ，大きな身振りとともに「大きいの頂戴」と大円盤の上で頂戴の動作をする，といった課題を反復した．徐々に「大きい」という音声刺激のみで，本人もジェスチャーをするようになったが，物品の大小概念には結び付かなかった．7か月後の4歳7か月時に，ようやく理解，表出（身振り）ともに成立した．

聴覚的記銘力課題：本児にとって確実に理解されている単語を用いて，「○○と△△を持ってきて」，という設定で5m離れた場所から指示されたカードを運ぶ課題．4歳代ではずっと2単位から増加することはなく，5歳1か月でようやく3単位の記銘が可能となったが，やはり聴覚的課題は困難であった．

● **4歳9か月〜就学：文字・指文字の学習**

文字単語と絵のマッチング：4歳9か月時点で時計，鋏，キリン，太鼓（3音節単語），サル，靴，傘，椅子（2音節単語），目，手，木，歯（1音節単語）の12単語について，絵と文字単語のマッチングが成立した．これらの単語は，音声と文字単語のマッチング（STが言った単語に該当する文字単語カードを選択する，絵の手がかりはなし）も成立したが，「木」と「キリン」が選択肢のなかに同時に存在すると，口型が同じであるため，混乱を生じた．

文字チップを用いた単語の合成，分解，抽出：文字単語と絵のマッチングが成立した単語について，文字チップを用いて単語の合成，分解，抽出を行った．

指文字の導入：STにとっても指文字はあまり馴染みがなかったため，指文字表を見ながら，本児と一緒に学んだ．文字チップを用いて，単語を合成する際，指文字を同時提示し，本児にも指文字をやらせた．指文字は比較的早期に，STよりも早く学習し，STが提示した音声を理解できない時には，本児から指文字で確認をするようになった．例えばSTが「花」と言うと，本児は指文字で「あ？」（口型から/ha/を/a/と聞き取った）と確かめ，STが指文字で/ha/を示すと，了解するということが度々あった．単語内の文字配列は，視覚語彙として定着するまでは位置の入れ替えなどが度々みられ，指文字表現でも同様であった．例えば動物の「さい」の絵をみて，指文字で「いさ」と表現するため，文字単語の正答を見せると，笑って「反対」の手話をする，ということがあった．

手話の導入：4歳11か月から母親が手話サークルへ，本児は親子手話教室へ通うようになり，母子間のコミュニケーションに手話を用いることが増えた．STも知っている範囲で手話を用いながら，指導を行った．

数字と数量関係課題：数字と量の関係は自然に学習していた．

書字指導：WPPSIの「幾何図形」で示されたように，空間関係や視覚的体制化が非常に悪く，文字形もなかなか形をとることが困難であった．仮名一文字を構成する部分をモールで作る課題などを取り入れた．6歳時（就学前）にほぼひらがな文字の書字は可能となった．

上位概念の形成：果物，動物といった概念形成と，「仲間はずれ」課題などを行った．

所有格：「〜〜の○○（犬の尻尾，猫の尻尾など）」の表現．

WH疑問文「誰」「何」：STが絵の一部を隠して「誰？」と手話および音声で質問すると，「誰」の手話をエコラリアし，なかなか絵の名称を答える行為につながらなかった．そこで，STが「誰？」と質問すると同時に，本児の手の動きを抑制すると，本児は回答を禁止された，と誤解した．次にSTが「誰？」と質問した瞬間に，絵全体を示し，本児がその絵を手話または指文字で表現しようとすると同時に即座に絵を隠す，という設定で，ようやく「誰？」と言われたら何を答えれば良いのか，推論を働かせる必要がある，ということが理解された．「何」に関しても，当初は手話のエコ

ラリアが出現したが，自分が知らない絵を提示された際，自発的に「何？」と手話で質問をすることも可能となった．

位置概念：自身を基準とした前後，左右は比較的早期に学習が成立した．しかし人形を用いて「誰々の前」などの表現になると，「誰々（人形名）」の部分に反応し，なかなか位置の理解が進まなかった．

カレンダーワーク：日付の概念，昨日，今日，明日などの表現を指導した．これに関してはかなり早期に学習が成立し，その後はむしろカレンダーへのこだわりを示した．

● 学校

就学について母親は当初，手話が通じる学校として聴覚特別支援学校を強く希望した．しかし純音聴力検査の結果が良好なため，該当しないと判断され，地元の特別支援学校へ就学となった．幸いなことに1年は手話・指文字のできる担任が配置されたため，母子ともに非常に安定して通学することができた．しかし2年になり，そうした配慮がなされなくなったところ，通学に対する不安が増悪した．例えば本児は，授業中の先生の話や級友のことばが聞き取れないため，集中が途切れることがあり，そのような状況を担任から注意されることを苦痛に感じるようになった．そこで母親の強い要望により，国語・算数といった主要科目の授業には要約筆記のボランティアをつけてもらい，本人にとってわかりやすい授業にするよう改善された．この要約筆記は，級友の名前を記号化し，発言内容を短文で書き記すものであった．

STからは学校側に対し，聴力検査の結果は良好でも，本人にとって言語音の聞き取りは非常に困難であること，少しずつ長い単語を聞き取れるようにはなっているものの，聞き誤りは多く，視覚語彙として定着するまでは誤解することも多々あること，よって文字などによる丁寧な伝達が必要なことなど，本人の聞こえの特性について，報告書を提出したり，担任と協議を行ったりした．

● 就学以降の指導

現在も引き続き，月3〜4回の指導を行っている．内容としては幼児期に引き続き，概念形成や機能語の理解，位置表現，比較表現，助詞の使用，文字に

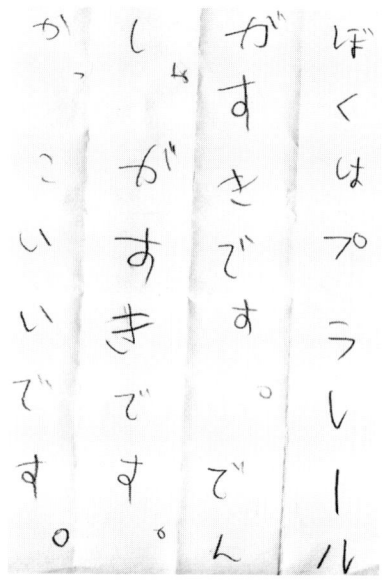

ぼくはプラレールがすきです。しんかんせんがすきです。かいこいいです。

図1　本児の作文　（9歳3か月時）

よる説明の仕方，などである．聴覚障害児同様，パターン化された文章表現は可能となってきているが（図1），語順の問題は大きく，独自の文章表現は語順が入れ替わったり，助詞の誤使用などがあり，不安定である．また，上位概念の語の単純列挙は容易であるが，範疇化と差異化に関する表現は非常に困難である．例えば「車と飛行機は何の仲間？」という設問には「乗り物」と容易に回答できるが，「同じところと違うところは？」といった差異の説明を要求すると，回答困難である．数の操作はかなり優れ，すでに九九は習得した．足し算，引き算を，比較表現を用いて文章化することもできてきた（例：9は7より2おおきい，と文章化すること）．

こうした言語訓練に加えて，2年より構音訓練を開始した．母音自体の分化が悪く，/a//o//u/は可能であるものの狭母音/i//e/が困難である．口型は模倣できるが舌位が不良なため，音としては/u/に近い産生となる．両唇音は/p//b//m/を何とか誘導することができたが，通鼻音と破裂音の切り替えはかなり困難である．舌尖音に関しては構音点を上口唇に移動させ，/t//d//n/に近い音を誘導することができてきた．難渋しているのは奥舌音/k//g/である．嗽はできるが，水が無い状態で奥舌を挙上することができない．開口を促して/N:/を誘導すると乳幼児期から喉頭を緊張させて発するうなり声を誘発するため，別の方法を検討中である．こ

れらの構音訓練により，現在「バイバイ」「バーバ」「ママ」「パパ」などを，促せばゆっくり言うようになった．また「アッタ」「ウタ」などに近い音が産生できると，指文字や手話で表現しながら嬉しそうな表情となる．幼児期には強固に構音訓練を拒否していたが，最近は意欲的に取り組むようになった．果たして実用的な音声言語の習得が可能となるかどうか不明であるが，少しずつ有意味語を増やしていけたらと考えている．

まとめ

　STとして，幼児期に音声言語の指導には着手しない，という決断を行うには，やはり躊躇があった．これを後押ししたのは，母親の本児に対する深い理解と，母親自身が学生時代に手話に馴染んでいた，という背景がある．もしそうでなければ，通常は「ことばを喋ってほしい」という家族の願いは相当に強いものであり，これを押して音声言語を断念させることはかなりむずかしかったのではないかと想像する．しかし，そのために本児の持つ他の能力を引き出すチャンスを失う可能性もあり，母親と共同歩調をとれたことは非常に幸いであった．

　本児は特別支援学校に在籍しているため，九九などの計算は家庭学習で身につけたものである．また文法構造の学習や概念の整理などは筆者の指導で進行している．学校の活動はあくまでも集団内での規律や他児との対人交流などに重点が置かれているが，ここでも言語音の聞き取り困難は，こうした目的そのものを阻害する要因となっている．そのため，要約筆記や手話のできる先生の配置など，特別な配慮を必要としているが，このことを実現するために，母親の強力な訴えが必要であった．1年では手話のできる担任がついたため，非常にスムーズに学校生活が送れたが，2年になって，そうした配慮がなされなかった．そのため，登校渋りなどがみられ，母親が改めて学校側へ要望した．その結果，要約筆記ボランティアがつくこととなり，国語・算数の授業において先生の発言のみならず，友人の発言などもすべて書字で本人に伝えた．3年の現在，再び手話が可能な担任がついており，母親は4年に向けて県教育委員会への要望書を準備している．それだけ，「聞こえているのに聞こえない，聞こえているのにしゃべれない」という状態は，通常では理解しがたい表れであり，再三にわたる母親の努力を要している．

　本児の状態像について，今回，本書では「発達性語聾」としたが，これは医師から診断されたものではなく，あくまでも筆者が本児の言語発達に同道する過程で得たデータから導き出した言語的診断名である．本児の言語発達と聞き取り能力の問題に関して，筆者が折に触れて相談した複数の耳鼻科医でさえ，「auditory neuropathy でないなら後は関知できない」，という姿勢であり，医師から言語障害に関する診断名を得ることはできなかった．それだけ特異的な表れであり，多くの専門家からも理解されないことを痛感した．母親が本書掲載を了承してくださった背景には，「こういう子どもが存在することを多くの関係者に知って欲しい」，という思いがある．STは，こうした症状を正確に理解し，教育現場や関連の人々へ伝えていく役割を担っていると考える．

（北野市子）

● 文献

1) 黒丸正四郎・他：先天性語聾およびその周辺領域．小児科診療，25：850-853，1962．
2) 小島義次，龍 浩志，植村研一：発達性語聾の一症例における聴覚的理解の形成に関する検討．失語症研究，5：758-763，1985．
3) 北野市子：症候性てんかん発作により聴覚失認を呈した小児の言語臨床．聴能言語学研究，19：113-119，2002．
4) Marcos H. C. Duran, et al.：Landau-Kleffner syndrome：Long-term follow-up. Brain Dev, 31：58-63, 2009.
5) Worster-Drought C, Allen, I. M.：Congenital Auditory Imperception（Congenital Word-Deafness）：with report of a case. J Neurol Psychopathl, 9：193-208, 1929.
6) Creak, E. M.：A case of partial deafness simulating

congenital auditory imperception. J Neurol Psychopathol. 13：133-156, 1932.
7) 斎藤久子, 神谷育司, 岡田俊子：先天性語聾の3症例. 小児の精神と神経, 10：50-58, 1970.
8) 田中美郷, 志村 洋：稀有な中枢性聴覚言語障害の1例. 耳鼻臨床, 65：829-837,1972.
9) 村田豊久, 石沢博子：7才まで言語発達をみなかった発達性語聾の1例. 九州神経精神医学, 22：50-56, 1976.
10) 吉岡 豊, 渡辺 徹：発達性語聾における聴覚的理解の形成. 特殊教育学研究, 26：31-37, 1988.
11) Kale, U., Mohamed El-Naggar, Maurice Hawthorne： Verbal auditory agnosia with focal EEG abnormality： an unusual case of a Child presenting to an ENT surgeon with "deafness". J Laryngol Otol, 109：431-432,1995.
12) 加我君孝, SheukholesIami, K. 小出和生：Auditory Nerve Disease ―語音認知障害を呈しながら高次脳機能障害ではない新しい疾患概念―. Modern Physician, 21：340-345, 2001.
13) Teri James Bellis：Understanding Auditory Processing Disorders in Children. American Speech-Lnaguage-Hearing Association ウェブサイト.

[読み書き障害]
Section 11 発達性読み書き障害の小学生事例

概要

　発達性読み書き障害（developmental dyslexia）は，知的能力に比し読み書きの発達が遅れる状態をいうが，その時，聴・視知覚障害，社会性障害がなく，家庭環境，教育の機会にも阻害要因がないことが条件としてあげられる．日本では算数障害などと並んで学習障害の1タイプに位置付けられている．出現頻度は言語により異なる．

　文字体系はその国の言語に基づいて作られる．日本語のかな文字（ひらがな，カタカナ）は対応する音の塊（モーラ）が大きく，さらに文字と音の対応関係が固定的，かつ単純なので，文字—音対応を学習しやすい文字言語である．一方，漢字は同じ文字が文脈により異なる読み方をするので，文字と音の対応が不規則になり，学習はかなよりむずかしい．アルファベット文字は対応する音の塊（音素）が小さく，かつ文字と音の対応が不規則なので，学習がかなよりむずかしい．

　このような各々の文字記号が持つ特性の差が読み書き障害の出現頻度の違いをもたらすと考えられている．日本語では，かなにおける読み書き障害の出現頻度は1%，漢字3%，アルファベット文字を使う米国やカナダは5〜10%と報告されている[1]．

　定型言語発達児は4〜5歳頃にひらがなの読みを覚える．この頃に子どもは，それまで意味を伝えるものとして使っていたことばに，音の構造があることに気付き，ある音が特定の文字で表されることを覚える．この語音に対する認識と音と文字の結びつきに気付くことを音韻発達という．このように読み書きの学習は音韻発達を基盤の一つとするので，音韻発達が遅れると読み書きの発達を阻害する要因の一つとなる．

　英語圏は読み書き障害を持つ子どもの数が多いこともあり，今日まで数多くの読み書き障害（dyslexia）研究が積み重ねられ，音韻発達の遅れと読み書き障害の関係が様々な角度から研究されてきた．その結果，読み書き障害の中核的障害を「文字を音に変換すること（decoding）の障害」ととらえることが定説となっている．

　日本でも読み書き障害と音韻発達の遅れを示唆する事例が複数報告されているが，音韻の問題とともに視覚認知に問題を併せ持つ事例も報告されている．また視覚認知にのみ問題を持つ例[2]もある．

　子どもは読みに問題を持つと，ほとんどの場合書くことにも問題が生じる．しかし読みの学習の容易さに比べ，書く学習が著しく損なわれる時，書き障害（dysgraphia）という用語が使われる．この場合，手の運動機能障害によるものは除き，読めるが文字の形を容易に思い出せない，迅速に書けない，画同士を適切に配置できず，文字の形が著しく不揃いであるなどの特徴を示す．

　日本語では，記号の変換（decoding）の障害は読み書きの発達過程の様々な面に及ぶ．ひらがなから始まり，カタカナ，漢字，アルファベット文字と，すべての文字学習に関係する．もし高等教育で第二外国語を学べばそれにも及ぶ．

　子どもが遭遇するこれらの問題を継時的にとらえると，小学校低学年のひらがな単文字，単語，文の読み書きに始まり，中・高学年の説明文の読解，作文に及ぶなど，単文字レベルから談話レベルにわたり，文字を学習のツールとするすべての学習過程が障害を受ける．これは高校，大学での高等教育にも及ぶ．

　読み書き障害の具体的な症状としては，①ひらがな・カタカナ・アルファベット文字の文字—音対

応を覚えない，②単語や文を音読できない/書けない，③読解/作文ができない，④漢字を読めない/書けない，⑤英語の学習ができないなどがあげられる．また，数字や音符が読めないこともある．

読み書き障害には様々な障害の程度がある．障害が重い時，小学校1年生からひらがなや数字の読み書きを覚えることができない．障害が軽い時，低学年の読み書きは学習したが，高学年で読解・作文，むずかしい漢字のつまずきなどから読み書き障害に気付かれることがある．また中学校で英語の学習ができないことから障害に気付かれることも多い．英語の学習困難には音韻障害の程度が鋭敏に反映され，音韻障害が重い時，英語の学習は著しく困難となる．

読み書き障害は注意欠陥/多動性障害（ADHD）や自閉症スペクトラム障害が併存することが多い．とくに幼児期にはADHDの症状を併せ持つことが多く，指導の効果を上げにくくする．境界知能との併存も多い．これら他疾患との併存は，読み書き障害としての診断を遅らせ，支援の開始を遅らせる．

decodingの障害自体は成長により解消することはない．しかし適切な支援を受けることにより，当人の健全に働く機能を活用して当該の困難に対する学習ストラテジーを獲得することができる（例えば意味を媒介としてひらがなの読みを覚えるなど）．ただ障害が身体障害のように表に現れないので周囲から理解されにくく不適切な対応をとられることがあり，このために自尊感情の喪失，不登校などに陥る子どもはまれではない．一方，義務教育はもちろん，高校でも適切な支援を受けて就労に至る例も多くある．近年は支援の枠が大学にも広がりつつある．

前述したように，読み書きの学習が音韻発達を土台とすることは，読み書きのベースの一つが言語にあることを示唆する．とくに音韻という概念は一般には理解しにくく，現在行われている読み書き障害の評価や指導に音韻という視点が生かされていない嫌いがある．言語を専門領域とする言語聴覚士（ST）が読み書き障害に果たす役割は大きい．

事例

対象児

事例：男児，8～12歳．
主訴：文字の読み書きが進まない．
診断名：学習障害（発達性読み書き障害）．
生育歴：初歩10か月，初語1歳頃，2語文2歳頃．運動発達，言語発達に遅れはなく，社会性の発達にも問題はなかった．保育園で年長の頃，日常会話に支障はないのに，ことば遊びや文字に興味を示さないと言われた．
家族歴：父，母，姉，本児の4人家族．両親ともに読み書きの問題はなかった．
相談歴：通常学級に就学したが，読み書きの学習は遅れた．小学2年時に担任が変わってから，原因不明の発熱，腹痛を繰り返した．担任は「やればできる」と言って，居残りで漢字などを練習させていた．その後，某病院小児科を受診．心理検査，学習検査などを受け，その結果から発達性読み書き障害と診断された（小学2年3学期）．この結果を学校に伝えて以降，学校の対応も変わり，発熱，腹痛もおさまった．

ひらがなの読み書きは，家族が教えて小学2年1学期に学習した．その後単語，文の音読はなかなか進まなかった．発達性読み書き障害の診断後，ことばの教室に通い，同時に外部の医療機関でSTの指導を月2回受けた（いずれも小学6年の卒業時まで継続）．

STの指導開始時（小学2年3学期）の読み書きの様子は次のようだった．ひらがな清音文字の読み書きはできた．短モーラ語は書けるが，文は書けなかった．板書は一文字一文字写すので，1～2行書くうちに消されてしまうとのことだった．本も漫画も読まなかった．

初診時評価（8歳，小学2年3学期）

● WISC-Ⅲ
言語性IQ 103，動作性IQ 100から知的発達の遅れは示唆されなかった．群指数の注意記憶88と処理速度88がやや下がった．下位検査で数唱6が低く，符号4は記号を書く遅さが目立った．絵画配列5も低かった（表1）．

● PVT-R 絵画語い検査
語彙年齢（9.0歳）は暦年齢を超えた．

● 音韻検査（コラム「音韻検査」，p133参照）
a. モーラ削除検査（無意味語）：遅れあり/なしの基準をzスコア1.5とした時，3〜5モーラとも定型発達同学年児の平均と比較して，やや成績が低かった．
b. 単語音読検査：有意味語，無意味語に共通して，いずれのモーラ数ともzスコア2〜5で，定型発達同学年児平均から大幅に隔たりがあった．本事例の成績を達成年齢に換算すると，いずれのモーラでも就学前のレベル（5〜6歳）となった．

● RAN
ひらがな，数字，漢字，絵（物品名）のいずれもzスコア1を超えたが，とくに数字の呼称速度の遅れが大きかった．

● ひらがな，カタカナの読み書き
刺激は読み書きスクリーニング検査の単文字（全学年用），単語（1〜3年用）を使用．

ひらがなは単語の書字，カタカナは単文字の読みを除いては，いずれも遅れが示された．ひらがなは正しく書ける文字でもすぐに書けず反応の遅さが目立った．カタカナの書字の正答率が単文字，単語ともに低かった．

表1　初診時評価（8歳，小学2年3学期）

1. WISC-Ⅲ						
全IQ 101	群指数		言語性検査		動作性検査	
言語性IQ 103	言語理解	103	知識	9	絵画完成	13
動作性IQ 100	知覚統合	110	類似	10	符号	4
	注意記憶	88	算数	10	配列	5
	処理速度	88	単語	11	積木	11
			理解	12	組み合わせ	17
			数唱	6	記号探し	11

2. 絵画語い検査（PVT-R）	語彙年齢9.0歳　評価点12

3. 音韻検査	(1) モーラ削除検査　zスコア　無意味語　3モーラ　1.5
	4モーラ　1.7
	5モーラ　1.6
	(2) 単語音読検査　zスコア　有意味語　3モーラ　2.6
	4モーラ　4.7
	5モーラ　4.5
	無意味語　3モーラ　3.6
	4モーラ　3.2
	5モーラ　4.5

4. RAN	zスコア　ひらがな　1.7　　絵　1.8
	漢字　　　1.4　　数字　2.9

5. 読み*	正答率　ひらがな：単文字100%　単語100%
	カタカナ：単文字100%　単語85%
	漢字　　　40%

6. 書字*	正答率　ひらがな：単文字80%　単語90%
	カタカナ：単文字55%　単語40%
	漢字　　　10%

*1年配当漢字20文字の読み書きの正答率
zスコアは同一検査の同学年定型発達児平均を0としたときの隔たりの幅を示す．
zスコアが大きいほど定型発達児平均から隔たりがあり，成績が低いことを意味する．逆に小さいほど，定型平均0との差が小さく、成績が良いことを示す

● 漢字の読み書き

刺激は読み書きスクリーニング検査の漢字を使用．ただし，本検査に表示される学年は，そこで使用される漢字の実質配当学年に読み替えた．すなわち本検査の2〜3学年用の各全20文字は1年の配当漢字とした．

1年配当漢字20文字の正答率は，読み40％，書き10％であった．

● 文の読み書き

文の音読は，遂字読み，語の途中の不適切なところで区切る，文字や語を飛ばすなどが生じ，読んだ後に何が書いてあったかを問うても答えられなかった．1〜2行以上は読み通せなかった．文を書くことは嫌がった．

初診時評価のまとめ

(1) 知的発達は言語性，非言語性ともIQ 100に等しいかそれ以上であり，遅れは示唆されなかった．ただし群指数の注意記憶，処理速度はやや低く，聴覚的記銘力と記号を模写する時の迅速性に問題のあることがうかがわれた．
(2) 語音の連なりを聞いて指定されたモーラ音を省略する音韻操作能力は，定型発達同学年児の平均をやや下回った（モーラ削除検査）．ひらがな単語を音読する容易さ（速さ）は大幅な時間延長を示し，文字の連なりを音に変換するdecoding能力は定型発達児の就学前の状態に等しく，重篤な遅れが示唆された（単語音読検査）．
(3) ひらがな，カタカナは単文字，単語の書字の遅れが示された．
(4) 漢字は読みとともに書字の遅れが大きかった．

● 初診時評価からわかったこと

(1) 知的発達に比べ文字の読み書きの学習が著しく遅れたことより，発達性読み書き障害が強く疑われた．このことは某病院小児科でなされた医学的診断とも一致した．
(2) 音韻発達のうち，音韻操作能力は平均をやや下回る程度であったが，decoding（文字を音に変換すること）能力に著しい発達の遅れがあることより，本児の読み書き障害は音韻性であることが強く疑われた．

以上の結果より，音韻性発達性読み書き障害として指導を行うこととした．開始にあたって，本児が学校と家庭で置かれている状況，本児の学習への意欲などを総合的に検討した結果，次のことが示された．

① 本児は通常学級に所属し，興味・関心（野球，ゲーム）はクラスの定型発達児集団と変わりない．これらの興味・関心を軸として他児との仲間関係を作っている．
② 実際に文を読み書きさせた時の状況から，読み書きの学習は同学年児平均から少なくとも1年半遅れている．この遅れは国語のみならず，社会，理科など，読み書きを学習の手段とする教科すべてに影響が及ぶことが考えられる．
③ 本児は学校の宿題をやろうと努力するが，それらを内容からも量的にもこなすことはできず，本児の家庭生活でのQOLを損なう原因となっている．
④ 初診の時点で，本児が学習上に持つ問題の認識は学校側にはなく，配慮はされていない．
⑤ 家庭は診断の結果を受け入れている．これまでも学習について不適切な対応はなく，休みには家族で戸外に出るなどの配慮を行っている．ただどのように勉強をさせるかがわからない．

以上を考慮し，指導の基本方針として次の5点を決定し，家族の了解を得た．

(1) 指導は本児のその時点の学習レベルから行う．
(2) 学校の授業，宿題，テストなどの直接的援助は指導に含めない．
(3) 担任とことばの教室担当者とは常時連絡をとり，とくに担任とは宿題への対応を相談する．
(4) 毎回の指導時には家族に指導内容を伝える．
(5) 指導は月2回行う（毎回1時間）．

以上をふまえ，具体的な指導方針と内容を以下のように設定した．指導時期を3期に分けて述べる．なお，便宜上3期に区切ったが，指導目標によっては複数の期にまたがることもあり，当該期以降については「その後の経過」を付記した．

第1期 (小学2年3学期～3年1学期)

　この時期の読み書きの状態：単文字の読み書きはできた．単語はモーラ数が小さいと読めたが，書字では誤りが生じた．覚えているはずの文字がすぐに書けず，例えば［か…か…どんな字だっけ］と言ってから正しく書くことが目立った．

　書字の誤りでは，濁・半濁音文字で濁/半濁点を抜かし，また特殊音節文字を誤った．単語では脱字，別の文字への書き替えがあった（すいか→すか，どろぼう→どるぼう）．別の文字への書き替えは，音や形態が似た文字同士の誤りが多かった（りんご→いんご，ねこ→わこ）．

　文の読みは，2, 3語文までであった．それもつっかえつっかえ読んだ．書字は読み手に意味が伝わるような文は書けなかった（例「はみがあてかこよそです．（鋏があってかっこよさそうですの意）」（クワガタの絵に書いた文））．

● **目標**

　ひらがな単語を正確に書く．

　第1期の目標として，単語を正確に書くことを取り上げた．書字の誤りを整理すると次の4種があった：①濁/半濁点を抜かす，②脱字，③別の文字への書き替え，④特殊音節表記の誤り．このうち第1期で取り上げる課題を①～③に限定し，④の特殊音節文字は音韻の発達を待ってから行うこととした．

● **方法**

　指導の狙いは書字の誤りの種類により異なったが，方法は3種に共通した．

(1) 次の4種類の刺激で単語の書字を繰り返した．ターゲット文字のみ空白にした穴埋め（「けし□む」（けしごむ），書き取り，絵カードによる書字，意味情報から名称を想起し，書く，であった．

(2) 刺激に用いる語は (1) のどの課題でもモーラ数を統制した．2モーラ語ができたら3モーラ語へ…と進めた．

(3) 各モーラ語の10語の施行で80～90%正答したら，そのモーラ数語をクリアしたと考え，次のモーラ数語に進んだ．

● **目標・方法の解説**

(1) 書字の誤りの背景要因に基づいた指導：本事例が示した4種類のひらがな単語の書字の誤りは，それぞれ共通する背景機序から生じた誤りもあれば，異なる機序を持つ誤りもあると考えられた．①は文字と音の対応の脆弱さからくる誤りであり，②と③は単語レベルの音韻認識の問題を背景とすると解釈できた．そこで①については，音―文字対応ルールの強化をねらった繰り返しの学習を行い，②，③については語がどのようなモーラ音で構成されているかの認識を促す学習を行った．

(2) 課題語のモーラ数の統制：読み書きに遅れを持つ子どもは，読み書きの学習の難易が語のモーラ数に規定され，単語の文字数が多くなるほど子どもには負荷がかかることが考えられる．そこでモーラ数を厳密に統制し，2モーラ語から順次モーラ数を増やして課題語を設定した．

● **結果**

　3年1学期末には，単語の書字では濁点を抜かす，文字の書き誤り，脱字はみられなくなった．ただし第2期で記すように，文を書く時にはこのような誤りが再現することがしばしばあった．

第2期 (小学4年2学期～ 5年1学期)

　この時期の読み書きの状態：短文の読み書きはできるようになっていた．しかし指で文字をたどって読み，音読，書きとも抵抗感を示した．つっかえずに音読するのは，モーラ数の少ない語からなる2～3語文までで，それ以上になると文中の語を抜かす，読み誤るなどが頻繁に生じた（おつきみ→おつかい，いきました→いきます，など）．

　文の書字も2～3語文の書き取りはできたが，脱字（たべます→たべす），語の脱落（さくらのはながさきます→さくらがさきます）が頻繁に生じた．自分で文を考えて正しく書くことはむずかしかった．助詞の「を，は」は正しく書けなかった．

　第2期は3つの目標を設定した．①文を正確に読む，書く，②特殊音節表記を書く，③漢字の読みと書字，である．目標ごとに方法，結果を記す．

1) 目標1（文を正確に書く，読む）
● 方法
(1) 読みより先に書くことを取り上げた．
(2) 2～3語文の書き取りから始めた．次いで絵カードを刺激とし，まず2～3語文に言語化し，それから書かせた．
(3) 助詞の「を，は」の使い方のルールを絵と例文で説明し，理解の定着を図った．
(4) 比較的誤りなく書けるようになった2～3語文をもとに語彙を拡充するなどして音読用テキストを作成した．
(5) 音読用テキストは印字方法を工夫した．すなわち，分かち書きを多くし，漢字はルビをふった．また1つの語が2行にまたがらないようにした（図1）．

● 目標・方法の解説
(1) 読みより書字を先に行う：読み書きに困難を持つ子どもにとって，がいして読むことより書くことの方が取り組みやすい．文字を音に変換する（decoding）より音を文字に変換する（encoding）方が容易いのかもしれない．書くことは結果を視覚的にフィードバックできることも影響していると思われる．そこで書く学習を先にし，書けるようになった文を土台として，音読用のテキスト文を作成した．

(2) 読みのテキストは分かち書きが多い文にする：多くの読み書き障害児が文の音読に難渋するのは，文字列から語の単位を見つけられないためと考えられる．そこでテキスト文は語ごとにスペースを広くとった分かち書きのある文にした（ねこが　みず　を　のむ）．音読が進むに従って，分かち書きの単位も大きくした（ねこが　みずを　のむ）．

(3) 漢字の挿入：かな書きの文に，漢字を挿入すると文の区切りがわかりやすくなる．本事例は1年生レベルの配当漢字の半分弱は音読できた．そこでテキスト文では1年生レベルの漢字は本事例が読める/読めないに関わりなく漢字を挿入し，読めない漢字にはルビをふった．

● 結果
音読用のテキストは，自分が書いた文をもとにした文章であり，分かち書きが多く，語が2行にまたがらないように配列されているので，抵抗感なく音

```
いろいろな　自動車（じどうしゃ）が
　　　どうろを　走（はし）って　います．
```

図1　音読用テキスト

読した．必ずしも流暢な読みではなかったが，つっかえることは減った．ただ語をまとめて読むことができるようになった一方で，それらの文や語の末尾を読み替えるなど，いわゆる勝手読みが多くみられた（いたずらねこです→いたずらもしました）．分かち書きが少ない小学3年国語教科書の音読は数行でも負荷が大きく非流暢さが増し，読み通せなかった．

2) 目標2（特殊音節表記を書く）
語中の特殊音節表記の読みは，意味情報の助けで，正しく読めることが多かった．書字は，同じ種類の特殊拍でも正しく書く時と誤る時があった．誤りの種類は，直音からなる語に特殊拍を挿入する（おにぎり→おにっぎり），特殊拍の位置の誤り（すりっぱ→すっりぱ），省略（きって→きて），特殊拍に用いる子音（や，ゆ，よ）の誤り（おちゃ→おちょ）などがあった．

● 方法
以下の方法は，促音，拗音，長音すべてに共通した．
(1) 課題語にターゲットの音（特殊拍）があるかどうかを聞いて判断する（ある/なしを問う）．
(2) ある場合，語中のどのモーラがターゲットの音（特殊拍）かを，モーラ数の積木を並べて定位する．特殊拍は語の様々な位置にあるので，各位置の語について定位を練習する（きって，すりっぱ，ちゃわん，きかんしゃ，など）．
(3) 各特殊拍を構音する時の舌の動きや口蓋との関係を図解して説明し，構音運動の違いを意識化させる．

● 目標と方法の解説
特殊拍の認識は直音より高度の音韻認識を必要とする．音韻認識の発達に遅れがある本事例は，語を聴覚的に聞き，復唱して構音運動から特殊拍のある/なし，位置，特殊拍の種類を確かめさせる必要があった．

● **結果**

単語の書き取りでは特殊拍が入る語を書き誤ることはなくなった．しかし文中の特殊拍は，書き取りでも自発的に書く文でも誤りが生じた．読み直させると誤りに気付き修正することができた．

5年になっても，作文など文を連ねて書くと，特殊拍の誤りが生じた．これも読み直させると訂正した．第3期に述べるように，作文にパソコン（以下PC）を使用するようになってから，特殊拍の誤りは減り，6年ではPC上はみられなかった．

3) 目標3（漢字の読みと書字）

第2期初め頃の漢字の読み書きの評価（各配当学年漢字20文字の正答率）は，

1年　読み：50%　書き：30%
2年　読み：25%　書き：10%

であった．学校の宿題で毎日5文字の学年相応の漢字を繰り返し書くことが課されていたが，本事例には負担で，分量を減らし5文字中2文字を家族が鉛筆で薄く書き，それをなぞって提出した．漢字は「嫌い」とよく口にした．

漢字の読みは，短文が書けるようになった第2期の後半から導入した．評価の結果から1年配当漢字の読みに限定した．書字は評価の結果が著しく低く，本事例の苦手意識が最も強い領域であるので，読みがある程度定着した段階で取り上げることとした．以下に漢字の読み（目標3-1）と書字（目標3-2）に分けて記す．

4) 目標3-1（漢字の読み）
● **方法**

第2期で作成した文の音読用テキストで使われた漢字（テキストにはルビがふってある）のうち小学1年配当漢字で表される50単語，および算数教科書で漢字で表される30単語（計算，単位，直線など）を学習のターゲット漢字とした．

(1) 毎回の指導ごとに5単語を取り上げ，それらの漢字が表す語の音声表記（漢字の読み）をひらがなで左欄に，当該漢字を右欄に書いたシート（図2）を準備した．本事例は左欄のひらがなは数回音読すると記憶した．次いで右欄の漢字5単語をひらがなと対応させた後，左欄を見ずに漢字の読みを繰り返させた．

(2) 各5単語ごとにその語を使った文を作らせ，書かせた．漢字は模写させた．
(3) 次セッションで(1)，(2)を繰り返させ，漢字音読の定着を図った．

● **目標・方法の解説**

(1) 学習に取り上げた漢字を小学1年配当漢字に限定したのは評価結果による．

(2) 算数に使われる語彙を取り上げたのは，テストでこれらの語を使った問題文が読めないため，問題を読んでもらえば正答できるのに，白紙で出すことがあったためである．

(3) 文字を音に変換する（decoding）困難は音韻性読み書き障害児が持つ基本障害の一つである．「山，川」などの語彙を日常会話で使っていても，漢字で表したそれらの語彙をdecodingする（音に変換する，すなわち音読する）ことは，我々が考える以上に彼らにはむずかしい作業のようである．漢字を見て（例え意味がわかっていても）その音韻表示がすぐに口について出てこない．この時あらかじめその日に学習するターゲットの漢字の音韻表示を知っていると，その漢字のdecodingが容易になる．初めにひらがなで書かれたターゲット語の読みを繰り返すのはこのためである．

(4) 漢字の意味を学習することは，漢字学習の重要な目的である．ターゲットの漢字を使って文を作ることによって，その漢字の意味と使い方を学習できる．

● **結果**

第2期で目標とした1年配当漢字50文字と算数語彙は10セッション（5か月）で学習した．前セッションで取り上げた5単語のうち毎回2単語程度読みを記憶していない文字があり，それらは繰り返す必要があった．第2期終了時に行った全50単語と算数語彙の音読正答率は80%であった．

そら	空
いとぐるま	糸車
まち	町
けいさん	計算
しかく	四角

図2　漢字の読み

この後，5年終了時に2～3年配当漢字各20単語の読みを評価したところ，2年は85％，3年は45％の正答率であり，指導に取り上げていない2～3年の読みが進んでいることが示された．また6年で算数語彙30語の読みは90％正答し，これらの読みも定着していることが示された．

5年頃から漢字の音読の誤りとして意味性錯読が増えた．また単漢字を熟語化したり，その漢字を使った別の言い回しに読み替えることが増えた（時→じかん，友→ともだち，空→からっぽなど）．複数の読みを持つ漢字は一部を除いて各々の読みを互いに関係なくバラバラに覚える傾向があった．

5）目標3-2（自分・家族の名前，住所などの漢字を書く）

本事例に筆者が行う月2回の指導では，ひらがなの音読，読解，作文，漢字の読みを指導することでほとんどすべての時間を費やしたこと，今後社会的にはPCの使用が主流となると考えられること，高学年になってから小学1年の漢字を学ぶことへの本事例の心理的抵抗などを考えると，漢字の書字指導を本格的に取り上げることを躊躇させ，これまで系統立てて指導は行ってこなかった．しかし5年になっても自分の名前をかなで書いたり模様のような文字を書くので，5年1学期に漢字の書字を取り上げた．目標は自分や家族の名前，住所，学校名，年月日などの漢字とし，これらの漢字を書くための基礎的事項を学ぶことにした．

漢字の書字は4年2学期頃，1年配当漢字20文字中6文字（花，雨など），2年配当漢字は同2文字（国，首）が書けた．これらも書き順は誤り，模様のような書き方であった．田や目などは○に横や縦の線を引いた．

● 方法

以下に記すように，初め(1)PCの市販ソフトを用いて書字を学ぶことを試みた．しかしこの方法では学習が進まないので，(2)漢字を構成する画を1個ずつ学ぶ方法に替えた．

(1) PCの書き順ソフト[3]を用いて書き順を学習する．取り上げた漢字は大，目，…など1年で学ぶ基礎的漢字20文字とした．各漢字の書き順の系列を表す動画上で，ターゲットの画が一画ごとに赤色で表示され，本事例はその系列を見ながら初めは空書で，次に紙に書いた．しかしこの方法は結果に述べるように学習が進まなかった．

(2) 小学1年レベルの基礎漢字を用いて，漢字を構成する10種類の画（たてせん，かくかぎ，てかぎなど）を「漢字がたのしくなる本」[4]をテキストとして教えた．「山，雨，女，」など計50文字について，画の名称を唱えながら，画要素を順次書いて文字を完成させた．その後本テキストにそって，文字数を増やした．

(3) 自分や家族の名前にある漢字を部首に分解し，各部首について画要素を順次書いて書き方を覚え，最後に部首を合成してターゲットの漢字を書いた．

● 目標・方法の解説

(1) 漢字の書き順は順番を守ること自体が重要なのではなく，漢字の構成単位である画に注意を向け，それらの配置を認識させるための1手段と考えた．書き順は画をどのように配置していくかの道筋を示すが，例えば2つの画の順序を逆に書いても，互いに画であるとの認識があれば，順は問わないことにした．

(2) 目標を名前や住所に使われる漢字に限ったのは，5年になって文をPCで打つ学習が進み，漢字の変換も行っており，今後社会に出て日常生活で手書きが必要となる場面を想定したうえでのことである．

● 結果

PCの画面に継時的に示される画の順を追って自分も空書し紙に書く作業は本事例にとって容易ではなかった．集中が画面から離れやすく，また画面を見てすぐ空書したり紙に書く時画の位置や順を誤った．視覚的に，または運動覚的に画の系列を記憶し再生することに困難を持つと考え，この課題は中止した．

10種類の画要素の名称を唱えながら画を書いて漢字を構成することは，学習がある程度進んだ．この学習を経て，模様のように書いていた文字が減った．例えば「口」はこれまでひと続きの線だったが，たてせん→かくかぎ→よこせんと画の単位で書く様子がみられるようになった．

自分や家族の名前，住所などの漢字を合わせると35文字となり，それらの部首の数は相当数になる．これらを画要素に分解して書く学習は時間を要し，5年終了時にやっと自分の名前と住所の一部を書くようになった．

第3期（小学5年2学期～6年3学期）

第2期終了時には3～4語文は比較的容易に音読するようになったが，いまだに文字を指でたどった．分かち書きの少ない文は，語をまとまりで読めず，不適切な区切り方をするので読解を妨げた．また分かち書きのない数行にわたる談話文の音読は，小学2年向きに編纂されたものであっても，苦しそうな表情になり読み通せないことが多かった．

書くことは音読とともに本事例の苦手な作業であった．書こうと思ったひらがながすぐに書けず，しばらく考えて書くことがこの頃にも観察された．また与えられた単語を用いて文を書かせると，口頭では文を言えるのに書くことは時間がかかった．板書はこの頃も一文字一文字を写した．作文の宿題は家族がつききりで書かせていた．

1）目標1（複数の行にわたる文章（談話文）を音読，読解する）

● 方法

(1) 音読用のテキストを作成した．印字にあたっては次のようなレイアウトの工夫をした（図3）．
　① 分かち書きを多くし，行間のスペースを広くする．
　② 語の続きが次の行にまたがない（語の途中で改行しない）．
　③ 各行の頭出しをずらす．
　④ 漢字まじりのひらがな文とする．使用漢字は2年前期までの配当文字とし，ルビをふる．
(2) 物語文や子どもの生活体験に近い内容の絵本[5, 6]を選び，上記①～④にそって文を打ち直し，絵本の文字の部分に貼り付けてテキストとする．
(3) 第3期の後半からは3年生用に編纂された自然科学系の本[7, 8]を，レイアウトを変更しないで，そのままテキストとして使用する．ただし，2行にまたがる語，読みなれない語を蛍光ペンを使い四角で囲み（図4），それらを先に音読させた後に，文全体を音読させる．漢字はルビをふる．
(4) 読解を確かめる方法として，上記(3)で音読したあと，内容についての質問に答えさせる．質問は「どうして，どんな」など，因果関係や登場人物の気持ちを問うような質問を用意する．答えをPCで打たせる（第3期目標2参照）．

● 目標・方法の解説

(1) 読みの定型発達では，小学1年のあいだに遂字読みを卒業して語の単位にまとめて読むようになり，これによって読みが速くなることが知られている．本事例は小学3～4年でいまだ逐字読みが多く，ひらがなの文字列を不適切な所で区切るので読解ができなかった．分かち書きをはっきりさせると読みが多少容易になった．このような本事例が示す特徴を考慮し，分かち書きが多いテキスト文を作成した．行間のスペースを広くしたのは，行を追いやすくするためである．また分かち書きは一般によく行われているスラッシュではなく，スペースを空ける方法をとったのは，成人した読み書き障害者の「スラッシュは文字との区別がつきにくくかえって読み

植物の　葉の　上で　くらす　こん虫には，
　　みどり色を　したものが　たくさん　います．
動物の　体の　色や　もようが
　　まわりの　ものに　にていることは，
　　てきから　身を　かくすのに　やくに　たちます．

図3　談話文の音読用テキスト
「理科や算数がすきになる2年生の読みもの」，学校図書，p37」を改変

はじめに，氷ざとうのかたまりを1こ，水の中に入れて，スプーンでかきまわしてみました．でも，氷ざとうのかたまりは，少しずつ水にとけて小さくなりましたが，ぜんぶとけきるまでにはけっこう時間がかかりました．

図4　市販本[8]を利用した音読テスト
読み慣れない語は囲み，漢字はルビをふる

にくい」との発言を聞いたためである．

(2) 2行にまたがった語の読みに苦労することは，音韻性読み書き障害児に共通してみられる．これは前の行の最下部の音韻を記憶し，次の行最上部の文字が表す音韻と統合して一つの語として認識しなければならず，この作業は音韻ワーキングメモリーに大きな負荷をかける．

(3) 複数の行を各行1段目から連ねると，読みの苦手な子どもは見ただけで圧迫感を受けるようである．各行の頭出しを少しずつずらすと，空間が多くなって，その分圧迫感も減る（図3）．読み書き障害児にとっては，読みは我々が想像する以上の負荷が大きい作業のようである．文を見るだけで「いや」と言わせないための工夫の一つである．

(4) 自分が好きなテーマは他の領域より語彙も多い．子どもが興味を持つテーマで教材を作ることは，子どもにかかるdecodingの負担を少しでも減らすためである．因みに定型発達児でも語彙が豊富な子どもほど読みが上達することが知られている[9]．

(5) 高学年児にも楽しめる内容の絵本は分かち書きがない．読み書き障害児に絵本を読ませるためには，分かち書きなど文字の配列を変える，漢字にルビをふるなど，文字の部分を改編する必要がある．また情景描写の部分は省略して文章全体を短くすると読みやすい．絵本の文章を改編しPCで打ち直すことは，彼らが絵本を読むために我々ができることの一つである．

(6) 馴染みのない語を蛍光ペンで四角く囲むのは，語のまとまりを見つけて読むことができない子どもが，少しでも読みの負担が軽く楽に読み続けるためである．

(7) 読解の程度を評価する1方法として，質問に答えを書く方法を選んだ．この課題を行う頃にはPCで文を打つことができるようになっていたので，PC上でこの質問―応答を行った．

● 結果

5年3学期には，分かち書きなどのレイアウトの工夫をしてPCで打ち直したテキストはよどみなく読むようになり，6年初めには分かち書きが多い絵本や2年生向きに編纂された物語本はそのまま読むようになった．読みにつっかえると自分から読み直すこともみられるようになった．漫画の吹き出しもこの頃から読んだ．

同じ頃，説明文は読み慣れない語を蛍光ペンで囲む必要があったが，それほどつっかえずに読み通すようになった．ただ読解のためには3回，4回と音読を繰り返す必要があった．6年2学期頃には学校の図書室で自分から本を取り出して読む姿がみられるようになった．

2) 目標2（PCで作文を書く）

本事例は4年になり，単語や文は誤りはあるがある程度書け，続き絵を見てそのストーリーを書くようになった（図5）．しかし誤字，脱字，特殊拍の書き誤りが多く，漢字なしのかな書きで，読み手には意味が伝わらなかった．自分で文を考えて数行の文を書くことは負荷が大きいと思われ，書くことを嫌がった．

表現する内容がありながら，それを文字に書き表すことができなかった．このことを考慮して，4年3学期頃文の表記にPCを使うことを家族に提案し了承を得た．この時点では本事例はローマ字を覚えていなかったので，PCはひらがな入力とした．

● 方法

(1) 単語を打つ（キーボード上の文字の位置を覚えるため）．特殊拍の打ち方を覚える．

(2) 提示された絵の内容を言語化した後に，言ったとおりをPCで文字化する．

(3) 物語を表す複数枚の続き絵で(2)と同様のことをする．

(4) 1枚の絵のなかに，話しの流れや因果関係などの情報を含む情景画で(2)と同様のことをする．

● 目標・方法の解説

(1) PCの使用：読み書き障害児は，一つの文字を書くのに我々の数倍のエネルギーを使っている

こおもちのこてだんまりくらべしました．
するとどるうがはいてきてたからものおぬすみました．
をもちものすもうとすると…
（1個おもちが残ってだんまりくらべをしました．すると泥棒が入ってきて，宝物をぬすみました．おもちも盗もうとすると，…）

図5　小学4年1学期に4枚の続き絵（おはなしカード「だんまりくらべ」，くもん出版，1986）を見て手書きした作文
　　（　）に本事例が意図したと思われる内容を記した

> 夏の暑い日にさんぽにいって泉があって飲んだら
> 若返ってしまったそのことをおばあちゃんにいたら
> 泉の水をのみにいきましたかえってこないから
> みにいたらおばあやんがあかちゃんになていた．

図6　5枚の続き絵「わかがえりの水」（おはなしカード，くもん出版，1986）を見てPCで打った作文（6年1学期）

と思われる．本事例は4年になってもひらがなの文字がすぐ出ず，しばらく考えてから書くことがあった．しかしPCではキーボード上のひらがなを再認するだけで打てる．書くことに使うエネルギーを，書く内容を考え文を構築することに費やせる．

（2）絵を見て文章を書く：定型発達児は1年から文を書く経験を積んで，3～4年になった頃には複数の文を連ねてまとまった内容を表す文章を書く．本事例はその経験の蓄積がないので，書く内容を考え，文章にしてそれを文字化することを同時に行うのは負荷が大きかった．絵が与えられれば書く内容を考える必要がなくなるので，その分負荷が軽くなる．またすでに言語化した内容を打つのは，文を作りながら打つより負荷が少ない．

（3）1枚の絵に複数の情報が入る絵で文章を書く：このような絵は1枚の絵のなかに因果関係や時間の経過などが表されることが多い．それらを文章化するためには接続語（〜ので，だから，それで，など），代名詞などを使うことが要求され，より高次の言語発達を促すことに通じる．

（4）PCを使うことによって漢字を使うことができる：PCは漢字変換ばかりでなく，漢字の読みの学習に役にたつ．

● 結果

図6は「若返りの水」の続き絵（5枚）を見て打った作文である．句読点がない，特殊拍の表記を誤るなどがあるが，漢字が入るので多少わかりやすくなった．主語を書くこと，句読点のつけ方，などを指導する必要があった．

このように物語文は数行をPCで書き表すようになったが，例えば読んだ本のあらすじを絵を見ずに書く，社会科見学や理科の実験のレポートを書くなど，内容を考え，文章化し，それをどのような文の配列にするかなど，作文学習の今後の課題は多い．

まとめ

音韻性読み書き障害1例（小学3〜6年）が読み書きに示した困難点，指導とその結果をまとめた．各時期の評価結果や経過からみて，本事例の読み書き障害の程度は重かった．

読み書き障害自体は重度でありながら，小学校終了時まで指導を継続することができた背景には，子ども自身の努力と家族の理解，担任の協力があったことはもちろんだが，知的発達・言語発達の遅れがなく，またADHDや自閉症スペクトラム障害などの併存がなかったことがあげられる．このことは指導をしやすくさせた．

読み書き障害の指導の原則は，子ども本人の学習のレベルに合わせた指導を行うことに尽きる．本事例は指導を開始した時は3年で，通常学級では国語教科書の十数ページにわたる説明文を読んでいたが当STの指導は単語の読み書きから始めた．言語発達と同じく，読み書きの発達も階段を一歩一歩踏み固めて初めて上に進むことができる．途中の段を抜かすとその時は学習したようにみえても，すぐに忘れ，階段は砂上の楼閣になる．

この指導の鉄則は実行する時に，子どもにも家族にもむずかしい問題を突きつける．それは子どもの学習レベルと所属する通常学級で行われる学習に大きな開きがあることである．子どもは1日の大半を学校で過ごす．友達と自分の学力差に気付くと，多くの子どもは学習に目をつむり，やがては自尊感情を失っていく．

我々STがこの子ども達に果たす役割は2つある．第1は読み書きのスキルを獲得させるための支援であり，第2は子どもがこの二次障害に陥るのを防ぐための支援である．第1の支援については子どもが持つ認知特性の解明の研究により，支援の方法論が少しずつ工夫し確立されつつある[10]．第2の支援については学校との協力が欠かせないが，西岡[10]が触れている他はどのようにするかの方法論はまだあまり論じられていない．

学習の差を前提としながら，学校生活でのQOLを維持していくためには，第1に家族や学級担任が子どもの学習困難を正確に理解して，子どもはどこまでは学習できるのか，どこまでなら子どもは負荷に耐えられるかを知ることである．家族や担任は子どもが何に困っているのかを必ずしも知らない．我々がすべきことは，例えば宿題の漢字ドリルを半分に減らす，書くことが大変ならその漢字を使って文を作らせることに替える，教科書の音読は初めの数行に限るなど，具体的な提案をして家族や学校側に納得してもらうことである．このような，子どもに固有の学習環境を整えるための支援はSTの大きな役目である．

（大石敬子）

● 文献

1) 宇野　彰：発達性dyslexiaとは―出現頻度，大脳基盤を中心に．発達期言語コミュニケーション障害の新しい視点と介入理論（笹沼澄子編），医学書院，2007，pp83-92.
2) 大石敬子：学習障害．言語発達障害学（玉井ふみ，深浦順一編），医学書院，2010，pp149-164.
3) 小池敏英・他：LD字の漢字学習とその支援――一人一人の力をのばす書字教材．北大路書房，2002.
4) 宮下久夫・他：漢字がたのしくなる本，太郎次郎社，1991.
5) なかやみわ：そらまめくんのベッド，福音館書店，1999.
6) 中川季枝子，大村百合子：そらいろのたね，福音館書店，1967.
7) 千葉和義監修：なぜ？どうして？科学のふしぎ．池田書店，2012.
8) 亀村五郎，他編：理科や算数がすきになる3年生の読みもの，学校図書，2005.
9) 高橋　登：学齢期の言語．言語・コミュニケーション・読み書きに困難のある子どもの理解と支援（大伴　潔，大井　学編著），学苑社，2011，pp40-41.
10) 西岡有香：読み書きへの支援．言語・コミュニケーション・読み書きに困難がる子どもの理解と支援（大伴　潔，大井　学編著），学苑社，2011，pp.203-220.
11) 稲垣真澄：特異的発達障害診断・治療のための実践ガイド．診断と治療社，2010.
12) 大石敬子：学習障害．言語聴覚士のための言語発達障害学（石田宏代，大石敬子編），医歯薬出版，2008，pp210-230.

[読み書き障害]

Section 12 発達性読み書き障害の中学生事例
― 英語を中心に ―

はじめに

英語は話しことばの音の単位（音素）が小さく文字との対応関係が複雑である．発音通りではない綴りを持つ語（school, sightなど）も多い．そのために英語の書きことばを学習する時，ひらがなより高いレベルの音韻認識が必要となる．

中学1年の英語教科書では，アルファベットの大文字，小文字の学習のあと，すぐに単語と文章が導入される．このことは定型発達児ではアルファベット文字が表示する音素の認識が，中学入学までに子どもの側に育っていること，アルファベット文字―音対応の学習はそのための特別な指導をしなくても子どもは学習が可能なことを前提としていると思われる．すると音韻に遅れを持つ読み書き障害児が通常学級で教科書にそって英語を学習することは，様々な困難を伴うことが予想される．臨床上も読み書き障害児が中学で英語の学習につまずく例は多い．

次に，音韻の発達に遅れがあり英単語の読みと綴りの学習が困難であった音韻性読み書き障害事例が，パソコン（以下PC）とライミングワード（韻を踏む語）を用いて英語の文字言語システムを学んだ経緯を紹介する．筆者はこれまで音韻性読み書き障害児数例にこれらの方法で英語の書きことばの指導を試み，ある程度の手ごたえを感じてきた．ここに述べるのはその1例である．本事例への指導はまだ3年弱であり，その間に得られた成果は，中学で期待される英語学習量とは比較にならないほど少ない．このことは指導法の未熟さもさることながら，音韻発達に問題を持つ読み書き障害児にとって英語の学習がいかにむずかしいかを物語るように思える．今後研究が進み，この子ども達の問題によりよく適合した指導法が開発されることを望むものである．

事例

対象児

事例：男児，12～15歳．

主訴：英語の学習ができない．複雑な漢字が書けない．

診断名：学習障害（英語読み書き障害）．

生育歴：在胎39週，体重2,900gで生まれた．初歩11か月，始語12か月で，その後の運動・言語発達に遅れはなかった．健診や保育園で発達の遅れは指摘されなかった．

家族歴：父，母，本児，弟の4人家族．弟も発達性読み書き障害．両親に読み書きの問題はない．

相談歴：小学校（通常学級）では文字の読み書きの学習に問題はなかった．ただ小学校高学年で習う漢字の読みはできたが，書字の学習がむずかしかった．中学に入ってから英語を学習できないことが目立ち，中学1年2学期の時A病院の発達外来を受診した．知能検査，学習検査などの結果，小児神経科医師より英語の発達性読み書き障害と診断された．同時に同病院言語聴覚士（ST）より英語学習の指導を受けることになった．

初診時評価（12歳，中学1年2学期）（表1）

● **WISC-Ⅳ**

全検査IQ 100，言語理解指標115，知覚推理指標102，ワーキングメモリー指標100，処理速度指標76であった．下位検査では，符号4が低かった．

● **音韻検査（日本語）**（コラム「音韻検査」，p133を参照）

モーラ削除検査は無意味語で劣った．とくにモーラ数が多いと反応に時間がかかり，成績は大幅に下がった（zスコア8）．4～5モーラの成績を相当年齢に換算すると，小学1年レベルであった．

単語音読検査は小学6年の平均の範囲内だった．

両検査とも定型発達児のデータの上限が小学6年のため，zスコアは小学6年の値を基準とした．

● **漢字**

小学生の読み書きスクリーニング検査（STRAW）[1]を用いた．各学年配当漢字20文字の音読，書字は両者で正答率に差があった．5，6年で書字の正答率が下がった．

● **英語**

初診時の学習の状況は以下の通りであった．

(1) アルファベットの文字名（大文字，小文字）は系列でも単独でも言うことができ，また書けた．

(2) アルファベットの基礎的音―文字対応は学習していた（母音，t, g, p, m, bなど）．

(3) 中学1年の英語教科書にある基礎的な英単語（apple, table, flowerなど50単語）についての絵の呼称は正答率20％と低く，呼称できた語もたどたどしく言いにくい様子を示した．これらの語の聴理解では80％を正答した．

(4) 同じく基礎的英単語20語（cat, dogなど）は，音読65％，和訳60％，綴り35％の正答率であった．

(5) 綴りは規則的音―文字対応で綴れる語数語（pen, go, manなど）は正答した．誤りの多くはmiluk（milk），hausu（house）など，発音通りにローマ字表記することであった．

(6) 文の意味は簡単なもの（I go home. など）は聞いてわかるものの，自分で文を作ることは口頭，書字ともできなかった．

表1 初診時評価（12歳，中学1年2学期）

1. WISC-Ⅳ 合成得点と下位検査評価点							
全検査IQ	100	言語理解		知覚推理		ワーキングメモリ・処理速度	
言語理解	115	類似	14	積木模様	9	数唱	10
知覚推理	102	単語	11	絵概念	11	語音整列	10
ワーキングメモリ	100	理解	13	行列推理	11	符号	4
処理速度	76					記号探し	7

2. 音韻検査*				
(1) モーラ削除検査	無意味語	zスコア	3モーラ	1.5
			4～5モーラ	8
(2) 単語音読検査	無意味語	zスコア	3～4モーラ	0.8
			5モーラ	1.8
			6モーラ	1.6

3. 漢字（STRAW）各学年配当漢字20**文字の正答率			
4年	音読 100％	書字 90％	
5年	100％	40％	
6年	95％	50％	

4. 英語 基礎的英単語20語の正答率	
音読	65％
和訳	60％
綴り	35％

*(1)，(2)とも定型発達児のデータの上限が小学6年のため，zスコアは小学6年を基準とした．zスコアについてはSection11「発達性読み書き障害の小学生事例」表1の欄外を参照．
**各学年配当漢字については，同Section，同事例の本文p108を参照．

初診時評価まとめ

(1) 知的発達に遅れはなかった．
(2) 音韻（日本語）は音韻認識の指標であるモーラ削除課題で大幅な遅れ（小学校低学年レベル）が示された．decoding能力（単語音読検査）はほぼ学年相応に近い成績であった．
(3) 漢字については，読みは良いが書字は5，6年配当漢字20文字の約半数が書けなかった．
(4) 英語については以下の通りであった．
　① 英単語を聞いて意味を理解することより，絵を見て呼称することがむずかしかった．
　② 単語は音読・和訳に比べ，綴り（spelling）がむずかしかった．
　③ アルファベットは文字名の呼称と書字，基礎的な音―文字対応は学習していた．
(5) 英語学習の特徴として，英語の音韻表示を覚え呼称することと，アルファベットの綴りの学習に大きな問題を持つことが示唆された．

第1期 （中学1年2学期～中学2年1学期）

本事例の英語学習の特徴に鑑み，綴りを学ぶことなしに英語の書きことばを学習する方法として，PCを学習のツールに使うことを試みた．PC画面上に英単語を複数提示し，それらをcopy & pasteで組み合わせて文を作り，音読，意味理解，文法規則の学習を行った．

● 目標
(1) PCを用いて基礎的な文の作り方を学ぶ．
(2) 文に用いられる単語の読みと意味を学ぶ．

● 方法
(1) 単語（15語：人称代名詞，動詞，物品名）を単語プールとしてPC画面に表示する（図1a）．15語は事例がすでに音読，和訳できる語である．煩雑さを防ぐため，物品名は冠詞をつけて表示する（a dog, an apple など）．
(2) 指導者が15語のいずれかで構成したモデル文（You like a dog. など）を画面上に提示して，復唱，音読，和訳を繰り返し行い，文全体の音韻表示の記憶と発語運動の定着を図る（図1b）．
(3) (2)のモデル文を見ずに，単語プールからcopy & pasteで同じ文を作る．
(4) モデル文のレパートリーを広げ，それに伴って単語プールの語彙を増やす．
(5) モデル文の文型はS + V，S + V + O，S + V + O + Oを基本とする．
(6) 文の作成に伴って取り上げた文法規則はbe動詞の使い方，3人称単数現在の-s，助動詞do, canを使った疑問文・否定文の作り方，人称代名詞とその目的格（he, she, him, herなど），時制（過去形，進行形）などである．

● 結果
約1年間のPCを用いた学習により，以下を習得した．

語彙：音読，意味理解する単語数は約50語（名詞35語，動詞10語，その他）であった．

文型：S + V（I run. など），S + V + O（I have an apple. など）の2種は，単語プールにある語彙の範囲で，ほぼ誤りなく作った．S + V + O + O（I give him an apple.）は正答率が低かった．

文法：学習に取り上げた文法規則はほぼ誤りなく学習した．

● 目標・方法・結果の解説
(1) 英語の読み書きの学習では，通常，単語の音読，綴り，和訳（語の意味理解），文の構成を同時

図1a　PC画面上の単語プールの1例

I	You	He	She
have	like	see	sleep
has	likes	sees	sleeps
a dog	a cat	an apple	

図1b　PC画面に提示したモデル文の一部

I have an apple.	He sees a cat.
You like a dog.	She sleeps.

並行で行う．本事例は評価から，綴りの学習が困難であることが予想された．そこで綴りは後の学習課題とすることにして，綴ることなしに音読，意味理解，文の構成の学習を行うためPCを用いた．

(2) 読み書き障害児は一般に意味理解（semantics）の領域は良好である．本事例に初めから文レベルの学習を行ったのは，良好な意味機能を使って学習を進めるためであった．単語は単独に示された時に伝える意味情報より，文中にその単語を使った方が伝える意味情報は多い．良好な認知機能（意味理解）が弱い機能（綴りや音読）の学習を下支えすることをねらった．新しい語彙を導入する時は，その単語が入った文を提示し，文レベルの音読，意味理解を行った後に単語のみ抜き出して音読と意味を確認する方法をとった．

(3) PCを使って学習した50語の英単語は音読と和訳ができたが綴りは学習していなかった．

(4) 本事例は初診の評価で絵カードを使った単語の呼称の成績が低かった．このことは本事例が語の英語音韻表示を覚えることの弱さを示すものであった．学習途上に取り上げるすべての単語，文は，そのつど復唱と音読を繰り返して語の音韻表示の学習を強化する必要があった．

(5) 文法の学習は本事例にとって比較的容易であった．これは音韻性読み書き障害例に共通してみられる特徴と思われた．

第2期（中学2年2学期〜3学期）

本事例は学校で教えられる英語の学習内容のうち，文法はある程度学習した．文が与えられていれば，それを完了形や受動態に変換することはできた．しかし語を綴ることができず，口頭では回答文が言えても書くことができなかった．2年1学期の英語期末考査の得点は18点（100点満点，学年平均53点）であった．主にリスニング問題で点数をとっており，回答に単語や文を書く問題は白紙が多かった．なお，理科や数学では，学年平均以上の得点を得ていた．

このようにPCで習得した英語の知識が，学校のテストでは反映されないことが示された．例え学校でPCの使用が認められたとしても，単語プールがない限り同じである．そこでこれまでの学習方針を再検討した．

英語圏では就学前の読み書き障害（dyslexia）に音と文字の関係を気付かせる目的でライミングワード（韻を踏む語）を用いる方法が広くとられている．〈pen, men, ten, hen〉，〈cat, hat, rat〉などのように同じ音で終わる語は続けて呼称するとリズムがあるので言いやすく，また覚えやすい．これらの語を綴りを見ながら繰り返し呼称することで，語尾の音（ライム）とその綴りとの結びつきを学ばせることができる．

第2期で本事例にこの方法を試みた．英語には語尾に同じ音で韻を踏む語が多数ある．例えばcatとratは語尾を［-æt］と発音し，共通して-atと綴る．そこで同じ韻を踏む語数語をグループにして，音と綴りの結びつきを学習させることを試みた．

● 目標

ライミングワードを使い，英単語の音韻と綴りの関係を学ぶ．

● 評価

ライムを認識するかどうかを評価した．無意味単語4語（例えばmot, mat, meg, met）を聞かせ，語尾の仲間外れを見つけさせた．20試行での正答率は95％で，本事例は語尾の音の違いを認識する，すなわちライムを認識することが示された．そこでライムを使う学習を開始した．

● 方法

(1) 学習に用いるライミングワードはすべて3音素からなる語（ten, catなど）とした．

(2) 同じ韻を踏む語（2〜4語）を1セットとして（表2），各語について①復唱，②絵を見て呼称，③綴りの音読，④和訳を繰り返す．

(3) 絵を見て綴る，語を聞いて綴るを繰り返す．

(4) これらの語を用いて文を作る．文は先にPC学習で学んだS＋V，S＋V＋Oを用い，動詞や目的語の部分に該当するライミングワードを挿入して，文レベルの音読，和訳，綴りを繰り返す．

なお本学習にはテキストとして（「よみかき＋リズムでおぼえるえいご」[2]）を利用した．

● 結果

約半年で140語（うち30％が動詞）のライミングワードの呼称，綴り，意味を学習した．同一のライムの系列で語を呼称することは容易であったが（例えば'cat, rat, sat, bat'），異なる系列の語をまぜる（'cat, sit, men, bat'）ことはむずかしく，苦しそうな様子を示した．楽に言えるようになるまで何回も繰り返す必要があった．

この学習を通して，本事例は綴るとき語を言いながら書くようになった．子音の部分を誤って書くことは少なかったが，母音に誤りが生じやすかった．2年3学期の期末テストの得点は，100点満点中37点（学級平均59点）だったが，回答用紙に白紙の部分が減り，答えは誤るものの何か書こうとする様子がみられるようになった．

● 目標・方法・結果の解説

(1) 本事例にとって語の音韻表示を覚え，呼称することはむずかしい課題であったが，ライミングワードを唱えることは苦痛ではないようであった．韻を踏むことで生じる音韻のリズムが呼称を容易にさせたと思われる[3]．

(2) 語が異なってもライムの音が同じであれば，その部分は共通の文字で綴られる．この音と文字の安定した規則的な関係は，綴りの学習を容易にした．ライミングワードを綴るようになってから，言

表2　ライムの種類とライミングワードの一例

ライムの種類	ライミングワード			
-at	cat	sat	bat	rat
-an	fan	pan	can	man
-en	pen	hen	men	ten
-it	hit	sit		
-ix	six	mix		
-ox	box	fox	ox	
-ain	rain	pain	brain	
-ite	bite	kite	white	write

学習に取り上げたライムの種類は約30種，ライミングワードは約70語であった

いながら書くことが増えた．この学習によって綴りと音との関係に気付き，音が文字を綴るときのヒントとなることを学習したのではないかと思える．

(3) 英語の母音は種類が多く，音と綴りの関係は必ずしも一致しない．本事例はライミングワードの学習後も，母音の綴りに誤りが多かった．また英語には音と綴りの不規則な語が沢山ある．これらの不規則綴りを音とのつながりでどう学んでいくかは，今後の課題である．高校生のある読み書き障害事例は「because」の綴りを「ベカウス」と言いながら綴った．本事例もこのような自分独自の方法で綴りを学んでいくことを期待する．

第3期（中学3年1学期〜2学期）

本事例は初診の頃から絵を見て英語の名称を覚えなかったことから，英語の音韻表示の記憶に問題があることが示唆されていた．

復唱はできた．PCやライムの学習では，英語の音韻表示がスムーズに出るよう，音読を繰り返し強化したので，これらの学習で覚えた語や文は楽に言えた．

しかし英語教科書の文は長く，知らない語も多いので音読は困難だった．授業で語の音韻表示を覚えることはできないようだった．

学校のプリントやテストで，必要な単語を与えられて文に構成する課題で，特徴的な誤りがみられた．例えばdog, this, big, isの4語で文を作る課題で，This is a dog big.と書いた．また'in the box'などのフレーズを覚えなかった．このように文やフレーズの語順や言い回しを覚えない，すなわちそれらの音韻表示を覚えないことは，本事例の音韻障害と関係するものと思われた．その対策としては音読の強化が考えられた．

● 目標

音読を強化することによって，文の音韻表示を覚える．

● 方法

(1) 1年教科書から基本的な文（全170文）を集め，音読用テキストを作った（図2）．

(2) 1文ごとに，復唱，音読3回を繰り返した．テキストを宿題として家に持ち帰らせた．

(3) 2年教科書からも同様のテキストを作った．

● 結果

3年1学期終わり頃はテキスト文の音読に，これ

図2　第3期で使った音読用テキストの1部

```
I give Mary a dog.
You are riding a boat.
The dogs are going to run.
He sits on a big chair.
What do you like to have?
He has a book to read.
These roses are as bright as the sun.
When I saw her, she was writing a letter.
```

までみられていたたどたどしさが少なくなり，聞き手にある程度スムーズに聞こえるようになった．当人も音読が楽になった，言いやすくなったと言った．ただ，この言いやすさが，第2期終了時までにテキスト文以外の文にも汎化するまでには至らなかった．

● **目標・方法・結果の解説**

（1）語順や句の言い回しは，文法の知識とともに口調でその音韻表示を覚える要素が大きいと考えられる．文の音読を繰り返すことによって，音韻表示の記憶を強化することを狙った．

（2）教科書の文は本事例のこの時点での英語学習レベルに比し，語の種類，文の長さ，構文の複雑さの点から音読のテキストとしては不適切と考えられ，基本文で構成された音読テキストを作る必要があった．

（3）音韻障害を持つ本事例が文や句の音韻表示を覚えそれを楽に発話するためには同一の文の音読を3〜5回以上繰り返すことが必要であった．

まとめ

本事例はひらがなの読みを就学前に覚え，小学校ではひらがなの読み書きに問題はなく，中学になって英語の学習が困難となった．このことは両文字言語の仕組みの違いを考えれば，根拠がないことではない（Section11 発達性読み書き障害の小学生事例，概要，pp105-106 参照）．

本事例のひらがな学習経過からは，家族も学校も読み書き障害を疑うことはなかった．英語の学習困難が明らかとなって，音韻検査を実施し音韻の発達が遅れていることが判明した．そして英語学習についての予後のむずかしさを予測することができた．この検査結果がなければ綴りの学習に代わりパソコンを使うことは決断できなかっただろう．

英語の読み書き障害の理解と指導には「音韻」は最も重要なキーワードである．しかしこの概念は一般にはあまり理解されていない．音韻はSTにとって最も重要な専門領域の1つである．英語の学習障害についてSTがその専門性を発揮してより効果的な指導法を構築することを願う．

我々の周辺では，義務教育の間は読み書きに苦しむが，その後年齢が上がって自分の専攻が決まると，そこで使われる語彙や漢字は限定されるので，高等教育になるほど読み書きの問題が当事者にとって致命的とはならなくなり，就労に至る例を多くみる．大学でも読み書き障害に対する支援が始まりつつある．将来は本事例もその1例となることを期待する．

なお本事例の主訴の1つはむずかしい漢字の書字困難であった．漢字の書字困難は多くの音韻性読み書き障害例が共通に示す．これについては学校を卒業した後の漢字の手書きの社会的ニーズの少なさを考え，直接の指導はせず，電子辞書や携帯の辞書機能を活用することを勧めた．

（大石敬子）

● **文献**

1) 宇野　彰，他：小学生の読み書きスクリーニング検査．インテルナ出版，2006．
2) よみかき＋リズムでおぼえるえいご，1〜4．くもん出版，2008．
3) 奥村安寿子，室橋春光：フォニックスとライムのパターンを用いた英単語の読み書き指導法．LD研究，22(4)：445-456，2013．

[読み書き障害]

Section 13 書字困難が主症状の発達性読み書き障害

事例

対象児

事例：女児，9歳3か月～15歳（継続中）．
主訴：漢字が覚えられない．
診断名：読み書き障害．
生育歴：在胎40週，生下時体重3,350gにて出生した．黄疸が10日間みられた．出産したA病院で口蓋裂と診断され，1歳7か月時B病院形成外科にて口蓋形成術を施行された．2歳よりB病院言語室にて言語面についてのフォローを年1～2回受けていた．就学までは発達的な問題はみられなかった．
発達歴：定頸3か月，始歩1歳3か月，始語1歳4か月，2語文2歳0か月．
家族構成：父，母，姉（3歳上），本児の4人家族．
相談歴：普通学級就学後，B病院言語室に母親より学習の苦手さ（算数・国語の文章題ができない，本を読まない）について相談があった．その時点では，器質的問題に起因する発話の機能的問題はほぼみられなくなっていた．そこで学習面について精査するため，B病院からCクリニックを紹介された．この時の主訴は「漢字が覚えられない」ことであった．書字困難を主症状とする読み書き障害と判断され，指導開始となった．
指導歴：9歳3か月より指導開始，12歳6か月より定期的なフォローに変更し，現在継続中．

全般的印象

- 接した印象はごく普通の小学生の女の子である．勉強について聞いたところ，「困ったことはとくにない」と言うが，「なかったら嬉しい勉強は？」と聞くと「算数」と答えた．
- 学校では対人関係面でとくに問題はなく，仲の良い友達もいる．成績に関しては3教科（国・算・社）とも「もうすこし」の評価が4か所ついていた．漢字に関しては，ドリルをやってもテストで書けず，繰り返し書いて覚えようとしたがやはり覚えられなかった．漢字への苦手意識はあったが，宿題は義務としてやっていた．作文自体は嫌いではないが，あまり漢字を使わないことに母親は気付いていた．
- 家庭では，料理，掃除などの家事手伝いもよくしており，飼い犬の世話をするのが楽しみである．一方で，食事の際には箸がうまく使えていないとのことであった．

評価

1) WISC-Ⅲ知能検査による知的能力の評価

● 検査結果（図1）

● 結果の解釈

① 知能指数（IQ）

全般的な発達には顕著な遅れはみられず（FIQ 90），言語性知能にも遅れがみられなかった（VIQ 99）．このことから，本事例の問題は全般的な知的遅れによるものではないことが示された．また，動作性知能はボーダーライン[*1]と考えられ（PIQ 82），かつ言語性知能との間には評価点において17点の差（5%水準で有意）があり，乖離[*2]がみられた．

② 下位検査評価点の解釈

- 下位検査の評価点プロフィールから，ばらつきは

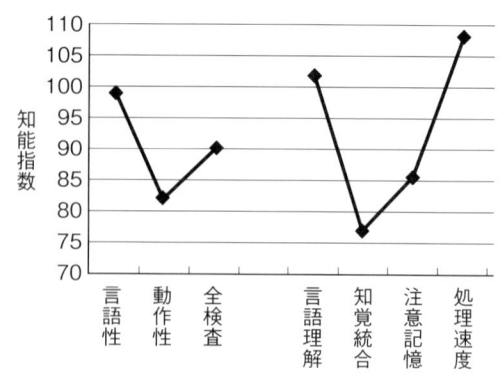

図1-A　WISC-Ⅲ　IQおよび群指数（9歳3か月時）

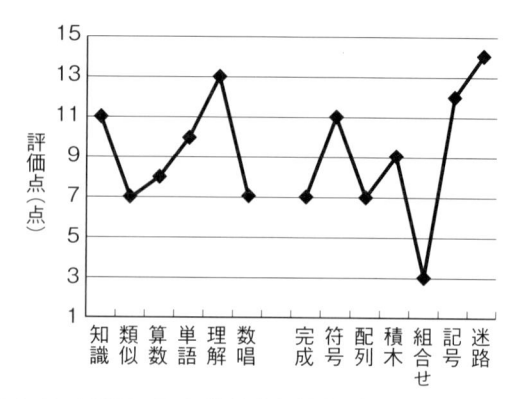

図1-B　WISC-Ⅲ　下位検査評価点（9歳3か月時）

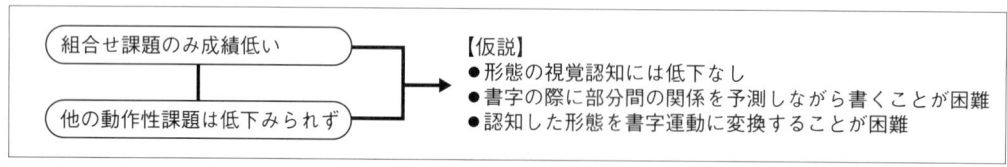

図2　WISC-Ⅲの結果から得た仮説

ありつつも言語性知能については明らかな低下がみられる領域はなかった．一方，動作性知能については組み合わせ課題にのみ顕著な低下がみられ，他の課題には明らかな低下はみられなかった．
- 絵画，積木（図1-B「積木」），組合せ課題（図1-B「組合せ」）は同時処理の要素があると考えられ，絵画と組合せに低下がみられることから，傾向としては同時処理に弱点がある可能性があると考えられた．
- 積木課題のように見本があれば図形の再構成ができるが，組合せ課題のように見本のないものになると図形の再構成が困難になることが示された．
- 仮説として，組合せ課題以外の課題に明らかな低下がみられなかったことで，視覚認知面には顕著な問題はないと考えられた．一方，WISC-Ⅲの組合せ課題は，感覚運動フィードバックを利用する能力，部分間の関係を予測する力，思考の柔軟性を測定する課題と考えられており，漢字を繰り返し書いても学習がむずかしいことと併せると，本事例にとって書く運動感覚は漢字学習の手がかりとしては不十分であり，かつ偏と旁などの部首が組み合わさっている漢字では部分間の関係を予測する力の弱さから学習がむずかしくなること

が仮説として考えられた．
- 図2に解釈をまとめた．これらの仮説と，後述する音韻面など読み書きの基礎能力についてアセスメントをさらに進めた．

2）音韻評価（コラム「音韻検査」，p133参照）

音韻評価には，音節削除課題（無意味語）[4]を用いた．結果は図3のとおりである．図3-Aは音節削除課題の正答数を示している．モーラ数が増えるに従って正答数が減少した．なお，同学年定型発達児の平均正答数は5.9（3モーラ），5.8（4モーラ），5.7（5モーラ）である．図3-Bは正答における平均反応速度である．グラフの縦軸は反応速度を示し，上にいくほど反応速度が速くなることを示している．横軸は各モーラ別になっている．この結果により，事例の反応速度が同学年定型発達児平均から−2SDの間にあり，やや反応が遅いことがわかった．同学年定型発達児の値は原[4]を参考とした．
- 検査からは正答数および反応速度に若干低下がみられたことから，音韻の面にも，明らかな障害とはいえないが何らかの問題があることが示唆された．

[*1] ボーダーラインは知能指数71〜84とする[11]．
[*2] 9歳では12.1以上で言語性IQ−動作性IQ間に統計的有意差あり（5％水準）．

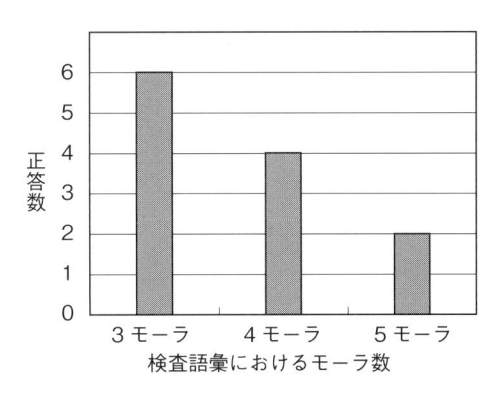

図3-A　音節削除課題の正答数（各モーラ6語中）

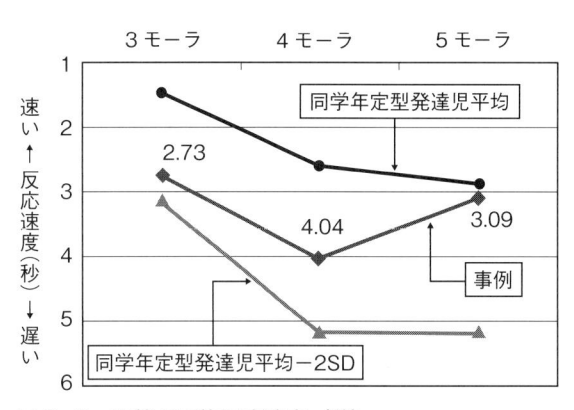

図3-B　正答の平均反応速度（秒）

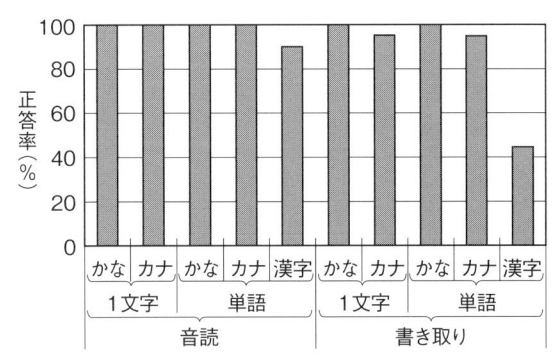

図4　読み書きスクリーニングテスト結果

3) 読み書き評価

● 読みの評価

① Rapid Automatized Naming (RAN)[5]による測定

ひらがな音読速度は14秒（小6相当），漢字音読速度は34秒（小1～2相当）であった．

② 音読課題による測定

音読は3年次配当漢字までは明らかな問題は認められなかった．音読では漢字単語に2つの誤答がみられた．

● 書きの評価

① 読み書きスクリーニングテスト4年生用（2年配当漢字）の結果

● 図4は読み書きスクリーニングテスト[9]の結果である．検査法にそって，かな1文字の音読から漢字単語の書き取りまで全10種類の課題を施行した．

● 書き取りではカタカナ1文字とカタカナの単語でそれぞれ1つ誤答がみられた．漢字単語は他の課題と比べて明らかな低下がみられ，成績は半分以下であり，小4の時点で小2のレベルにも到達し

ていなかった．

② 単語レベルの漢字書字精査

読み書きスクリーニング検査4年生レベル20語における事例の反応を，高橋[8]を参考に分析した．ほぼ問題なく正答した語は6語，無答は3語あった．

自己修正などからみて正答と考えられるが，問題なく正答とはいえないものが5語（表1の分類で△，「字形類似の誤り」）であった．そして，明らかな誤りが6語（表1の分類で×，すべて「字形の誤り」）であった．

この結果から，誤りは音韻の障害によるというよりは，むしろ視覚-運動経路の問題である可能性が高いと考えられた．

③ 文レベルの書字（系列絵の説明）

文レベルの評価のため，系列絵を文章にして書かせた（図5）．手続きは以下のとおり．

1) 系列絵を十分に見せる
2) 題名と，このお話を文章で書くように指示する．間違えたところは消さずに×をして書き進めるように指示する．
3) 書いた後，自分で読み直して直すところがあったら赤字で直すよう指示した．

● 多語文による文産生が可能であり，接続関係も適切であった．

● 文字の誤りに関しては，サンプル数は少ないが，「散歩→散走」のような意味的な誤り，「心配→心記」のような形態的誤り，「いずみ→いづみ」のような同音での表記の誤りもみられた．文字列は線間中央よりもやや右に寄りがちだった．

④ その他，書字の際に観察された様子

● 漢字の正誤に確信が持てない．例えば，課題で

表1 読み書きスクリーニングテスト（4年生用）における事例の反応

正答	反応	解釈	正 誤 ○：正答 △：問題あるが正答 ×：誤答	初発反応における誤りのタイプ 字形の誤り	字形類似の誤り
教室	教室	偏の「子」の棒の位置誤り	×		✔
作文	作文	自己修正後正答．「交」らしき形態を途中まで書く	△		✔
歌	欧	旁の反転	×	✔	
黒	黒		○		
寺	寺	字形全体の幅が狭い	△		✔
時間	時間	「時」の旁が一画多い	×	✔	
頭		無反応	―		
顔	顔	偏の一部反転（自己修正で誤る）	×	✔	
姉	姉		○		
図工	図工	国構えの中の構成不均衡	△		✔
谷川	谷川		○		
国語	国語		○		
首	首		○		
社会	社会		○		
昼	昼	「尺」の右側一画欠損	×	✔	
理科	理科	「科」の旁の形態不均衡	△		✔
兄弟		無反応	―		
大工		無反応	―		
算数	算数	「算」のはみ出し（線は罫線）自己修正後旁は正しくなった	×	✔	
東京	東京	自己修正がみられた 二字目は「東」を書きそうになる	△		✔
			正答率 55%	5/20 語	6/20 語

図5 小学校4年生時の系列絵作文

ターゲットになっている漢字を思い出せない時に，まず偏を書き，それからいくつも旁を書いては消して，あれでもないこれでもないと試すことがある．また，正しい漢字を書けた時も確信がなく，「あってるよ」と伝えると意外そうな顔をした．
- 偏と旁の配置に失敗し，位置が入れ替わってしまうことがある（例：配→酉己など）．
- 偏や旁そのものが鏡映文字になることもある（表1「歌」参照）が，偏と旁の入れ替わりよりもまれである．
- 「算」,「書」,「買」,「飛」など，上下に部分が分かれるものは上の部分だけで罫線間の半分以上を使ってしまい，結果的に字全体としては罫線の下にはみ出てしまう（表1「算」参照）．本人からも「どうしたらはみ出さずにかけるのか」と質問された．

評価のまとめと問題点の整理

1）障害類型
● 障害の種類
本事例は，知能検査の結果，言語性知能と動作性知能に乖離がみられ，動作性領域ではボーダーラインであるが，言語性領域には遅れがなかった．このことから，書字に困難がある原因は知的な遅れによるものではないと考えられた．

読み書きの評価において，ひらがな単文字やRANにおける漢字の読み速度の低下はなく，3年生の配当漢字も読むことができた．一方，音韻評価においては定型発達児に比べ音節削除課題の成績および反応速度に遅延がみられた．これらのことから，読みについては問題がないとはいえないが，書字の困難の原因といえるほどの困難はないものと考えられた．

漢字書字では2年生レベルのスクリーニングも通過しなかった．ひらがなの書字については幼児期からの困難は報告されていなかったが，学校での漢字学習には困難が生じていた．これらのことから，漢字の習得に明らかに獲得の遅れがみられる．言語障害の類型としては，臨床症状としては発達性読み書き障害のなかの書字障害と考えられた．

● サブタイプ
Boder[2]によれば，読み書き障害は音韻障害タイプ（dysphonetic dyslexia），視覚・形態構成障害タイプ（dyseidetic dyslexia），混合タイプ（mixed dysphonetic-dyseidetic dyslexia）の3つに分かれるといわれる（表2）．

本事例の場合には，ひらがなの読みに問題がほとんどないこと，音節削除課題で示されたように音韻の側面において若干の低下はあったものの顕著な障害は認められなかったことから，音韻障害タイプではない可能性が高いと考えられた．一方，WISC-Ⅲの組み合わせ課題の困難さおよび単語書字・文レベル書字の誤反応から，3グループのうちでは視覚・形態構成障害タイプの可能性があるが，Boderは「文字や語全体を形態，あるいはゲシュタルトとして知覚することの障害」と定義している．この定義では，読み書き障害の原因として視覚系の知覚レベルの障害を指していると考えられる．本事例の場合には読みの問題は書字に比して軽度であり，視覚・形態構成障害タイプとして説明することもむずかしいと考えられた．これらのことから，視覚運動系のむしろ出力系に問題があるタイプと考えられた．

表2　Boderによるdyslexiaの分類[2]

グループⅠ：dysphonetic dyslexia（音韻障害タイプ）	読み書きのパターンが，表象―音（形態素―音素）の統合の障害を反映している．その結果，語を音声にするスキルの発達に問題が生じる（ゲシュタルトには問題がない）
グループⅡ：dyseidetic dyslexia（視覚・形態構成障害タイプ）	読み書きのパターンが，文字と語全体の形態あるいはゲシュタルトを知覚することの困難さを反映している（分析する能力には障害がない）
グループⅢ：mixed dysphonetic-dyseidetic dyslexia（alexia）（混合タイプ）	グループⅠとグループⅡの症状を併せ持つ群

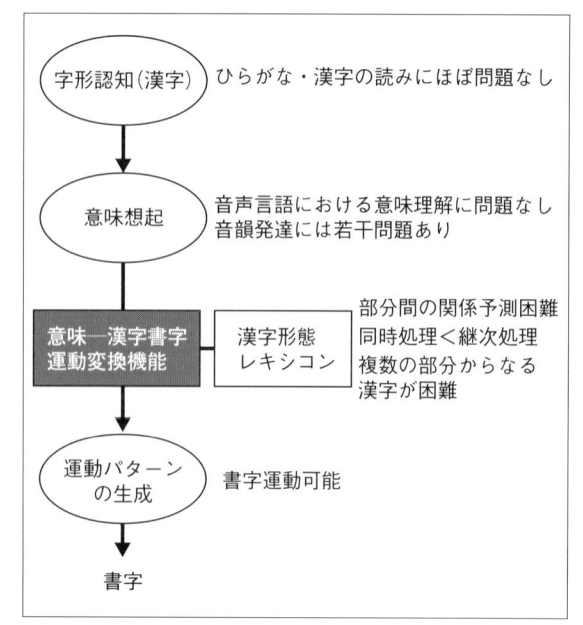

図6　本事例の概要まとめ

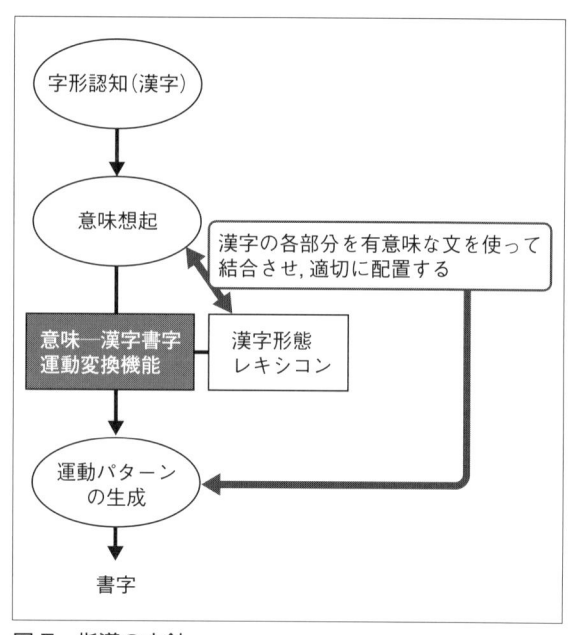

図7　指導の方針

2) 問題点の整理

前項までに述べた事例の問題点を図6にまとめた.

- 読みには明らかな問題がみられなかったことから, 字形認知のレベルにおける知覚・認知については, 本事例には明らかな問題はないと考えられた.
- 意味想起のレベルでは, 概念の発達や音声言語の発達からみて問題はなかった.
- 音韻発達は平均を下回る発達であったが, 漢字書字(困難)を説明できる程度の低下ではなかった.
- 意味想起と運動パターンの生成の間で, 漢字形態レキシコンから形態を想起し, 運動変換機能を経て運動パターンが生成されると仮定し, 石井[6]を参考に図6のモデルを作成した.
- 大石[10]は情報処理の偏りがレキシコンの形成不全を生じること, 石井[6]は形態レキシコンの形成不全から漢字書字の形態エラーが起こったと考えられる事例を報告している. また, 石井[6]はK-ABC「模様の構成」課題の成績が低い場合に形態エラーが多くなることを指摘している.
- 本事例の場合, 同時処理より継次処理が優位な傾向があり, 組み合わせ課題の成績が低下していること, そして形態エラーが多いことを併せると, レキシコンの形成不全から書字のエラーが起こっていることは否定できない.
- 一方で, 比較的画数の少ない形態の漢字(工, 谷, 会など)は誤らなかったことや, 偏と旁の配置が誤った場合にも偏と旁自体は正しいことがあったことから, 形態レキシコンの形成不全と考えるよりも意味―漢字書字運動変換機能に問題があると考えられた.
- 運動パターン生成については, 手指の動作そのものはやや不器用とはいえ, 書字困難が説明できる程度の困難はないものと考えられた.

3) 指導方針

- 指導においては, 以下の2点を方針とした(図7). 強い側面である言語理解を手がかりとして, 弱い面である漢字の意味―漢字書字運動変換機能を補って, 部分の集合からなる漢字の構造を運動として実現できるようにする.
- 読み書きへの関心を保つための工夫をする.

指導プログラム

● 指導ニーズおよび訓練頻度

本事例の場合には, 書字に明らかな遅れが認められること, 学習意欲がみられること, 事例の言語能力の高さを手がかりとした漢字書字の学習に効果が

期待できること，などから週1回程度の指導を継続的に行うこととした．

● **指導目標**

目標1：小学校卒業までの2年間に，2～4年生のレベルの未習得漢字を習得すること

目標2：学業への意欲低下を防止しながら，自信をつける活動を見つけること

【目標1について】

教材：白石範孝：漢字九九カード（小学2～4年生）．学研教育出版，2003.

方法：図8のフローチャートに，指導の手続きおよび指導のポイントを述べた．方法としてはいわゆる「書き取り」の方法を用いた．学習すべき漢字が含まれる文自体の意味理解も補助にしつつ，漢字の形態・構造の想起に言語的手がかりを用いた．

留意点

(1) ①の手続きにおいて，ターゲット漢字が含まれる文を聞かせた際にわからないことばや初めて聞いたことばがないかどうかを確認する．意味的な手がかりを使っている特性上，意味がわからないことばがあると手続きが意味をなさなくなってしまう．

(2) ②の手続きでは，聞いたものをとにかく全部書いてもらうことに集中させる．書き終わる前に刺激を与えると干渉してしまうので，思い出しつつ書いていても，本児が書き終えたことを意思表示するまでは話しかけない．

臨床上の工夫（1）

漢字を学習する順番として
1) 画数の少ないものから始める
2) 偏・旁などの構造を持つものを学習する前に構成要素を先に学習する（例：「早」より「日」と「十」を先に指導する）

という2点に配慮し，本を学年ごとにすべて1枚ずつに分け，
1) 画数の少ない順
2) 画数が同じ場合は便宜的に50音順に配列しなおした（下写真参照）．

このようにすると教材として使いやすくなり，進度もわかりやすい．

刀　2画　トウ
丸　3画　ガン
弓　3画　キュウ

画数の少ない順

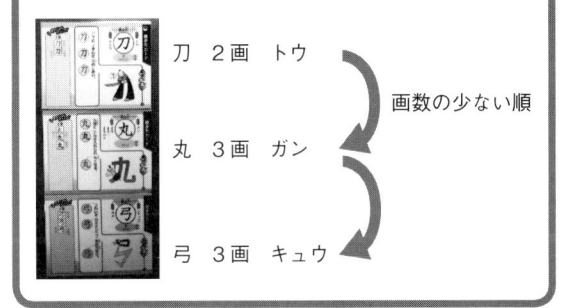

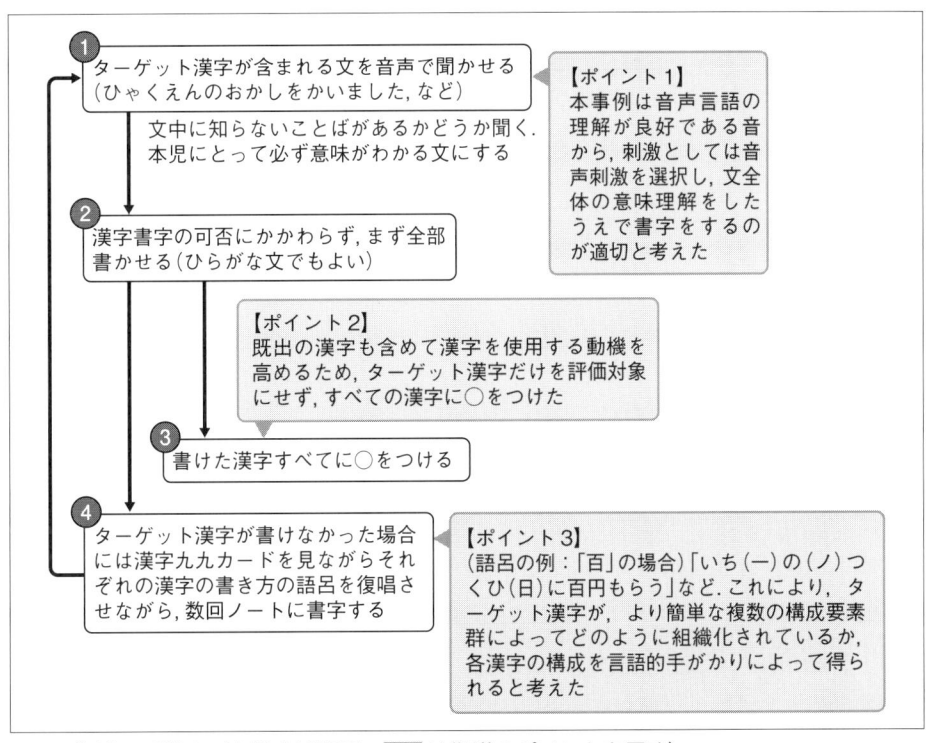

① ターゲット漢字が含まれる文を音声で聞かせる（ひゃくえんのおかしをかいました，など）

文中に知らないことばがあるかどうか聞く．本児にとって必ず意味がわかる文にする

② 漢字書字の可否にかかわらず，まず全部書かせる（ひらがな文でもよい）

③ 書いた漢字すべてに○をつける

④ ターゲット漢字が書けなかった場合には漢字九九カードを見ながらそれぞれの漢字の書き方の語呂を復唱させながら，数回ノートに書字する

【ポイント1】
本事例は音声言語の理解が良好である点から，刺激としては音声刺激を選択し，文全体の意味理解をしたうえで書字をするのが適切と考えた

【ポイント2】
既出の漢字も含めて漢字を使用する動機を高めるため，ターゲット漢字だけを評価対象にせず，すべての漢字に○をつけた

【ポイント3】
（語呂の例：「百」の場合）「いち（一）の（ノ）つくひ（日）に百円もらう」など．これにより，ターゲット漢字が，より簡単な複数の構成要素群によってどのように組織化されているか，各漢字の構成を言語的手がかりによって得られると考えた

図8　指導の手続き（丸数字は順番，□は指導のポイントを示す）

表3 指導開始後3か月以内にみられた誤反応の分類（指導時の記録から筆者が文字を再現した）

刺激語	正	誤反応	誤り方の分類				
			字形	字形類似	意味性	同音	分類困難
うんどうかい	運どう会	連どう会		○			
こうじょう	工場	工場	○				
はんずぼん	半ズボン	平ズボン		○			
はは	母	毋	○				
きたかぜ	北風	北凮	○				
こども	子供	子棋	○				
こうしん	行進	業正					○
のる	乗る	業る		○			
とうよう	東よう	南よう			○		
ゆうえんち	遊園地	ゆう園地	○				
でんち	電池	電地			○	(○)	
とおり	通り	通り	○				
ためいけ	ため池	ため水			○		
こんや	今夜	今夜	○				
しゃしん	写真	写具	○	○			
とびばこ	とび箱	とび箙	○				
たいよう	太陽	太隰	○				
かみのけ	かみの毛	かみの手		○			
ふるしんぶん	古新聞	古新文				○	
ともだち	友達	友逹	○				
きめる	決める	気める				○	
いっとうがあたる	一等が当たる	一当があたる				○	
のむ	飲む	館む		○			
ふね	船	舩	○				
きてき	汽てき	気てき	○				
きしゃぽっぽ	汽車ぽっぽ	気車ぽっぽ		○		(○)	
		合計数（語）	13	8	2	5	1
		比率（%）	50.0	30.7	7.6	19.2	3.8

(3) ③の手続きでは，本人の書いた漢字にはすべて○をつける．漢字の使用そのものを強化していく必要があることと，ターゲット漢字だけを書く練習ではなく，既出の漢字をすべて必要に応じて常に使う練習であることを指導のなかで伝えるようにした．

(4) ④の手続きでは，前述の図7に示した方針に基づいて言語的手がかりを使って語呂を復唱させながら書く練習を本人が納得するまで同一文字を1〜5回練習した．

- 指導開始後3か月間で最も多くみられた誤反応は，「漢字では書けずひらがなで書く」という反応であった．ひらがなで書いたものについては，前述（図8）の手続きで継続的に学習を行った．
- 指導後にみられた漢字書字における誤反応を集め，事例の問題点を再度検証した．その結果を集計した結果を表3に示す．誤り方は字形の誤り（文字の形自体を誤った場合）と字形類似の誤り

Section 13. 書字困難が主症状の発達性読み書き障害　131

臨床上の工夫（2）

時折おしゃべり（学校・友人関係，家族・ペットなど）をして，生活の状況を把握した．

おしゃべりのなかで教科学習への取り組みも把握し，動機付けを高めた．

自分から本を読むことが少なく経験が不足しやすいため，関心の高いテーマ（例：動物関連）の本を推薦した．

指導時間の一部を使って，1ページ交代で小学生レベルの本を読んだ（フランダースの犬など）．

臨床上の工夫（3）

上下に部分が分かれる漢字が罫線からはみ出すことについて（前述）は，上の部分をどの範囲に収めれば下まで入るかを書きながら示し，横棒と横棒の間の間隔の開き具合を狭くすることを教えたところ自分で工夫するようになり，罫線からはみ出さなくなった．

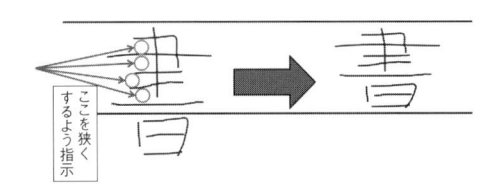

（元の字と似た，漢字としては正しい別の字に誤った場合）を合計して80.7％を占め，多くのものは形態エラーであることが示された．このことは，指導開始前の評価と一致する結果であった．

【目標2について】

● 家事，とくに食に関することに対して興味関心が高かったため，レシピ本から抜粋して宿題にし，料理して家族にふるまうよう指導した．宿題プリントを作成するに当たっての配慮点としては，以下のとおりである．

① 本人が読める文章かどうか，漢字をチェックして必要に応じルビをふる

② レシピ本のままでは省略されている手順を追加して書く

③ 手順書通りでは実際にやってみると時間が前後してしまう場合があるので書き直す

④ 実際に読ませて，知らないことばやわからないところがないかどうか確認する

● 事例に対しては1年間程度宿題を出していた．家族の話では，毎回実直にこなし，レシピはフォル

図9　宿題レシピの例（文献12）を参考にして作成）

指導上の観点

苦手な領域が専門指導の一方とすれば，得意な領域を伸ばすことはもう片方にある．

問診段階から子どもの興味関心をよく聞いて，大人との関係がややむずかしい思春期になってもそれなりに本音で話せる関係を保ち，自尊心の低下をはじめとする二次障害の予防にも小学生の時期から留意する必要があると考える．

言語聴覚士として，いわゆる機能訓練としての読み書き指導のみに指導を特化することも一つのアプローチだが，包括的に子どもを支えるという観点や学齢期における発達支援という面から考えると，読み書き指導の一環としてできる支援のあり方にはまだ開発されるべき余地がたくさんあるのではないだろうか．

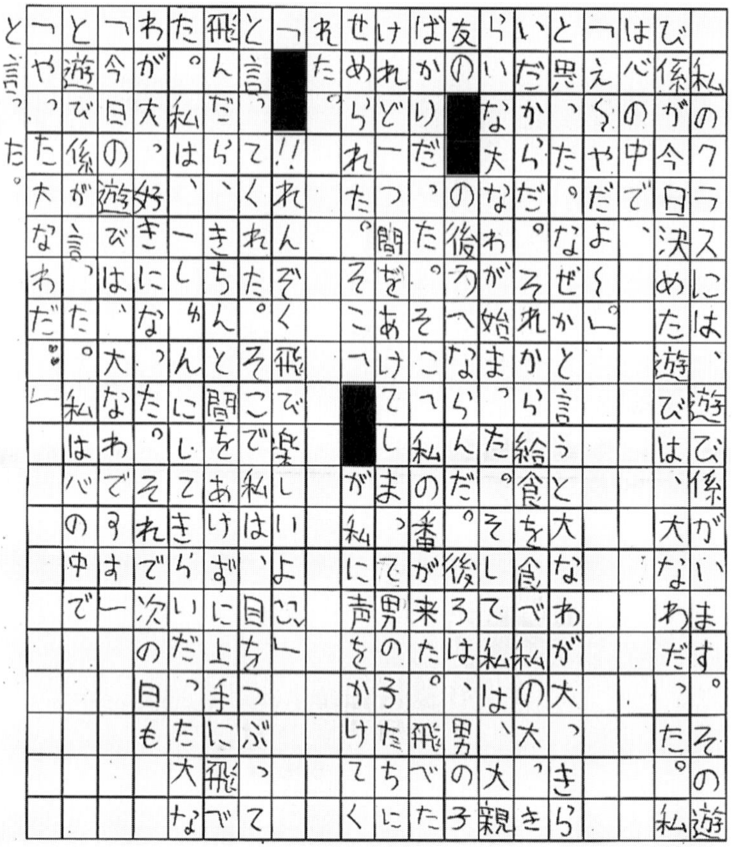

図10 指導1年後の自由作文

ダーに挟んで保存しているとのことであった．家族から認められたり，ほめられたりすることもできてきた．
- 中学生になる頃には，夕食を時折手伝うにとどまらず，準備から片付けまですべてできるようになり，「お母さんはそっちにいていいから」と母親の援助を断るほどになった．
- オリジナルのお菓子などを考案してメモとしてまとめることもみられるようになった．

● **その後**

指導開始1年後の作文（図10）については，5年生としては内容的にやや幼い印象もあるが，適切に漢字を使いながら作文ができるようになった．6年2学期には，学校における成績で「もうすこし」の評価がつく箇所はなくなった．

中学は公立校に進み，中学2年の頃は製菓や調理の専攻科のある高校を進路としておおまかに考えていた．運動部の活動をしつつも時折料理教室に通い，変わらず家族の夕食の支度やお菓子作りなどもしていた．思春期を迎え母親ともあまり話さなくなっていたが，自分なりに進路のことは考えていた．中学3年の後期になった頃，普通高校を目指すことに決めた．高校卒業後は専門学校に通う進路を考えているようである．

（下嶋哲也）

参考文献

1) David Wechsler：日本版WISC-Ⅲ知能検査法，日本文化科学社，2001.
2) Elena Boder：Developmental Dsylexia. A Diagnostic Approach Based on Three Atypical Reading-spelling Patterns . Develop.Med.Child Neurol, 15：663-68, 1973.

3) 原　恵子：子どもの音韻障害と音韻意識. コミュニケーション障害学, 20：98-102, 2003.
4) 原　恵子：学童期の読み能力と音韻情報処理能力の発達―ディスレクシアの評価法作成のための基礎的研究―上智大学（学位論文）. 2009.
5) 石田宏代, 大石敬子編：言語聴覚士のための言語発達障害学, 医歯薬出版, 2008.
6) 石井麻衣・他：(学習障害児における漢字書字の発達支援―漢字の書字モデルに基づく書字困難の分析―. 日本発達障害学会第36回大会発表論文集, 71：2001.
7) 白石範孝：漢字九九カード（小学2～4年生）, 学研教育出版, 2003.
8) 高橋　登：読み書きの発達. 言語・コミュニケーション・読み書きに困難のある子供の理解と支援（大伴, 大井編著）, 学苑社, 2011, pp160-170.
9) 宇野　彰・他：小学生の読み書きスクリーニング検査, インテルナ出版, 2006.
10) 大石敬子：子どもの文字言語の発達とその障害. 言語障害時の診断と指導（飯高京子・他編）, 学苑社, 1988, pp211-233.
11) 清野佳紀・他編：NEW小児科学, 南江堂, p610.
12) ウー・ウェン：ゆでておく　漬けておく　揚げておく　炒めておく（地球丸くらしブックス）. 地球丸, 2005.

コ・ラ・ム

音韻検査

　音韻検査とは子どもの音韻の発達レベルを評価するための検査である. 音韻は読み書きの学習の基礎となる認知機能であり, 読み書きに障害を持つ子どもの評価と診断に欠かせない. 読み書き障害として本書に紹介した小学生の事例は, 初診時に行った音韻検査の成績が定型発達同学年児の成績と比較して大きく隔たりがあった. このことが診断の決め手となり, また障害の重症度を示す手がかりを提供した. ひらがなの学習は問題なく英語にのみ問題を示した中学生の事例は, 音韻検査で示された値の低さがなければ, すぐには診断がつかなかっただろう.

　以下に2例に実施した音韻検査の概略を述べる. 音韻検査は複数の方法があるが,（1）モーラ削除検査,（2）単語音読検査を行った. モーラ削除検査は, あることばから指定された音を抜かし復唱させた時（'あたま' から［た］を抜く→［あま］）の正誤と反応速度を測る. これは音韻操作機能を測る検査である. 単語音読検査はひらがなで書かれた単語（10語）のリストを音読した時の速さと正確さを測る. これはdecoding（文字を音に変換すること）機能を評価する.

　両検査とも検査語は有意味語と無意味語で行い, かつそれぞれ3～6モーラの語で行う. 無意味語の方が有意味語よりむずかしく, モーラ数が多い語が少ない語よりむずかしくなる. 有意味語/無意味語の成績の違い, モーラ数の違いによる成績の差などで, 対象児の音韻発達の詳細が明らかになる. 正当数より反応速度がより鋭敏に音韻発達の状態を示すのも, 音韻検査の特徴である.

　音韻検査の重要性が認識されながら, 現在のところ, 基準となる定型発達児のデータとしては, モーラ削除について原[1]が年中から小3までのデータを公表しているのみである. なお本稿の2例については, 原[2]を参考とした.

（大石敬子）

● 文献
1) 原　恵子：読み書きの発達. 言語発達障害学（玉井ふみ, 深浦順一編）, 医学書院, 2010, pp73-81.
2) 原　恵子：学童期の読み能力と音韻情報処理能力の発達. 上智大学学位論文, 2009.

[脳性麻痺]

Section 14 アテトーゼ型の脳性麻痺
―1～13歳までコミュニケーション支援を行った事例―

概要

● 脳性麻痺とは

　我が国の脳性麻痺の医学的定義は「受胎から新生児期（生後4週以内）までの間に生じた脳の非進行性病変に基づく，永続的な，しかし変化しうる運動および姿勢の異常である．その症状は満2歳までに発現する．進行性疾患や一過性運動障害または将来正常化であろうと思われる運動発達遅延は除外する．」（厚生省脳性麻痺研究班1968年）が広く用いられている．脳の損傷部位や損傷程度によって筋緊張の異常や姿勢や運動障害の症状や程度，麻痺の部位や不随意運動の出現などが異なる．病型は痙直型，アテトーゼ型，失調型，低緊張型などがあり，これらの病型が混合して現れる混合型もある．

　麻痺の部位による分類では，四肢麻痺，両麻痺，片麻痺などがある．病型や麻痺部位に加え，脳の損傷は変化しないにもかかわらず，症状に変化がみられる．

● 脳性麻痺の多様な症状

　脳性麻痺は，姿勢をコントロールしにくいことや特異的な運動パターンによる運動発達障害に加えて合併症を有することが多い．合併症には，知的障害，てんかん，言語・コミュニケーション障害，摂食嚥下障害，呼吸障害，視聴覚障害，視知覚認知障害，高次脳機能障害などがある．それぞれの子どもに病型による筋緊張の特性や姿勢・運動障害の程度や様相，麻痺部位に加え，合併症の有無や障害の程度などがあるため，脳性麻痺児は多様な症状を示す．主に運動障害と知的障害を併せ持つ場合は重複障害といわれる．姿勢・運動障害は軽度～重度と程度の違いがあり，それと合併する知的障害も正常～重度と違いがある．程度の差こそあれ知的障害を併せ持つ脳性麻痺が多くみられる．重度の運動障害と知的障害がある場合は重症心身障害という．

　合併症の視覚障害では，斜視や眼球運動に障害があったり，視力低下の場合もある．また，視野，視知覚認知などの視覚機能障害により，学習につまずきを生じることもある．聴覚障害は，医学の進歩により核黄疸による脳性麻痺が減少したため，以前みられていた高音急墜型の感音性難聴は激減している．重症心身障害では視聴覚障害を合併することがある．

　重症心身障害児には，てんかんを合併する子どもも多く，てんかん発作により発達が停滞したり，低下することもあるので，早期からのてんかんコントロールの医学的治療が必要となる．

　近年増加傾向にある低出生体重児が脳性麻痺になることが増えている．とくに脳室周囲白質軟化症（periventricular leukomalacia：PVL）よる脳性麻痺には，痙直型両麻痺，四肢麻痺が多く，時に上下肢などに軽度の不随意運動を伴うこともある．このような子どもには，視知覚認知に偏りが生じやすく，聴覚―言語が視覚―運動より優位で比較的早くから発話がみられる．しかし発話内容が，本人の興味や話題が中心で一方的な話し方になりコミュニケーション発達に問題を生じることもある．また，就学後に文字の学習や計算などの学習につまずくこともある．

　未熟な脳，身体組織や機能で出生し，新生児期に新生児集中治療室（neonatal intensive care unit：NICU）で過ごすことで，NICUで病室特有の音や光の刺激により，聴覚過敏や睡眠のリズムがとりにくくなるなど生理的発達に影響を及ぼしたり，また長期の入院生活で母子関係が深められないこともあり，感覚運動発達の偏りがみられることもある．

脳性麻痺にみられる症状は，乳児期から成人期にわたって変化する．例えば，乳児期には低筋緊張であっても，成長とともにアテトーゼ型の症状が顕著になったり，失調型の症状が現れることもある．また，異常な筋緊張と特異的な姿勢や運動パターンを繰り返したり，日常的な筋緊張の高まりで関節拘縮，脊柱側弯や股関節脱臼などの変形やアテトーゼ型にみられる頸椎症や頸髄症といった二次障害を生じることもある．下顎の後退，舌根沈下などの呼吸や摂食嚥下に影響する症状の変化を起こすこともある．急速な発達時期には機能を獲得していくが，障害の程度や症状によっては，思春期，青年期，成人期などに二次障害が出現することにより，一度獲得した機能が低下することもある．

● 脳性麻痺児の発達

脳性麻痺児は，出生時やその後まもなくから外界との関わり方が弱かったり，偏った感覚運動経験を重ねるため，発達に遅れや偏りを生じやすい．未定頸や座位困難は，視野の狭さや視覚的探索行動に制限を与える．手の機能発達が遅れたり偏ったりすることは，玩具で遊ぶことや生活動作の機能を獲得しにくい，移動困難は活動が制限されることなどで，子どもの主体的で自発的な行動が滞る．このようなことから経験学習する機会が得にくい．また，脳性麻痺児は，移動や日常生活動作，コミュニケーションなども多くの場合母親の介助や補助が必要であり，母親や家族への依存が長く続くことで，精神的にも環境や他者に慣れにくい状況も生じやすい．

子どもは成長とともに生活のフィールドも変化する．乳児期の生活は家庭を中心としたフィールドであるが，幼児期には保育の場を経験し，学童期は学校，青年期は学校や通所，成人期は就労したり，通所や入所施設を利用することもある．子どもによっては幼児期から療育の通園だけでなく通常の保育園や幼稚園を利用したり，特別支援学校へ通学することもあれば，車椅子で通常校に通学することもある．近年では，バリアフリーの整備がすすみ大学に進学することも増えてきている．子どものライフステージに応じて姿勢・運動障害に対する多くの生活に必要な機器や器具が開発され，個々のニーズに合わせて生活に役立つよう工夫されている．

乳児期から老年期まで，脳性麻痺児者の生涯にわたっての生活の質的向上を目指して，各ライフステージでのニーズに合わせて，多職種による連携のもとに発達支援のリハビリテーション（以下リハ）が行われている．

● 脳性麻痺児の言語・コミュニケーション発達

乳児期には筋緊張の異常により身体的ケアや，授乳や離乳食が上手く進まない，活動性が乏しく，機嫌が悪く遊べないなど育児にも困難が生じやすい．また，医療，リハのための通院などに時間をとられやすく養育者は運動発達の遅れに注意が向かいがちになる．育児の困難性や子どもの特性，時間的余裕のなさ，養育者の不安や焦りといった心理的動揺によって，前言語期のコミュニケーション発達の基盤となる母子相互作用からつまずきやすい．幼児期以降も感覚運動経験の不足や偏りから認知・概念発達の遅れや発話の遅れがみられる．言語発達には時間を要し，発話やコミュニケーションの発達もゆっくりであるが，時間をかけて発達し続ける．反面，成人以降に身体の筋緊張の変化に伴い発話機能が低下することもある．

子どもの臨床像に個体差がみられるように言語・コミュニケーション能力の個体差も大きい．また，言語の能力の個体内差もある．子どもによっては言語理解力と言語表現力に差があったり，語彙，音韻，統語，語用などの各言語能力にばらつきがみられることもある．

● 脳性麻痺児への言語聴覚士（ST）の支援

脳性麻痺児とその養育者との信頼関係を築きながら臨床をすすめることが基盤となる．評価では検査法の選択や反応のとり方，検査場面や検査回数などの工夫が必要であり，臨床場面での観察や日常生活からの情報も役立つ．低年齢時には，知的レベルを評価しにくく，能力がゆっくりと発揮されるので，継続的に臨床と評価を続ける．

脳性麻痺による障害の特性を理解し，ライフステージにそって，生活に活かされる短期目標，長期目標を設定する．とくに姿勢や筋緊張，運動機能発達と言語・コミュニケーション発達との関連を考えることが必要である．姿勢や上肢機能などについては理学療法士や作業療法士と連携し，子どもが生活するフィールドでの職員，保育士や教員と連携する．

発話が増えていっても，発声，発話明瞭性の課題が生じることが多い．姿勢による筋緊張の変化や運動パターンは発声発語や口腔器官の機能に影響するので発話時の姿勢に留意する．口腔器官の機能を評価しアプローチするためには，摂食嚥下機能を理解しておく．コミュニケーション機能と摂食嚥下機能の両側面からアプローチすることはSTの役割となろう．脳性麻痺の発話特性は程度は減じても残りやすい．脳性麻痺の特異的な発話を受け入れながら環境調整を行い，より明瞭な発話になることを目指していく．

コミュニケーションがとりにくく，発話が困難でも拡大・代替コミュニケーション（Augmentative & Alternative Communication：AAC）を取り入れることで，子どもの表出を引き出したり，関係性の発達を支援できる．キーやスイッチ操作は子どもの姿勢や運動障害の特性をとらえて，上肢だけではなく少しでも随意性のある身体部位を利用することを考える．また障害が重く，身体の運動が不確実でも視線やまばたきなどにより随意性が高い部位でYES-NOを表現することもある．AACの種類は多く，使用対象の幅も広い．言語発達の遅れや障害が重くても共同注意や共感関係の促進にも利用できる．

STは，病型による姿勢時の筋緊張や運動パターンの特性，知的障害や認知特性を中心とした合併症を理解したうえで，言語発達や発声・発話機能などを評価する．そして，子どもの発達段階に合わせ，各ライフステージで，子ども達が豊な生活を送れるよう子どもが秘めている能力を引き出すことや環境調整を継続的に支援をすることが望まれる．

（高見葉津）

事例

事例：女児，1歳8か月〜13歳．
主訴：食物や水分にむせる．食物を十分噛めるようになってほしい．
診断名：脳性麻痺（アテトーゼ型），てんかん．
現病歴：妊娠中はとくに問題なし．常位胎盤早期剝離のため緊急帝王切開．在胎39週．生下時体重3,650g．重症仮死産で，アプガースコアは1分後0点，5分後2点．NICUに収容．挿管により酸素を投与した．人工呼吸器を2日間使用後，保育器に7日間収容．経鼻経管栄養を4日間使用し，23日目に退院した．新生児期のCT（コンピュータ断層撮影検査）およびEEG（脳波検査）において異常はなかった．2歳時のMRI（磁気共鳴画像検査）において，基底核の両側に高輝度所見がみられた．3歳時および4歳時に計2回，てんかん発作があった．5歳時のEEGでは脳波異常があったが，抗てんかん薬の服用はしなかった．その後，学童期に1度てんかん発作が出現し，それ以降は発作はない．視覚・聴覚機能には問題はない．
家族構成：父，母，弟（9歳），本児の4人家族．
発達歴：
　定頸：1歳3か月頃
　寝返り：1歳2か月（背臥位から腹臥位の一方向のみ）
　自力座位：3歳3か月（割座）
　物に手を出す：0歳8か月
　自分の名前がわかる：1歳2か月
　発声：0歳7か月
　発話：2歳5か月頃，[pa]の産生がみられる（「パパと呼んで」に対して[pa]）．
　　3歳4か月頃，単語で[アン][ママ]など数語．スピードはゆっくりで，音節が途切れる．
療育歴：
　0歳9か月：A療育施設初診．理学療法（PT）を開始．
　1歳8か月：外来にて言語聴覚士による食事指導，保育グループ開始．
　1歳11か月：母子通園開始（給食時に食事指導実施）．言語聴覚療法（ST），作業療法（OT）開始．
　4歳11か月：保育園と療育施設の併用開始（登園は，保育園に週3回，療育施設に週2回）．
　5歳11か月：A療育施設の通園を終了し，保育園に週5回登園．B療育施設外来にてPT，OT，STを継続実施．
教育歴：
　6歳11か月：地元の公立小学校通常学級に入学．

12歳11か月：同公立中学校通常学級に入学．

評価および指導経過

第1期　乳児期―食事指導を中心とした育児支援期
（1歳8か月～2歳10か月／外来指導～通園指導）

● 臨床像

　身体の筋緊張は，低く，ぐったりとした感じであり，同時に緊張が高くなったり低くなったりと，動揺がみられる．手は握り込んでいることが多く，足はバタバタと曲げたり，伸ばしたりする不随意運動がみられる．一方向の寝返りができるが，時間がかかり，移動の手段にはなっていない．床上では身体，首が傾いたり揺れたりしたが，片側の上肢で支えれば割り座で座ることができる．玩具への興味は高く，不随意運動がある上肢を介助すれば，いたずらBOXなどの玩具を押して操作することを楽しむことができる．日常生活動作は全介助．PT場面では，母親が離れると激しく泣く．

● 口腔および摂食嚥下機能評価

　乳児期にはミルクを飲んでいたが，初回評価時には，1日3回経口で食事を摂取しており，水分はジュースを飲んでいた．食事姿勢，食物内容，介助方法など家庭と同様の状況で食事をする場面を評価した．

食事姿勢：家庭では，背もたれと肘かけのある一般的な子ども用の椅子を使用していたが，身体を支えていなければ倒れてしまうほど身体がぐらつき，じっと座っていられなかった．横向きに抱っこした場合，身体がぐにゃっとして抱きづらく，首もぐらぐらしていた．

口腔の原始反射：新生児期にみられる口腔の原始反射は消失していたが，食物が大きかったり食物が口腔の後方に達すると，咽頭反射（オエッとなること）がみられた．

口腔感覚：スプーンが口腔内に入ると舌を硬くする，歯磨きを嫌がるなど口腔の感覚の過敏性がみられた．

顔面・口腔器官：筋緊張が低く，とくに舌は厚みがなく，平らであった．普段は開口していることが多く，流涎があった．

食物形態：主食は，普通の硬さに炊いた米飯，副食はマッシュ状の根菜類に挽肉や白身魚などを混ぜ合わせたものであった．

摂食嚥下機能：食事は全介助であった．自発的な取り込みはできず，児が首を後ろに反らして過剰に開口したところに，母親がスプーンを上顎中切歯にひっかけて食物を口腔内に入れていた．口唇の動きはなく，舌を前後に動かしながら吸啜運動で食物を送り込んでいた．下顎および舌の過剰で不安定な動きのため，送り込みと嚥下のタイミングが合わず，しばしばむせた．水分は，頭部を後屈して開口し，コップから流し込んだ後，舌を挺出しながら嚥下した．

● 評価のまとめ―問題点と課題

・食事時の姿勢が不安定で，口腔運動がしやすい頭部および頸部の安定が得にくい．

・口腔内に感覚の過敏性がみられ，スムースな食物摂取を妨げている．

・場面や人に慣れにくく，STが介入することを拒む．

● 指導方針

・口腔運動発達を促進する食事姿勢，食物形態，介助方法を検討する．

・口腔の過敏性に配慮し，食材および食物形態を選択する．

・食事を通してコミュニケーションを図りながら，関係性を高める介入を行う．

● 指導内容と経過

　指導内容は，食事姿勢，口腔機能の発達を促す食物形態の選択，介助方法，食べる場面を通しての認知・コミュニケーションの4点であった．

食事姿勢：当初，姿勢を安定させるための部品やベルトが組み込まれた椅子（座位保持椅子）に座ることに対して拒否が強く，食事時に用いることができなかった．そこで，介助者が床に座り，横抱っこをした．この時，子どもの股関節，膝関節を屈曲させ，骨盤周辺をしっかりと介助者の足で

包み込み，子どもの体幹を垂直方向から20〜30°傾けることにより，姿勢は安定した．しかし，頭部が左右や後方に大きく傾くので，介助者の肘で囲うように支えた．この姿勢で，頭部を正中に保持できるよう介助し，口腔の下方からスプーンを接近させると，上下唇を閉じて食物を取り込むことができた．ただし，母親以外の人の受容が困難であるため，指導場面で姿勢や介助方法を母親に伝え，家庭で実践してもらいながら調整した．

約3か月後，通園を開始してからは徐々に，給食時に座位保持椅子に座るようになったが，相変わらず上部体幹から頭部にかけて不安定であった．

食物形態：主食の米飯は口腔内でばらけるため，飯粒がまとまる軟飯にした．副食は，基本的にマッシュ状にまとまった状態に柔らかい粒が混入している程度を基本とした．一方，下顎の安定および舌の動きを誘導することを目的に，軟飯を小ボール状に成形したものや指でつぶせる程度の硬さで約5〜7ミリの厚みのある根菜類，柔らかい肉団子などを箸で臼歯の上に置くことで，下顎の上下動を促し，固形食に対する過敏性を軽減させた．送り込み-嚥下運動は未熟で，食塊をつくる舌の動きが弱く，食物の硬さやまとまった食物に含まれる粒の大きさによっては，ムセがみられた．

介助方法：本児は，時間をかけて食事に関わるSTを認識するようになり，STの介助を受け入れることができるようになった．頭頸部の安定を図るため，側方からオーラルコントロールを試みたところ，固形食の介助は嫌がったが，水分は下顎の安定と口唇の選択的な運動が得やすくなり，吸い上げが一部可能となった．

軟飯が口腔内に張り付いて食べにくいという母親からの訴えがあり，通常の米飯に戻したが，かえって食べたがらなくなった．そこで，通常の硬さの米飯を小ボール状に成形し，臼歯の上にのせて咀嚼を促した．

臼歯の上の柔らかい根菜や肉団子などは粉砕ができるようになったが，舌上の食物を下顎の上下動とともに舌でつぶしながら送り込んだり，側方へ動いて臼歯上に運ぶような動きはまだみられず，吸啜運動で送り込んでいた．咀嚼は未獲得であった．

認知・コミュニケーションへの留意：最初は，STが食事場面に参加し，口頭指示によって母親の介助方法を変更した．さらに，米飯をラップで包み，小ボール状に成形する，食べた個数を数える，ふりかけの味を選択させるなど本児の興味を引く関わりをしながらラポールを形成した．その後，座位保持椅子に座り，母親が前方から介助する場面で，STが側方からオーラルコントロールを行うことを続けることにより，頭部および頸部を安定させる介入を受け入れることができた．

第2期　幼児期前期―相互作用促進および拡大・代替コミュニケーション（Augmentative and Alternative Communication：AAC）導入期
（2歳11か月〜4歳11か月／通園指導）

● **臨床像**

1歳代後半までは，人に慣れにくかったが，通園生活を経験することにより療育集団の活動や遊びに意欲的に参加し，大人の関わりを受け入れるようになる．

運動面では，背臥位から座位への姿勢変換ができ，両手をついてお尻を浮かせて少しずつ前方へ移動できる．

日常生活動作は，排泄を予告すること，握りやすいように改良されたスプーンやフォークを用いて食物を口へ運ぶことに意欲をみせるが，気持ちが高まり，不随意運動が生じやすくなり，目的の運動を成功させることはむずかしい．

日常のコミュニケーションでは，事物や他者への興味関心の拡がりがみられ，単語による発話がみられるようになる．大人に対しては，要求する，共感するといった気持ちが成長し，発話内容が豊かになる一方で，子どもへの興味は希薄である．

● **発達評価（2歳6か月時）**

検査の様子と結果

発達検査は，乳幼児精神発達質問紙（津守式），知能検査は田中ビネー式知能検査（1987年改訂版），

表1 発達に関する検査（2歳6か月時）

検査名称	発達検査		知能検査	言語検査
	乳幼児精神発達質問紙 （津守式）		田中ビネー式知能検査 （1987年改訂版）	国リハ式 言語発達遅滞検査〈S-S法〉
実施した項目 および結果	発達年齢：0歳10か月		1歳級 名称による物の指示 6/6（＋）	基礎的プロセス 動作性課題 積木　積む（＋），並べる（＋）
	運動：0歳8か月		2歳級 用途による物に指示 4/6（＋） ほうき，椅子に無反応	基礎的プロセス 動作性課題 3種型はめ（＋）
	探索・操作：0歳11か月		2歳級 丸の大きさの比較 2/2（＋）	
	社会：0歳11か月			
	食事：0歳7か月			
	理解・言語：0歳11か月			

　言語検査は国リハ式言語発達遅滞検査〈S-S法〉を用い，本児が応答可能な項目のみ実施した．

　検査中は，検査の図版や道具に注目し，上肢で操作しやすいよう，座位保持椅子に座って行った．検査には集中し，意欲的に取り組んだ．不随意運動のため巧緻的な運動に制約があり，図版のポインティング，動作性課題は確実性に欠けたものの，本児の意図を推察できた場合には，正答とみなした．検査内容と結果は表1の通りであった．乳幼児精神発達質問紙では，およそ0歳10か月の発達レベルという結果であった．一方，検査場面において時間をかけて，本児の応答を観察した結果，ことば（言語シンボル）と意味の結びつきが，事物名詞および抽象語にみられた．

本児の行動観察および保護者からの情報

　対人的には，家族以外にも母親が同席していれば，療育スタッフが関わることを受け入れるようになった．

　言語理解は，日常的なことばの理解は可能であった．

　表出は，質問に対してYesはうなずき，小さい声で［N］と発声し，Noは首を横に振って伝えることができた．また，表情や声のバリエーションがみられ，意図を読み取ろうとして接する大人には，好き，嫌い，要求，興味，驚き，認識，不快などの意味を伝える意思表示と解釈できた．

　音声は一部子音の産生がみられ，「パパを呼んで」という要請に応じて［pa］というようになった．

　通園施設の集団保育においては，興味を持った遊びや保育活動に意欲的に参加するが，感触あそびなど苦手な遊びもあった．保育士が見せる手遊びには関心が高く，部分的に模倣がみられた．一方，自我の発達がみられ，通園の当番など好きな活動に高い期待を持ち，自分が担当できないと泣くこともあった．他児には興味があり，遠巻きに眺めることはあったが，他児への働きかけができなかった．

● **評価のまとめ—問題点と課題**

　本児は，運動機能面の制約が大きく，検査において，頭部が不安定であるため見ることが阻害され，緊張と不随意運動のため上肢で操作すること，発話で応答することに困難があった．このため，検査者（ST）は，本児の課題遂行状況から結果の正誤の判断に苦慮し，検査結果から本児の能力を推測して評価することが多かった．

　そこで，検査結果，保護者からの聴取および保育場面の行動観察などの情報を併せて総合的に判断し，本児の知的発達および言語理解は，おおむね年齢相応（2歳代）と考えた．本児は，日常生活において，物に関わることは十分ではないため，社会的相互作用において，他者が物に関わることを通して，物に対する認識を高め，表象化を発達させたと考えられる．

これに比べて，表出面は，関わる大人が，表情，声などから意図を読み取る努力を要するレベルにとどまっている．一方，人に働きかける自発的な表現は乏しく，年齢相応の遊びへの意欲，知的能力および言語理解力があるにもかかわらず，遊びの経験や表出面の発達とのギャップが大きい．

コミュニケーションスキルは，手遊びの模倣がみられることから，ジェスチャーやサインを用いることを考えた．

また，発声発話は，感情や意図に伴う声の調子がみられる一方，意味的な音の分化も一部みられ，今後スピーチの可能性が考えられるが，伝達内容の制限が大きい．

本児の運動機能の限界を考慮し，複数のコミュニケーションスキルを用いることが有用であると考えた．

● 指導の方針

・運動面を補助しながら遊びを通して，大人および他の子どもたちと関わることの楽しさを十分経験し，共感的な関係を作り，相互にやり取りするきっかけをつくる．
・コミュニケーションスキルは，ジェスチャーおよびサイン，写真，シンボルの導入を検討する．
・発声・発話については，声のバリエーションとともに音が分化しつつあるので，音韻認識の発達を待つ一方で，大人が本児の発話に注意を払って聞き取るように環境調整を行い，発話経験を積む．

● 指導内容と経過

言語個別指導を開始し，食事指導も並行して行った．

【指導のねらい①】遊びを通して大人と共感的に関わることを経験する

手掌を握り込んでいることが多いため，玩具の操作や遊びは限定されるが，ST場面では，絵本を供覧する．ワンスイッチで操作できるパソコンソフトで遊ぶことを好んだ．姿勢は，なるべく操作を介助しないで自発的に遊べるように，前方で支えられる工夫がある椅子を用い，肘を机上で支えることを介助し，徐々に自分でコントロールするよう学習させた．パソコンゲームは，タイミングを図ってスイッチを押すことのスリルを味わい，遊びの楽しさを大人と共感することができた．

【指導のねらい②】ジェスチャーを用いたコミュニケーションを促進する

母親より日常生活で，要求や事物名称をジェスチャーで表現することがあるとの報告を受け，家庭で本児に話しかける際には，ジェスチャーを併用することをアドバイスした．

一方，STの指導場面では，マカトンサインを用いて働きかけた．不随意運動のため，巧緻的な手指運動による表現は困難であったが，自ら考案したジェスチャーやサインを積極的に用いて，大人に要求すること，目の前にある事柄（現前事象）を伝えることを楽しんだ．内容は以下の通りである．

身体の前で両手を交差させる⇒抱っこして，腹部を両手で押さえる⇒おなかがすいた，手で口に触れる⇒ジュースを飲みたい，手で前を押さえる⇒おしっこ，手をおしりに当てる⇒うんち，手を頬に当てる⇒どれにしようかな，右手を回転させる⇒車および洗濯，雨⇒手を上下に動かす，入浴⇒手を頭に（シャンプーの意），その他，ミッキー，ウサギ，ネコ，・イヌ，トリなどの事物名称．

STとのやり取りにおいて，ジェスチャーやサインを用いることが増えると，通園の保育場面においても，職員がサインやジェスチャーを用いて働きかけるようアドバイスした．

その後，家庭においてサインでは十分伝わらない内容があり，焦れることがあるとの報告を受けた．

【指導のねらい③】写真やシンボルを用いたコミュニケーションの導入を図る

遊びの種類をピクチャーコミュニケーションシンボルズ[1,2]（picture communication symbols：PCS）で示し，本児が選択した遊びを行った（図1）．

さらに，日常生活で関わる事物の写真を用いて会話をした．また，これらを携帯できるようにファイルに貼り付けて，コミュニケーションブックを作成した（図2）．

写真の種類は，1) 家族，2) 親戚，3) 生活に関わる動作・事物（食べる，寝る，トイレ，おふろ，おむつなど），4) 玩具，ビデオ，5) 乗り物（電車，自家用車，バス，自転車など），6) 外出先，店（スーパー，コンビニ，ファストフードの店など），7) 食べ物・メニュー，8) 色名，9) 感情（PCS）である．本児はこれらの写真を指差して，文レベルの表現を

図1　PCS[1,2]を用いて遊びを選択する

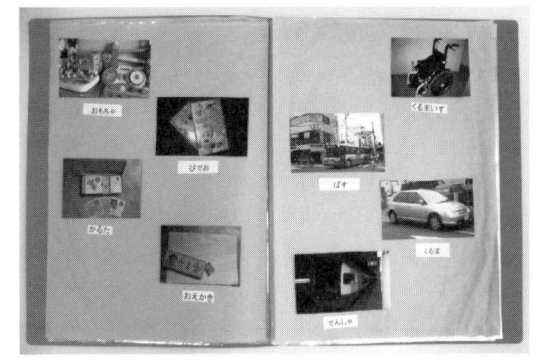

図2　コミュニケーションブックを用いて会話をする

することができた（「電車」⇒「祖母」で，「電車に乗って祖母の家に行った」と報告，「コンビニ」⇒自分自身⇒母＋［ma/ma］と発話で「ママとコンビニに行くよ」と表現）．

一方，本児に説明をする際に，写真を用いて内容を共有することにより，理解を深めることができた（STが「おむつ」⇒「トイレ」の順で写真を指差し，「おしっこをおむつでするのは，赤ちゃん．トイレでするのはお姉さん．Aちゃんはお姉さんだからトイレね」と説明）．

写真およびシンボルを用いたコミュニケーションブックを導入することで，ジェスチャーおよびサインでは表現しがたい語彙を補い，会話の内容の幅を広げることができた．

第3期　幼児期後期―AACの高次化およびプレスピーチ導入期（5歳～6歳11か月／通園指導～外来指導）

● 臨床像

慣れない場面では，当初表情，態度が硬化するが，時間経過とともに順応できるようになる．また，母親が傍にいる場合は依存的になる．

身体運動機能は，床に割り座で座ると，座位を保持することはむずかしく，度々倒れる．移動は四つ這いで行ったが，上肢，下肢はバラバラに動く．

とくに上肢で操作をする時は，不随意運動がみられ，頭部は左右のどちらかに傾き，下顎を引いて頚部の緊張を高めて，頭部の安定を得ようとすることがみられる．座位保持椅子にテーブルを装着し肘をのせることで，体幹の安定性が得られ，上肢の不随意運動が少なくなる．

上肢は前方に手を伸ばして物をつかむことができるが，放そうと意図すると，より握り込んでしまうため，描画やままごとの他に，遊べる玩具が限られている．

知的能力は高く，言語理解の発達に伴い，コミュニケーション意欲が増してきた．

大人が聞き取れる単語は，「ママ，バイバイ，オウチ」など数語であるが，音声とジェスチャーを併用し，2語を組み合わせた表現がみられるようになる（［ママ］＋おしっこのジェスチャーで「ママ，トイレに行きたい」など）．4歳11か月より併用した保育園では，友達が写真のコミュニケーションブックを用いて本児の好きな食べ物を質問し，本児が応答するなどAACを日常的に用いることもある．

一方，言語理解面と表出面とのギャップが著明になり，母親からは，「長い発話で話しかけてくるが，内容の見当がつかない」と訴えがある．一方，本児は発話が不明瞭であるため，相手が聞き取れないことが多くみられ，フラストレーションが高まっているようである．

また，通園において，興味のある遊びをしている児に近寄るが，現具の使用について交渉がうまくいかず，取り合いになることがみられる．

● 発達，発話，顔面・口腔器官の機能に関する評価（4歳1か月～4歳7か月）

知的発達・言語発達：実施した検査は，発達検査は，新版K式発達検査（心理担当者実施），知能検査は田中ビネー式知能検査V，言語検査は国リハ式言語発達遅滞検査〈S-S法〉，絵画語い発達検査である．

検査内容と結果は，表2の通りであった．

新版K式発達検査の言語・社会領域では，1歳9か月以降の設問において，音声言語による応答を求

表2 発達に関する検査（4歳1か月～4歳7か月）

検査名称	発達検査	知能検査	言語検査	
	新版K式発達検査	田中ビネー式 知能検査V	国リハ式 言語発達遅滞検査〈S-S法〉	PVT-R 絵画語い発達検査
実施年齢	4歳7か月	4歳1か月	4歳1か月	4歳1か月
実施した項目 および結果	姿勢・運動：0歳7か月	3歳級 属性による物の指示 6/6（＋）	記号形式-指示内容関係 統語方略 語順（＋）	語彙年齢　4：0
	認知・適応：1歳10か月	3歳級 理解（基本的生活習慣） 2/2（＋） ジェスチャーで応答	基礎的プロセス 動作性課題 10種図形（＋）	
	言語・社会：2歳8か月	3歳級 数概念（3個） 2/2（＋）		
	全領域：1歳11か月			

める項目が多数あり，本児は，左右弁別，色名，性の区別に関する項目を通過したものの，表出面の制約を受け，2歳後半レベルにとどまった．

一方，STが行った検査は，表出面の制約を考慮し，ポインティングや簡単な操作で応答できる課題を選択的に実施した．本児が日常生活で用いているジェスチャーによる応答なども考慮した結果，3歳代の項目で通過したものがあった．

また，指導時の観察から，形容詞（大きい・小さい・長い・短い・太い・細い・高い・低い・重い・軽いなど）や位置の語彙の理解がみられた．

母親からは，日常生活で，文字を拾い読みするようになったと報告があった．

以上の情報を総合して，言語発達レベルは，理解面と表出面の乖離が明らかとなり，理解面は，3歳代後半以降，表出面は，ジェスチャーによる2語を組み合わせた表出がみられることから，1歳代後半以降と考えられた．

構音：単語検査および音節復唱検査で産生可能な音は，母音[a, u, e]，子音[pa][po][pu][ba][bu][ma][me][ta][te][de][ka][tɕa][n]であるが，発声と構音運動のタイミングがずれることがあり，音の歪み，軽度の開鼻声がみられた．単語呼称は，単音に比べ，音の歪みが大きい，モーラ数が整わないなどがみられ，プロソディで推測できる語がわずかにある程度であった．単語を復唱した際には，自然なプロソディで模倣できることがあった．

発声・発話：小児の発話特徴抽出評価[3,4]（表3）を用いて評価した．声質は無力性であるが，時に努力性がみられること，声の大きさは基本的には小さいが，起声時に爆発的な発声がみられることがあり変動すること，話すスピードはやや遅く，プロソディは，音，音節の持続時間が不規則に崩れることが目立ち，目的音の前に母音が付加されるなど，筋緊張の変動があるアテトーゼ型に特有の発話特徴がみられた．発話明瞭度は，非常に不明瞭であった．発声持続は，最長で2～3秒程度で弱々しく動揺が大きく，笑い声などの生理的発声は，声量が大きかった．

顔面・口腔器官の機能：口腔運動を指示に従って随意的に行うこと，模倣することが困難なため，食べる，あるいは飲む時の口腔運動機能を評価した．座位保持椅子に座ると，頭部が右側に傾きやすいので，頭部を安定させるオーラルコントロールをしながら観察した．取り込みは，過開口になり，スプーン上の食物に合わせて下顎の開閉を調節することと，口唇で取り込むことができないので，歯でスプーンを挟んでいた．固形食は，臼歯にのせると下顎の上下運動で粉砕できるが，嚥下時は舌の前後動がみられた．口腔中央から食物を取り込むと，舌の前後動で送り込み，食物が口腔外にこぼれた．水分は側方からのオーラルコントロールで閉口を保てば，コップで飲むことができるが，下顎と舌の運動が連動し，ストローを使用するとさらに多くみられた．

Section 14. アテトーゼ型の脳性麻痺　143

表3　小児の発話特徴抽出評価[3,4]（4歳7か月時）

対象児名	A	男・女	実施年月日	
生年月日		年齢 4:7	評価者	

評価に使用した資料（自由会話，単語や文の復唱，音読など）　自由会話，単語の自発話または復唱

		項目	特徴の程度
声質	1	粗糙性	(なし)　少々あり　あり　目だってあり
	2	気息性	(なし)　少々あり　あり　目だってあり
	3	無力性	なし　少々あり　(あり)　目だってあり
	4	努力性	なし　(少々あり)　あり　目だってあり
声の高さ・大きさ	5	声の高さ	低い　少々低い　(普通)　少々高い　高い
	6	声の翻転	なし　(少々あり)　あり　目だってあり
	7	大きさ	小さい　(少々小さい)　普通　少々大きい　大きい
	8	大きさの変動	なし　少々あり　(あり)　目だってあり
	9	声のふるえ	(なし)　少々あり　あり　目だってあり
話す速さ	10	速さの程度	遅い　(少々遅い)　普通　少々速い　速い
	11	速さの変動	(なし)　少々あり　あり　目だってあり
プロソディ	12	音・音節の持続時間が不規則に崩れる	なし　少々あり　あり　(目だってあり)
	13	抑揚に乏しい	なし　(少々あり)　あり　目だってあり
	14	繰り返しがある	なし　少々あり　(あり)　目だってあり
共鳴・構音	15	開鼻声	なし　(少々あり)　あり　目だってあり
	16	鼻漏れによる子音の歪み	(なし)　少々あり　あり　目だってあり
	17	構音の誤り	なし　少々あり　あり　(目だってあり)
	18	構音の誤りが不規則に起こる	なし　少々あり　あり　(目だってあり)
発話全体	19	異常度	なし　少々あり　(あり)　目だってあり
	20	明瞭度	明瞭　少々不明瞭　不明瞭　(非常に不明瞭)

評価時の留意点
①子どもの生活年齢や性差，言語発達レベルに留意する
②評価をしながら，発話を録音して，カテゴリーの声質，声の高さ，声の大きさ，話す速さ，プロソディ，共鳴・構音，発話全体ごとに1回以上聞き評価する．

　以上の摂食嚥下時の動きを観察し，筋緊張が低く，緊張が変動するため不随意運動があり，下顎，舌が不安定なこと，運動範囲の制限はないが，運動のパワーや速さに欠けること，下顎，舌，口唇が一緒に動いてしまい，分離した動きが難しいことなどがわかった．
　OTでスプーン上の食物を口まで運ぶ練習をしているが，実用化には至っていなかった．

● 評価のまとめ─問題点と課題
　集団療育や保育園生活を経験し，家族以外の大人や同年齢の友達とのコミュニケーション意欲が高まってきた．一方，知的発達および言語理解面は，年齢相応の発達がみられ，言語表出面は，目の前にある事柄（現前事象）に加え，目の前にない事柄（非現前事象）が増える一方で，コミュニケーションスキルに制限があり，意図した内容を相手に十分伝えられなかった．
　これまでAACとして，ジェスチャーおよび写真のコミュニケーションブックを用いてきたが，表現する語彙の拡大を図るため，1つの図形に多くの意

図3 サウンズアンドシンボルズ（S & S）[5]

味を含むシンボルを試用する．また，文字への興味がみられるので，指導中に文字言語の導入を試みることとした．

一方，発話はみられるものの，明瞭度が低く，実用性に欠ける．とくに口腔器官の安定した運動，協調した運動が，発声や発語に大きな影響を及ぼしていると考えられた．

モーラ数が整わないことなど音韻意識の発達途上と考えられる現象がみられた．

● 指導方針
・シンボルを導入する．併せて文字を用いて表記し，文字学習をすすめる．
・安定した姿勢で発話する．
・プレスピーチアプローチ[4]により，口腔器官が安定した運動，協調かつ分離した運動を促す．

● 指導内容と経過
【指導のねらい①】サウンズアンドシンボルズ[5]（The Sounds and Symbols：S & S）を経て，文字盤の導入を図る

シンボルは，本児が選択しやすく，語彙の獲得に応じて意味を広げやすいS & S（図3）を導入した．興味を持ったシンボルの意味を教示したところ，早期に家庭で使用するようになった．ポインティングは，肘を伸ばして右上肢を大きく動かし，手を握ったまま行ったが，本児の意図を反映したシンボルを示すことができ，指導場面では保育園の出来事などを報告するようになった（表4）．

ひらがな文字は，家庭で習得したが，トーキングエイドに応用するためには，上肢機能の運動制限があり，キーを押すことが困難である．指導では，会話で用いた単語をSTがひらがな文字で書き記し，

表4 S＆Sを用いた表出の例

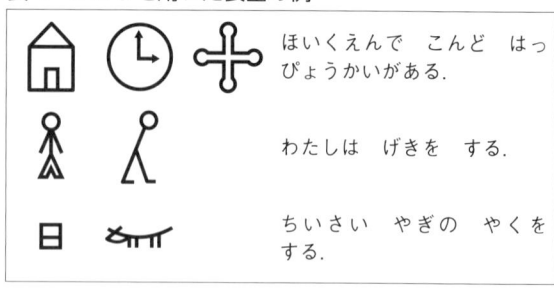

🏠 🕐 ✝	ほいくえんで こんど はっぴょうかいがある．
🧍 🧍	わたしは げきを する．
☀ 🐐	ちいさい やぎの やくを する．

表5 S＆Sおよび文字を用いた会話の例

C：（子ども）	🍃 🎩 ✨
ST：	（🍃を指しながら）お花のことかな？
C：	（首を横に振る／No）
ST：	葉っぱかな？
C：	（首を横に振る／No）
ST：	野菜かな？
C：	（首を縦に振る／Yes）
ST：	野菜を食べたの？
C：	（首を横に振る／No）
ST：	（🏠を指しながら）お家で食べたの？
C：	（首を横に振る／No）
ST：	保育園？
C：	（うなずく／Yes）
ST：	野菜を作ったんだ？
C：	（うなずく／Yes）
ST：	（「やさい」とかな文字表記する）何の野菜だろう？きゅうりかな？
C：	（首を横に振る／No）
ST：	ブロッコリー？
C：	（首を横に振る／No）
ST：	緑色の野菜かな？
C：	（首を横に振る／No）
ST：	わかった！なすでしょ？
C：	（うれしそうにうなずく／Yes）
ST：	（「なす」とかな文字表記する）なすは，まだできていないね．種を植えたの？
C：	（うなずく／Yes）
ST：	（「なすをうえた」とかな文字表記する）なすはいつできるかな？春？夏？秋？冬？
C：	（首をかしげる）
ST：	夏になったら，実がなるよ．（「なつ」とかな文字表記）
C：	（文字を見ながら発話）[na/ba][na/bu]（不明瞭であるが，ナツと発話したと思われる）

音読して聞かせ，文字と音または意味との対応を図った（表5）．

6歳過ぎ頃には，文字盤をポインティングして，清音を組み合わせて文字単語を構成するようになり，S＆Sに替えてコミュニケーションに用いるようになった．「ぷられな」/プラネタリウム，「るぷ」/グループのように（「」内は本児の文字表記），多モーラ語，特殊音節などは，表記を誤りながらも，文字盤をポインティングする意欲は高かった．STは，本児がポインティングによって示したかった語をひらがな文字で書き記し，音読して聞かせた．

【指導のねらい②】発話明瞭度の改善に向けてプレスピーチアプローチを行う

構音の練習をする前段階として，口腔の感覚運動経験を促した．児は，多様な硬さや大きさの食材を口にする機会が乏しく，食材に適応した口腔運動も未経験であった．食材の大きさ，硬さ，粘弾性，食感，口腔内の位置などを選択し，下顎の安定性と運動性を高めながら，舌や口唇のコントロールした動きを引き出すようにした．

いずれも下顎の安定を図るために側方からのオーラルコントロールの手技を用いた．

① カットりんご

5ミリ厚程度にカットし，ガーゼに包んで臼歯にのせた．粉砕できるが，連続した下顎の上下運動はみられなかった．一方，10ミリ厚にカットしたものは，一度で咬断できなかった．

② マシュマロ

直径約20ミリのマシュマロをガーゼに包んで，口腔内の頬にそわせるように入れた．下顎の上下運動とともに，舌の側方への偏位が明確になった．

③ グミキャンディー

ガーゼに包んで用いた．臼歯にのせた時に過開口になったが，食材の大きさに合わせて開口の大きさを変えることができた．さらに下顎の規則的な上下運動で粉砕できるようになった．噛む力は左に比べて右が強かった．

④ 棒付きキャンディー

キャンディーで舌表面をなでるように触れると，舌上にのせて閉口することができなかった．

食材の粘性，弾性によって下顎の運動性を促した．また，食事や発話時に過開口になりやすかったが，下顎の段階的な開口を意識できるようになった．

一方，嚥下時には，オーラルコントロールで下顎の閉口を強化したが，舌の前後動は容易に軽減しなかった．

第4期　学童前期―プレスピーチアプローチ期（7～10歳／外来指導）

● 臨床像

割り座や台上に座るなどの座位姿勢は安定していったが，移動や上肢の実用的機能などの運動機能面では，大きな変化はみられない．

学校生活では，電動車椅子で移動する．食事，更衣などは，意欲はあるが，時間的制限があるため，全介助である．

知的好奇心が強く，わからないことばは，両親に尋ねる．両親が辞書を用い，解説するのを聞いた．

学年が進むにつれ，本児が自ら判断し，日常生活の場面ごとに発話とAACを使い分けるようになった．家族および友人との日常会話は，発話で行い，内容を確実に伝えたい場合には，文字盤を用いる．

一方，学校の授業で発言する場合は，文字盤を用いて内容を介助員に伝え，介助員が代理で発言する．テストの解答も同様の方法で行い，介助員が答案用紙に記入する．板書を書き写すことは困難であるので，介助員が代理で書き写す．

発話時には，気持ちが高揚し，声の大きさのコントロールが困難である．声量が大きくなったり，小さくなったり変動する．

● 構音・発話評価（8歳10か月時）

構音：単語は，歪み音が多いが，モーラ数が一致するようになり，内容がわかっていれば聞き取れるものが増えた．音節復唱では，口唇音，/t, d, n/の前舌音に比べ，奥舌音の産生が困難であった．目的音の前に母音が付加することは，まだみられた．

発話：起声時には，歯ぎしりをしており，声質は一時的に努力性になった．プロソディは，音・音節の持続時間が不規則に崩れた．単語は，モーラに区切って発話すると構音は明瞭になった．一方，復唱により，プロソディを模倣すると構音が不明瞭になった．全体的に発話のスピードはゆっくりであった．

● 評価のまとめ―問題点と課題

　幼児期から就学にかけて音韻認識が発達し，語音を意識して発話するようになった．

　一方，地域の保育園から小学校に就学し，本児は定型発達児とともに育っている環境において，日常生活では，本児は気後れすることなく，ことばを交わしている．気持ちの高揚に伴い，起声がスムースでないことがしばしばみられた．このことは，発話明瞭度に大きく関与していると考えられた．

● 指導方針

・安定した姿勢で，声をコントロールしながら発話することを促す．
・プレスピーチアプローチと並行して，構音の獲得を促す．

● 指導内容と経過

【指導のねらい①】呼気をコントロールしながら発話する

　ベンチに座って，鼻呼吸と口呼吸の分離を促した．鼻孔を閉鎖すると口呼吸が困難であった．リコーダーの吹き口を用いたハードブローイングは，オーラルコントロールで介助し，10〜20回連続して音を出すことができるようになった．

　一方，短文の組み合わせによって構成されている詩などを復唱することによって，声量のコントロールが良好になり，全体的な声量は小さくなった．また，自然なプロソディに近づいた．

【指導のねらい②】母音の明瞭化および子音の産生を促す

　ベンチに座って，プレスピーチアプローチを行った．第3期から継続して，下顎の安定性を高めながら，口唇，舌の分離・協調運動を促すアプローチを行った．

　グミキャンディーやガムなど粘性の高い食材を用い，下顎の連続した上下運動の後，オーラルコントロールで閉口位を保ち，舌尖を固定して嚥下させ，奥舌の挙上を促した．

　さらに，ガーゼに包んだヨーグルトを舌上に置き，閉口して吸い上げることで，口唇の選択的な運動を促した．

　単音節や単語を産生し，STが聴覚印象をフィードバックすることによって本児自身が口腔運動をコントロールした．

　流涎と起声時の爆発的な発声が減少した半面，声質は，気息性が目立つようになった．構音は歪み音や意図した音とは異なる音の付加が依然としてみられるが，奥舌音の産生が一部可能となった．発話明瞭度は，話題を共有していれば，単語が聞き取れるようになった．

第5期　学童後期〜中学校入学現在―コミュニケーションの実用化期（11歳〜13歳／外来指導）

● 臨床像

　日常生活動作，移動は大きな変化がなかった．

　スピーチの明瞭度は，単語レベルでは上がったが，文レベルでは依然として低い．家庭では，聞き手である母親が，生活の時間的余裕ができ，聞き取る時間が持てるようになったこと，本児の発話を聞き慣れたことから，コミュニケーションは主にスピーチを用いている．

　学校生活および対外的な場面においても，スピーチおよびAACを用いて発言をすることに意欲的である．しかし，聴衆に向けて発言する時には，精神的な緊張が，身体の筋緊張に影響し，発声がスムースにできず，発話明瞭度が低下する．また，発話明瞭度の低さやAACの使用が，場の雰囲気にそぐわないと指摘を受けるが，表現方法を検討したうえで，教師や他団体の主催者と交渉し，発言の機会を得ている．

　文字盤のポインティングのスピードは学童前期に比べ，早くなっている．

　小学校時代は，読書をほとんどしなかったが，中学生になり話題の小説を読むようになった．

● 構音・発話・AAC実用性評価（13歳0か月時）

　小児の発話特徴抽出評価[3,4]（表6）を用いて再評価した．声質は，気息性，無力性が目立つようになり，声がやや高くなる傾向がみられた．呼気をコントロールし，適度な声の大きさで発話するようになった．

　また，プロソディは以前に比べて良好になり，発話する語が予測できていたり，発話内容がわかって

表6 小児の発話特徴抽出評価（13歳0か月時）[3,4]

対象児名	A	男・女	実施年月日	
生年月日		年齢 13：0	評価者	

評価に使用した資料（自由会話，単語や文の復唱，音読など）　自由会話，単語の自発話または復唱

		項目	特徴の程度
声質	1	粗糙性	なし　(少々あり)　あり　目だってあり
	2	気息性	なし　少々あり　(あり)　目だってあり
	3	無力性	なし　少々あり　あり　(目だってあり)
	4	努力性	なし　(少々あり)　あり　目だってあり
声の高さ・大きさ	5	声の高さ	低い　(少々低い)　普通　(少々高い)　高い
	6	声の翻転	なし　(少々あり)　あり　目だってあり
	7	大きさ	小さい　(少々小さい)　普通　少々大きい　大きい
	8	大きさの変動	なし　(少々あり)　あり　目だってあり
	9	声のふるえ	(なし)　少々あり　あり　目だってあり
話す速さ	10	速さの程度	遅い　(少々遅い)　普通　少々速い　速い
	11	速さの変動	(なし)　少々あり　あり　目だってあり
プロソディ	12	音・音節の持続時間が不規則に崩れる	なし　少々あり　(あり)　目だってあり
	13	抑揚に乏しい	なし　(少々あり)　あり　目だってあり
	14	繰り返しがある	(なし)　少々あり　あり　目だってあり
共鳴・構音	15	開鼻声	(なし)　少々あり　あり　目だってあり
	16	鼻漏れによる子音の歪み	(なし)　少々あり　あり　目だってあり
	17	構音の誤り	なし　少々あり　あり　(目だってあり)
	18	構音の誤りが不規則に起こる	なし　少々あり　(あり)　目だってあり
発話全体	19	異常度	なし　少々あり　(あり)　目だってあり
	20	明瞭度	明瞭　少々不明瞭　(不明瞭)　非常に不明瞭

評価時の留意点
①子どもの生活年齢や性差，言語発達レベルに留意する
②評価をしながら，発話を録音して，カテゴリーの声質，声の高さ，声の大きさ，話す速さ，プロソディ，共鳴・構音，発話全体ごとに1回以上聞き評価する．

いれば，聞き取れる語が増えた．

● 評価のまとめ

　本児がコントロールして，楽に発声することを獲得し，起声時に緊張が高まることが減少し，プロソディが良好になり，聞き手が発話内容の予測がついていれば，聞き取れる語が増えた．反面，声質は，気息性，無力性が目立つようになった．

● 指導方針

・本児の意見を尊重しながら，コミュニケーション場面に応じて，集団場面で聴衆が聞き取りやすい表出手段，方法を工夫する．
・作文によって考えを表現することを援助する．

● 指導内容と経過

【指導のねらい①】コミュニケーション場面に応じたAACの使用およびスピーチの工夫

　「子ども区議会」に参加した．区議員への質問は，あらかじめトーキングエイドに発言内容を録音し，当日，本児が操作を行い，合成音声によって再生す

ることで実現した．

卒業式では，呼びかけに参加した．発話明瞭度を補うために種々の工夫を行った．

まず，発話しやすい音を含んだセリフを選択し，発声持続を考慮し，息継ぎ場所を決めた．次に，文節の最後の音節にアクセントをつけるなど，聞き取りやすいプロソディを目指した．本番は，聴衆が聞き取りやすいよう，文節ごとに区切った介助員の音声を復唱して発話した．

一方，常用している文字盤については苦い経験をした．身近な大人と日常的に文字盤を用いてコミュニケーションをしていたが，やがて意図が十分伝わらず，誤解を招いた経過を母親とともに語った．そして，本児は，文字盤で「文字で言うと，感情がみえない（伝わらない）」と述べた．文字言語によって内容の伝達の確実性は高いものの，表情やプロソディによって，ことばに感情を込めることがむずかしいという，AACである文字盤の限界に気づいたようであった．その後，本児のアイディアにより，文字盤の隅に，数種の顔文字を追加し，ことばのみでは言い尽くせない微妙なニュアンスを伝えることに配慮するようになった．

【指導のねらい②】作文による考えの表現

日常では挨拶語や［ナンデ］など慣用的なことばは，相手が聞き取れるが，中学生になり，自分の考えを述べる機会が増えた．そこでテーマを決めて，児が，文字盤を用いて，STと会話し，STが記述することを行った．これをもとに作文のスキルを獲得し，考えを表現することを積んでいる．

まとめ

乳児期から中学校入学まで長期にわたり，支援を行った本事例についていくつかの視点に基づいて，まとめる．

● ライフステージにそった言語・コミュニケーション支援

高見[6]は「脳性麻痺の子どもたちは，その発達過程で臨床像が変化していく．子どもの生活年齢や子どもの全体的な発達状態をとらえながら子どもへのアプローチをし，子どもの成長とともに変化する生活空間，社会性の拡がりのなかで子どもがもっている能力を十分発揮できるように環境を調整していく」と述べている．

本事例の言語・コミュニケーション発達は，知的発達レベルは正常域であるにもかかわらず，脳性麻痺による運動障害により，表出面の発達が著しく阻害されたことが大きな特徴である．

そこで，STの言語・コミュニケーション支援は，本児の知的および言語理解の発達および生活のフィールドの拡大に合わせて援助内容を変更したものの，運動障害の特性を考慮しながら一貫して表出面の支援を行った．

乳児期は，まず，離乳食をすすめることが困難であったので，食事姿勢，食物内容，介助の方法に配慮して，母親に指導した．アテトーゼ型の特徴としてみられる人や場面に過敏で人見知りが強く，場面に慣れにくいことがあった．STは，食事場面を通して，食事を介して児の興味や関心に合わせて気持ちや意図を推察しながら関わり，養育者以外の人とのコミュニケーションのきっかけを与えることができる．

幼児期，発話が遅れ，意図や気持ちを伝えることに困難が生じた．自らの思いを伝える表出手段を持たず，悶々とした思いを抱くことが容易に想像できる．そこで，早期から積極的にAACを導入した．コミュニケーション意欲を育てるためには，本児が獲得しやすいコミュニケーションスキルを選定し，支援することが大切であると考えた．初期にはジェスチャー，サイン，絵や写真，具象性の高いシンボルから導入し，知的レベルおよび言語発達に応じて抽象性の高い図形シンボル，文字言語へと学習をすすめ，より多くの情報を正確に伝えることができるよう高次化していけるとよい．また，保育場面など生活のフィールドにAACを導入し，友達や大人と関わることの楽しさを経験し，社会性の発達を配慮したい．

幼児期後半から学童期にかけて，保育および学習場面での発言，友達とのおしゃべりなど発話によるコミュニケーションが活発になる．本事例も発話は

不明瞭であったが，児の意欲を大切にして，この時期に発話明瞭度を改善する取り組みを行った．

学童期後半ごろになると，文字盤をポインティングするスピードが増し，効率的に意図や考えを伝えることができるようになった．場面に応じて，自ら判断し，発話とAACを使い分ける，学校行事など公的な場面の発言を積極的に希望するなど，コミュニケーション手段を駆使して，自己を表現するようになった．本児の発話の聞き手が個人から聴衆に広がるにつれ，発話機能の限界を考慮しながら，より伝わりやすい表現方法を工夫し，自身の能力を十分発揮することを援助することもSTの役割と考える．また，文によって考えを表現する経験も重要である．

● 脳性麻痺児へのアプローチの留意点

本事例において，STは，発話およびAACの使用に関わった．発話において，発声のコントロールおよび口腔器官が安定し，コントロールした動きを促すためには，姿勢の安定が重要である．AACの使用においても，上肢機能を発揮して操作するためには，姿勢の安定は欠かせない．脳性麻痺は運動障害であるため，発話，AACの使用において，姿勢を安定させることに留意しなければならない．

● 脳性麻痺児の構音・発話障害

脳性麻痺児の構音障害は，運動障害性構音障害である．発話明瞭度には，構音の誤り以外に，声質，声の高さ，大きさ，話す速さ，プロソディ，共鳴などに発話の問題が関与している．

本事例は，短文の音読を通して，発声量を小さくコントロールすることができるようになった．このことにより，発話明瞭度が上がったとの報告があった．一方，構音改善のためには，プレスピーチアプローチによって口唇，舌，下顎，頬の口腔器官の単独の運動を良くすることおよび各器官が協調して運動することを促し，音を作る準備を行ったうえで，各音の産生の練習を行った．単音の産生は可能になっても，単語や文では歪む傾向にあり，般化は困難であった．

一方，学童期後半は，自分の発話を客観視できるようになり，呼吸をコントロールしながら適度な声の大きさで話すことが身についた．併せて，句や文節で区切る工夫など聞き手を意識した話し方の助言が，聞き取りやすさに有効であった．

脳性麻痺児の持つ運動障害を理解しながら，正確な構音の獲得にこだわりすぎず，発話全体の明瞭性を改善することを目ざすことが重要と考える．

● コミュニケーション障害に寄り添う

本児は文字盤やトーキングエイドなどAACを駆使してコミュニケーションをすることができる．しかし文字盤では，気軽に話しかけることができなかったり，表出の開始に気付いてもらえなかったり，的確な感情が伝わらないなどの不便を訴える．STはコミュニケーション手段の実用化をゴールにするだけでなく，使用者が感じているコミュニケーションの壁についても共有しておきたい．

〔虫明千恵子〕

● 引用・参考文献

1) Roxanna M., Johnson MA, CCC：The Picture Communication Symbols Guide, Mayer-Johnson Co., 1995. 中邑朋子，松原華子訳，中邑賢龍監訳：PCSガイド，株式会社アクセスインターナショナル，1995.
2) Windows Boardmaker for the PC ユーザーズガイド&マニュアル，Mayer-Johnson Co., 1994.
3) 福迫陽子・他：麻痺性（運動性）構音障害の話しことばの特徴-聴覚印象による評価．音声言語医学，24：149-164，1983.
4) 高見葉津：運動障害を伴う構音障害児の評価と指導．特別支援教育における構音障害のある子どもの理解と支援（加藤正子，竹下圭子，大伴潔編），学苑社，2012，pp176-203.
5) 広川律子編：改訂版サウンズアンドシンボルズ．日本サウンズアンドシンボルズ研究会．1995.
6) 高見葉津：支援─障害別の指導・支援─脳性麻痺と重複障害．言語聴覚士のための言語発達障害学（石田宏代，大石敬子編），医歯薬出版，2008，pp238-257.

[脳性麻痺]
Section 15 PVLによる痙直型両麻痺の脳性麻痺

事例

対象児

事例：女児，2歳11か月～6歳4か月．
主訴：知的発達が遅れている．理学療法では，装具を使用して歩行が可能になったので，言語聴覚療法では，ことばの発達を促す助言がほしい．
診断名：脳性麻痺（痙直型両麻痺），てんかん．
現病歴：母は妊娠時，左中大脳動脈狭窄症，甲状腺および子宮に疾患あり．妊娠16週から20週にかけて子宮抑制剤を服用した．在胎28週1日，生下時体重1,188g．帝王切開術にて出生．仮死があり，アプガースコアは1分2点．新生児呼吸窮迫症候群が認められ，人工呼吸器を6日間装着．黄疸が強く，光線療法を受けた．動脈管開存症に対して，薬物療法を受けた．哺乳力が弱いため経鼻経管栄養を約60日間使用．約90日間保育器収容後，体重2,000gで退院した．

退院前の磁気共鳴画像検査（MRI），聴覚検査では，異常を認めなかった．脳波検査（electroencephalogram：EEG）は，境界領域であったが，退院後正常化した．

退院後，運動発達の遅れおよび下肢の痙性があった．1歳時のMRIでは，脳室壁の不正と軽度の脳室拡大を認め，脳室周囲白質軟化症（periventricular leukomalacia：PVL）による脳性麻痺と診断された．

家族構成：父，母，本児の3人家族．

● **聴覚**

2歳3か月時，両耳滲出性中耳炎に罹患し，以後4歳半ば頃まで罹患を繰り返し，3歳7か月時の条件詮索反応聴力検査（COR）では閾値50～60dB（HL），聴性行動反応検査（BOA）では紙もみやさやき声の呼びかけに無反応，数度呼びかけて振り向くなどがみられたため，伝音性難聴と診断された．鼓膜チューブ留置手術を行い滲出性中耳炎が治癒した後は，聴力は正常閾値となった．

● **視覚**

未熟児網膜症は否定されている．4歳時に眼科を受診し，視力は両眼とも1.2であった．両眼視機能は良好であるが，滑らかな眼球運動が不良で，対象物を注視し続ける追視（滑動性眼球運動）や，見ようとする対象物に素早く視線を向け，ずっと見続けること（衝動性眼球運動）が不得意であると指摘された．

運動発達歴：
　定頸：不明
　寝返り：1歳1か月
　自力座位：1歳5か月
　つかまり歩き：1歳8か月
　独歩：3歳2か月

言語・コミュニケーション発達歴：
　指差し：1歳までに見られず，その後出現したが時期は不明．
　始語：2歳1か月時，母のことを［mama］と呼ぶ．
　2語文：2歳6か月頃よりみられる．
　3語文：3歳2か月頃よりみられる．このころ単語は100語以上みられる．
　言語理解：1歳前半より，「ちょうだい」「ねんね」など簡単なことばの理解が始まり，2歳代では，身近な事物，動物，食べ物，乗り物，身体部位などの名称がわかる．2歳後半になると，大人が保育園のことを話題にしているのを聞いて，自分で保育園の話を始めること

がみられるようになる．

療育・保育歴：

1歳1か月：地域のA病院で理学療法，作業療法を開始した．

2歳：A病院において，言語聴覚療法を開始．保育園の利用を開始するが，マイコプラズマ肺炎による入院のため一時中断．B療育医療センターにて言語聴覚療法を開始．

3歳：退院後，保育園利用を再開し，併せて地域の療育施設に週1回通園し，理学療法と保育を実施．B療育医療センターの外来で，理学療法，作業療法を開始．

4歳：地域の療育施設の通園を終了し，保育園のみの利用となる．

評価および指導経過

初回評価（2歳11か月～3歳2か月）

● 臨床像

室内では，人や欲しい玩具を求めて，四つ這いで移動する．伝い歩きをすることもあるが，膝が外側に向き，つま先立ちになり，不安定である．下肢に装具をつけることにより，足裏が床に着きやすくなり，安定性が増す．食事は，幼児食を一日3回，偏食なく食べている．手づかみ食べとスプーン，フォーク，コップを用いて，自力摂取できる．更衣は，着脱とも自分でやろうとするが，介助を要する．排泄は，保育園では時間排尿誘導により，パンツで過ごしている．一方，家庭ではオムツを使用しており，排尿，排便とも教示はないが，[オマル，オマル][デル，デル]など排泄後に伝えることができる．人懐こい様子で，単語や2語発話で自ら大人に話しかける．椅子に着席し，机上の物を，左手で操作していると，両足が伸び，右肩が後方に引け，身体が右側方に傾き，姿勢を保持できない．スプーン，フォーク，ペンなどは，母指（親指）と相対する2本の指（示指と中指）で持つことができる（静的3指握り）．遊びは，意欲的におままごとなどを始めるが，次々に興味が移りやすく，じっくりと一つの玩具で遊び込むことができない．歌を歌うことが得意で，保育園で歌った曲など10曲近いレパートリーがある．絵本の読み聞かせは，ページをめくってしまい，十分に応じられない．保育園では，大人の介助を受けながら，一緒にブランコ，滑り台などの遊具を楽しみ，砂場では，砂の感触を手で感じるなどして意欲的に遊ぶ．[○○（通園施設の名称）デ オベントウ タベタ]，[オウタ ウタッタノ]など楽しかった出来事を話すなど，感情も豊かである．

友達の名前を家庭で言うなど同年齢の子どもへの関心は高く，隣に来ても抵抗なく一緒に過ごせるが，周りの子どものやっていることを真似たり自分で遊びを広げていくことができず，見ていることが多く，関わりは希薄である．

● 評価

【感覚】

視覚面は，初回評価時は検査未実施のため，日常の見え方には問題はないとされている．聴覚面は，2歳3か月時に両耳滲出性中耳炎に罹患し，以後罹患を繰り返していたが，初回評価時は，聴力検査は未実施である．他の感覚面の偏りはみられない．

【摂食嚥下および口腔機能】

摂食嚥下機能には，とくに大きな問題はみられなかったが，注意集中が低いため，食事に時間を要した．普段，流涎はみられない．舌を挺出したり，口腔内に戻したりを交互に繰り返したり，[pa][ta][ka]を繰り返したりという随意運動はできる．

【全体発達および言語・コミュニケーション発達—検査と行動観察—】

①発達検査および言語発達検査

発達検査は，遠城寺式乳幼児分析的発達検査（医師実施，以下遠城寺式検査），言語発達検査は，絵画語い発達検査（PVT-R），国リハ式言語発達遅滞検査〈S-S法〉（以下S-S法）および言語・コミュニケーション発達スケール（以下LCスケール）を実施した．

各検査実施内容および結果は，表1の通りである．

遠城寺式検査では，運動面の発達が1歳代後半にとどまったのに対し，社会性および言語の発達は1歳代後半～2歳代前半であった．言語では，〈言語理解〉に比して，〈発語〉が良好であった．

表1 発達に関する検査（2歳11か月～3歳2か月）

	発達検査		言語発達検査					
検査名称	遠城寺式乳幼児分析的発達検査		絵画語い発達検査 (PVT-R)	国リハ式言語発達遅滞検査〈S-S法〉		言語・コミュニケーション発達スケール（LCスケール）		
実施年齢	2歳11か月		3歳2か月	3歳2か月		3歳2か月		
結果および実施した項目	領域	発達年齢	語彙年齢	基礎的プロセス	動作性課題	言語発達段階	語連鎖移行期（前期）	
	運動／移動運動	0歳11か月	3歳未満		図形弁別：3, 4種型はめ（＋）, 10種図形 8/10（＋）	領域	LC年齢	LC指数
	運動／手の運動	1歳9か月			積木構成：積む（＋）, 並べる（＋）, トンネル（－）	言語表出	2歳4か月	81
					描線：縦線（＋）, 横線（＋）, 円（－）			
	社会性／基本的生活習慣	2歳3か月		記号形式―指示内容関係	事物の記号	言語理解	2歳2か月	68
	社会性／対人関係	2歳3か月			事物名称　受信：1/4c を 4セット行い, 16枚すべて（＋）, 発信：成人語13/16, 幼児語2/16.	コミュニケーション	2歳4か月	77
	言語／発語	2歳6か月			身体部位：受信6/6（＋）	総合	2歳3か月	70
	言語／言語理解	1歳9か月			動作語：受信6/6（＋）, 発信：成人語1/5, 幼児語2/5, 幼児語と身振り1/5.			
					大小：受信, 発信とも（－）			
					色：受信0/4（＋）, 発信2/4			

　PVT-Rでは，果物，動物，乗り物などの上位語は正答であったが，こぐ，ほえる，鳴くなどの動作語に誤答がみられた．

　S-S法では，〈基礎的プロセス・動作性課題〉では，2：0〜2：5の発達レベルであった．〈音声記号・事物名称〉では，受信は，16枚の絵カードから選択することは困難であったが，選択肢を4枚程度にするとすべての事物名称で可能になった．発信は，未熟構音がみられるものの，全般的に発話は明瞭である．パンを［クツ］に誤り，動物名の犬に幼児語がみられる他は，成人語で発信した．名称に追加して，バナナ，リンゴの双方に［スッパイ］，象に［ボクモ　ゾウサン　イキタイ］，ご飯に［ゴハン　タベテル］などの発話がみられた．〈身体部位〉は，受信発信とも6部位すべて可能であった．〈動作語〉は，［ネンネ　シテル］［ゴハン　タベテル］［ハサミ　チョキチョキ］など幼児語を含む2語を連ねた発話がある一方，「洗う」は，［ジャグチ］［ゴシゴシ］と発話にジェスチャーを伴った．〈大小〉は，受信，発信とも不可であった．〈色〉は，受信は不可であったが，発信は，赤を［ピンク］，黄を［アオ］と発話した．

　LCスケールでは，言語発達段階は，語連鎖移行期前期であった．領域別にみると，〈言語理解〉に比して，〈言語表出〉が良好であった．〈言語表出〉は，日常的に疑問詞が使用できていた．〈言語理解〉では，形容詞の「大きい」「多い」に誤答がみられた．また，2語の語連鎖理解がすべて誤答であった．〈コミュニケーション〉では，碁石を色別に分類することができなかった．

②検査場面以外での観察評価

　大人を意識して話しかけるが視線を合わせてくることは少ない．主に成人語で名詞，動詞を組み合わせた2〜3語発話がみられるが，時に，幼児語，ジェスチャーもみられる．構音は，生活年齢相応の発達である．日常的な質問に対しては，呼名に対して［ハイ］と応じ，姓名，年齢に応答できる．センターまでの交通手段は［クルマデ　イッテキタ］と答えるなど場面や状況にそった定型的な対話ができる．一方，唐突に［オタンジョウビ　スルノ］と話題を開始し，［ケーキ　ツクリタイナ］などと，一方的に展開することがある．また，［オウタ　ウタッタノ］，［オウタ　ヤッタノ］など一度覚えた発話を，台詞のような言い回しで用いることもみられる．

　描画は掻画（殴り書き）である．何を描いたのか尋ねると，［ガタンガタン　ヒコウキ　オオキイ］，［メガネ］などと命名し，自分の絵に「意味付け」をする．

　積木の構成では，〈積む〉〈並べる〉の1次元構成はできる．2次元構成では，トンネルは困難であっ

たが，横に3個並べて，縦に1個積み上げるトラックの形は，デモンストレーション後に完成できる．

● 評価のまとめ—問題点と課題

本児の運動障害は，上肢に比べて下肢の障害が重い．上肢に関わる日常生活動作は，1歳代後半から2歳代前半の発達とみられるが，いまだ歩行を獲得していない．また，口腔機能は良好であり，摂食嚥下機能や構音は大きな問題はみられない．

知的発達は，手操作による視覚運動の処理能力から，およそ2歳代前半レベル，言語発達も同等のレベルと考えられる．

コミュニケーション面に関しては，いくつかの特徴があげられる．遊びの場面においては，大人に視線を合わせ，共感的な関わりを持てたり，検査課題場面では，質問に対して応答するなど相互的なやり取りができる．しかし，遊びの途中に，唐突に遊びとは無関係な話を始め，遊びが中断することがしばしばみられたり，検査課題中に正答できるにもかかわらず，質問に対する答えがずれることがみられる．

言語能力に関しては，理解の発達レベルに比べ，音声言語表出のレベルが高い．理解語彙は，事物名称や本児の経験に基づいた場所の名称や動作語などの理解は進んでいる一方で，事物を操作し，比較をすることによって学習する大小などの概念理解が遅れている．

以上のことから，本児は，主にことばを聞いて覚えて，知識として積み重ねることを得意としていると推測できる．

● 指導方針

- 円柱さしや型はめなどの手操作を通して，大きさや形を比較したり，視覚探索をすることを促す．
- 事物を操作し，比較することを通して抽象的な概念の理解を促す．
- 他者を意識し，行動することを学習する．
- 象徴遊びを通して他者とイメージを共有しながら，遊びを展開させ，場面に合った文発話を促す．

● 指導内容と経過

机上で課題を行った．椅子に座る姿勢が不安定なため，足裏が床に接地し，身体が椅子の背板と側板に接触するよう，身体のサイズに合った椅子を用意し，座面の高さを調整して，大きな姿勢の崩れを防いだ．

- 視覚探索や見比べることを促す，および他者と役割を交代する課題

モンテッソーリ教具のうち，直径の異なる10個の円柱を，同じ大きさの穴にはめ込む感覚教具を用い，弁別学習を行った．第一段階では，円柱を大きい順に手渡し，順に入れた．第二段階では，最も大きいサイズの次に最も小さいサイズというように，円柱の直径の大きいものと小さいものを組み合わせて渡し，適切な大きさの穴を探すことを促した．また，円柱を入れた後には円柱のつまみをつまんで動かし，ぴったり合っているかどうか確認を促した．大きい穴に小さい円柱を入れてサイズが合っていない時には，「ブカブカだね」とことばで意味付けし，穴と円柱の大きさが合致した時には，「ぴったりだね」と賞賛する．第三段階では，円柱を大きさとは関係なく手渡す．この段階では試行錯誤が減少し，視覚探索後にはめるようになった．

さらに言語聴覚士（ST）も参加し，2人で完成させることにした．各々が入れた後に残りの円柱が入ったトレーを相手に渡すことを通して，役割交代を理解した．

- 具体物の操作による弁別を通した概念学習

大小の学習は，大きさの差が明確な大小2つのクマの人形とそれぞれの大きさに合ったミニチュアの帽子，靴を用意し，クマを各々「おとうさんくま」，「赤ちゃんくま」と呼ぶ．まず，見本の「おとうさんくま」を見せ，次に大小の帽子のミニチュアを選択肢として提示し，「おとうさんくま」に合う大きい帽子を選んで，頭にかぶせてみせ，「おとうさん帽子だね」と意味付けをする．「赤ちゃんくま」も同様にする．その後，見本の人形のサイズに合った帽子あるいは靴を意味付けしたことばで質問し，選択させて，人形の身に付けさせる．その際，サイズが合っているかどうかを「ピッタリ」「ブカブカ」「あれ，はまらないね」などのことばを伴いながら，帽子，靴のはまり具合を児とともに確認した．具体物の大小の比較を経て，紙面上に示された大きさの比較が可能になったのは，4歳代になってからであった．

色名の学習は，まず赤，黄の，2つの容器にペグなど同じ形で色の異なるものを分類し[1]（ふるい分け），さらに重ねて，形が異なる事物（赤い帽子，黄色い鞄）を色に注目して分類することを促した．最後にリンゴ，バナナの模型を分類し，赤のクレヨ

表2 象徴遊びの様相

場面	遊びの内容
起床	布団に見立てたタオルを取り，人形を起こす．
朝食	緑の色紙をレタスに見立て，ちぎってサラダを作る．茶碗と箸で，納豆をかき混ぜる．皿，箸，スプーンなどの食器をST，母，人形，自分に配る．自分でご飯を食べたり，人形に食べさせる．
お出かけ	人形に靴を履かせる，帽子をかぶらせる，鞄を持たせる．
帰宅	人形の靴，帽子を脱がせる，人形の手を洗っているように動かす．
歯磨き	歯ブラシを人形の口の部分にあてて，磨いているように動かす．
就寝	人形を横にしてタオルを布団に見立てて掛ける．部屋の電気を消して［クライネー］という．

ンを「アカはどっちかな」といいながら手渡し，分類を促し，同様に黄のクレヨンも分類した．その後，リンゴ，バナナの線画に適切な色を選んで，塗り絵をした．次に，弁別学習の方法を変えて，例えばリンゴの模型を置いた皿に，3色のクレヨンから適切な色を選択して，置くように促した（見本合わせ）．緑，青でも同様に弁別学習を行った．児は，色名の発語が良好であったので，分類の際に命名を促した．3歳6か月頃には，赤，黄，緑，青それぞれの名称の理解ができた．

多い—少ないの学習は，2枚の皿に8個の積木を渡して，「こっちにたくさん入れてね」と言い，もう一方をさして「こちらには少し入れてね」と促した[2]．最初は，すべての積木を片方の皿に入れたり，2つの皿の個数の差が少なかったが，例示を見た後に再度入れることなどを繰り返し行い，量の差をつけて入れることができるようになった．4歳後半に紙面に示された多—少を理解できた．

重い—軽いの学習は，重さの異なる2つの物体を1つずつ持たせて，位置の上—下の学習は，高さの異なる位置にある2つのプレートに物体を1つずつ置かせて，各々に重い／軽い，上／下のことばで意味付けした．児は，1つずつ持って重さを確かめて，重い方を渡した．

位置の上—下の学習は，テーブルの上に皿を1枚置き，その上方に1枚のプレートを空間で保持し，プレート上に皿を1枚置き，児から，皿が上と下に皿が見えるようにする．サッカーボールとピンクのボールを渡し，「サッカーボールを上に，ピンクのボールを下に置いてね」と促す[2]．当初は，混乱していたが，1つずつ分けて指示をすると，順に置くことができるようになった．

数概念[3]は，4個の積木を並べて1つずつ示指で叩きながら，「イチ，ニ…」と呼称させた（呼称）あとに，いくつあったか尋ねた（概括）．次に，皿に入れた8個の積木から，「2個ちょうだい」「3個ちょうだい」と促した（選択）．当初は，叩く動作と呼称が対応しなかったが，5歳頃になると，4までの呼称と概括ができるようになった．これは定型発達の3歳前半レベル程度である．

● 象徴遊びによる文発話の促進

人形，ままごと道具を用いて，日常的に繰り返し起こる活動のふりを促した．本児は，スプーンで茶碗のご飯をすくって食べる，人形に食べさせるなどのふりをすることがみられた（表2）．STは，児のふり遊びを，起床→朝食→お出かけ→帰宅→歯磨き→就寝というように順序を追って遊びを展開させて，児にも「朝，起きた」「サラダを作ろうか」「ご飯を食べます，いただきます」など順序だてて表現するよう促した．

4歳頃になると，［エイガカン　マックラ］［エイガカン　アンパンマン］（アンパンマンの映画を見た）など家族で出かけた時の様子を自発的に単語の羅列で話すようになった．

幼児期後半評価（5歳10か月〜6歳4か月）

● 臨床像

運動面では，3歳半ば以降，室内の歩行が可能になった．初めは，クラッチ（杖）を使用していたが，4歳半ば頃からは，下肢は両足の間を幅広く保つことで安定を得て，足の振り出しと同時に上肢を動かしながら，ゆっくりと歩く．階段は手すりを使用して昇降できる．保育園では，年少クラスより，走ることを除き，運動会に参加するようになっている．

文字への興味がみられるようになり，家庭での学習により，4歳後半頃にはひらがな，数字が読める

ようになった．5歳になり，ひらがなの一部が書けるようになった．コミュニケーション面では，6歳になり，行事に参加した時や家族と出かけた時の様子を生き生きと言語聴覚療法の場面で語る．時間の経過にそって事実を話すことができるが，遊びのルールや事由の説明は，聞き手の解釈を要する．4歳頃にみられた，聞きかじりの大人びた発話は，ほとんどみられなくなった．園児とは，年中クラスになってから遊ばなくなり，登園を渋ることがみられるようになった．年長クラスになり，STに園の様子を［ブランコでは，一人で遊んでる．○○ちゃん，△△ちゃんは一緒に］と話し，遊びの輪に入れていないことを予測させる発話がみられる．

● 評価
【医学的情報】
　視覚面は眼科で4歳時より経過観察中である．視力は両眼とも1.2であり，両眼視機能も良好である．一方，滑らかな眼球運動が不良で，対象物を注視し続ける追視（滑動性眼球運動）や，見ようとする対象物に素早く視線を向け，ずっと見続けること（衝動性眼球運動）が不得意であると指摘された．
　聴覚面は，両耳滲出性中耳炎は治癒し，聴力は問題がない．

【言語・コミュニケーション発達―検査と行動観察―】
①知能検査，言語発達検査およびその他の検査
　知能検査は，WISC-Ⅳ，K-ABC心理・教育アセスメントバッテリー（以下K-ABC），言語発達検査は，PVT-R，LCスケール，質問-応答関係検査を実施した．
　各検査実施内容および結果は，表3の通りである．検査中は，集中して課題に取り組んだ．以下に各検査のまとめを示す．
　WISC-Ⅳは，下位検査のうち，〈類似〉は各々の語彙の特性をあげるにとどまり，得点を得られなかったため〈知識〉に置き換えた．同様に〈語音整列〉は，教示が理解できなかったため，〈算数〉に置き換えた．全体的な知的水準を示す全IQは74であり，境界域であった．各指標得点間に有意な差はみられなかった．最も得意であるのは，聞いたことを記憶する力である（数唱）．
　K-ABCでは，総合尺度間の比較において，継次処理尺度は，同時処理尺度に比べて，有意に高かった．下位検査では，〈数唱〉〈語の配列〉〈ことばの読み〉が，有意に強かった．
　LCスケールでは，3つの評価軸のうち，言語表出およびコミュニケーションは，初回評価時の発達レベルを維持していたが，言語理解は，低位にとどまった．領域別にみると，格助詞や助動詞を理解し，文の内容を理解することや，じゃんけんのルールの説明など，統語，談話領域に不得意さがみられた．
　質問-応答関係検査の各項目の発達年齢は，〈日常的質問〉〈類概念〉は，年齢相応に達している．これに対して，〈なぞなぞ〉〈仮定〉〈語義説明〉〈理由〉〈説明〉〈物語の説明〉などことばによる説明を要する項目は，いずれも3歳代にとどまった．

②検査場面以外での観察評価
　本児の経験に基づく自発話は，「お母さんに家でお弁当作ってもらって，次に水筒にアクエリアスを入れて，そしてグランドに行って，～」などのように単文を2つ以上並列させ，結びつけた重文構造になる場合が多い．また，「バイキング　泣いちゃった（家族で外食をした時に泣いた）」という発話に対して，STが「どうして泣いたの」と質問すると，「お父さんがいじめたから．どこ行くのって，いちいち言った．1回だけパパが謝ってくれなかったから，許してあげられなかった」と答えた．おおよその状況は理解できるものの内容に微妙なズレがあり，聞き手にはわかりにくい．
　読み書きについては，小学1年生の初期の教科書にある短文を流暢に読むことができ，書字は，形を整えてマスの中に適切に文字を収め，一部，濁音，半濁音や特殊音節表記を含む単語の表記ができる．
　数概念については，5までの分解・合成は可能である．10までの分解・合成は，指を使い，何度も数え直しながら何とかできる．

● 評価のまとめ―問題点と課題
　知能検査，言語発達検査の結果から，児の知的発達レベルは，境界域である．言語発達レベルは知的発達レベルに相当し，乖離はみられない．
　2つの知能検査の下位検査の数唱は，年齢相応の値を示している．このことは，本児が，短期記憶など機械的に物事を処理することが，いくつかの事物に共通なことを抜き出して一般化するといった抽象的に思

[脳性麻痺]

表3 発達に関する検査（5歳10か月～6歳4か月）

検査名称	知能検査				言語発達検査			
	WISC-Ⅳ			K-ABC 心理・教育アセスメントバッテリー	絵画語い発達検査（PVT-R）	言語・コミュニケーション発達スケール（LCスケール）		質問-応答関係検査
実施年齢	6歳1か月			6歳0か月	6歳4か月	5歳10か月		6歳2か月

結果：

WISC-Ⅳ（6歳1か月）

指標	合成得点	下位検査	評価点
全検査	74		
言語理解	78	単語	6
		理解	7
		知識	6
知覚推理	78	積木模様	6
		絵の概念	6
		行列推理	8
ワーキングメモリー	85	数唱	10
		算数	5
処理速度	76	符号	5
		記号探し	6

K-ABC（6歳0か月）

総合尺度と標準得点	下位検査	得点
継次処理尺度 96	手の動作	6
	数唱	11
	語の配列	11
認知処理過程尺度 84	絵の統合	5
同時処理尺度 78	模様の構成	7
	視覚類推	6
	位置さがし	8
習得度尺度 92	算数	79
	なぞなぞ	85
	ことばの読み	114
	文の理解	97
非言語性尺度 79		

絵画語い発達検査（PVT-R）（6歳4か月）

語彙年齢	評価点
5歳0か月	6

LCスケール（5歳10か月）

領域	LC年齢	LC指数
言語表出	5歳1か月	91
言語理解	4歳3か月	<64
コミュニケーション	4歳9か月	91
総合	4歳8か月	76

質問-応答関係検査（6歳2か月）

項目	発達年齢
総合	4歳代
Ⅰ. 日常的質問	6歳代
Ⅱ. なぞなぞ	3歳後半
Ⅲ. 仮定	3歳前半
Ⅳ. 類概念	6歳代
Ⅴ. 語義説明	3歳前半
Ⅵ. 理由	3歳後半未満
Ⅶ. 説明	3歳後半
Ⅷ. 系列絵	4～5歳代
Ⅸ. 物語の説明	3歳後半
Ⅹ. 文章の聴理解	5歳代

考することに比べて比較的得意であると考えられる．

言語面では，音韻認識が発達し構音には問題がなく，読み書きを獲得している一方で，概念理解，統語，語用や談話といった，他者との会話を通したコミュニケーションにつまずきがみられ，全体でみると能力にでこぼこがある．定型発達の同年齢児は，ことばで説明をしながら自分たちのルールを作って遊ぶことができており，児のコミュニケーションのつまずきは，大人との1対1のやり取りではさほど問題にならないが，子ども同士では遊びが成立せず，孤立を招くと考えられる．さらに，就学後は，読み書き以外の抽象的な意味理解，統語，語用，談話の言語能力の遅滞が，学習面や他者との関係性に影響を及ぼすと考えられる．

● **指導方針**
- 抽象的な意味理解を促す
- 統語の知識を身につけさせる
- 生活経験に基づく話題について，時系列的に理解し，順序だてて他者にわかるように話すことを促す
- 就学に向けて，保護者に本児の知的発達および言語能力を説明し，適切な教育環境の選択について助言する．

● **指導内容，経過，結果**
- 事物の機能や特性を理解し，文で表現する
  ① 事物の絵カードを用いて，事物の機能を表現した文を示し，合致するものを2枚ずつ選択させる．（「消すもの」→電気，テレビ，「貼るもの」→絆創膏，セロテープ，「飲むもの」→薬，牛乳，など）
  ② 乗り物のカテゴリーの絵カードを複数枚用意し，「お客さんを乗せて，線路を走る乗り物はどれ？」「お客さんを乗せて，道路を走る乗り物はどれ？」「病気やけがの人を病院に運ぶ乗り物はどれ？」などと乗り物の機能に着目し

た質問をしてカードを選択する．次は役割を交代して，児がSTに質問するよう促した．児は，定型文が示されることで，適切な文表現がしやすくなり，役割交代を喜んで行った．
③ 事物絵カードを用いて，「丸くて赤い食べ物は？」「黄色くて細長い食べ物は？」「白くて細長い野菜は？」など形や色に着目した質問をしたところ，本児は，機能に着目した場合に比べて困難を示した．
④ 関連性のある語，ない語をみつける[4]．事物絵カードを3枚用意し，そのうち2枚が同じカテゴリーに属し，1枚が異なるカテゴリーであることを例示する（「バスと電車は仲間です．でも椅子はこれらの仲間ではありません」）．次に別の絵カードを用いて，「この中から同じ仲間はどれとどれ？」と質問し，同じカテゴリーに属すものとそうでないものを見分けていった．同じカテゴリーに属するものについて，「どうして同じ仲間なの」と質問し，理由の説明を促した．本児は，機能に比べ形状への着目がむずかしかった．

● 絵本の読みきかせや文の音読により，内容を理解する

内容が理解しやすく，起承転結の流れのある絵本を読み聞かせる（小風さち　文，山口マオ　絵　こどものとも年少版「わにわにのおおけが」福音館書店，2006年）．その後，内容について質問する．児は，「わにわには何を作ったの？」に対しては，正確に答えたが，「わにわには，けいたいでんわを作っていたら，どうなったの？」の問いに対しては，「血がでた」と答えた．この答えに対して，「どうして血がでたのかな」と質問を重ね，「けがをした」「ハサミで指を切った」などの発話を導いた．また，1年生の国語の教科書の5つ程度の文章と挿絵からなるお話を音読し，内容についての質問文を読み，書字で回答することを併せて行った．文の読みは流暢で，書字は，特殊音節を含む単語，2～3語文程度であればスムースにできた．

一方，読解は，文に書かれた内容はわかるが，話から推察して答えることはできなかった．

● 連続絵を用いて，複数の文による表現を促す

まず，4枚からなる連続絵を用いて話しの順番に並べ，順に話をする．順番に並べることに誤りがあった時には，1枚ずつ絵についてお話をした後に再度，並べる．話の内容に合わせて，接続助詞「～て」だけではなく，適宜，理由を述べる「～ので」や逆説の「～が」「～けれど」を用いて表現するよう促す．話の流れにそって，絵カードを並べ替え，1枚ずつ絵の説明をすることはできた．

そこで「文と文をつなぐことば」として接続詞（けれど等）を示し，どの文の文の間に用いるのがよいかを考えることを促し，適切な用い方を指導した．

まとめ

● 幼児期前半の評価と指導のポイント

痙直型両麻痺児は，この事例のように比較的幼児期早期から話しことばを獲得した後，文発話への移行もみられるため，一見言語発達に問題がないようにもみえる．しかし，その内容を評価すると，一方的に話を展開したり，応答が噛み合わなかったりすることが特徴としてあげられる．したがって，この時期には言語発達の評価を的確に行っておくことが必要である．この事例の場合は，事物名称や身体部位などの具体的な名称の理解は比較的良好であったが，比較することによって学習が成立する大小，色などの抽象語彙の理解の進みが遅かった．見比べることなどの基礎学習を行い，手で具体物を触知覚し操作する過程を通して概念理解を促した．定型発達では，抽象概念のうち，大小の理解が早く，その後，色の理解へと進むが，この事例の場合は，色の理解が先行した．幼児期後期に医学的な検査を実施した結果，追視することに支障があるなど見ることの問題の存在が明らかになり，比較の対象の差異が視覚的にとらえやすい色の概念理解が，大きさの概念理解に先行したとも考えられる．

一方，聞いて覚えたことばをコミュニケーションに多用する本児に，遊びを通して言語表現を促した．

幼児期前期にある子どもたちは，ごっこ遊びを盛んに行う．マッキューン・ニコリッチによると，象徴遊びは自己のふり遊びから人形などをふり遊びに

含むようになり，さらにいくつかのふりが順序を追って関係付けられるようになり，あるものを別のもので見立てる見立て行為に発展するとされる[5]．この象徴遊びの発達段階と言語発達は，時間的な対応関係が見出されている[5]．これをふまえて，日常生活をテーマとし，具体物や玩具を一緒に操作しながら，ことばを共有する経験を積んだ．

● 幼児期後半以降の評価と指導のポイント

知的発達は境界域であり，能力にはでこぼこがみられた．ワーキングメモリーのうち，機械的な短期記憶の能力は，ほぼ生活年齢なみであった．言語能力は，音韻認識の発達が良好で構音には問題がなく，読み書きを獲得している．一方，概念の意味理解，統語，語用，談話といった言語の多側面に遅滞をきたしていた．

大石[6]は，「4歳頃までに発達する日常生活で必要な言語をコミュニケーション言語，その後幼児期後期から学童期～義務教育あるいは高校を終了するまでの長い期間を通して発達する言語を学習言語」と呼び，コミュニケーション言語と学習言語は質の異なるものとしている．本児は，学習言語の発達が遅滞しており，就学後は，学習面に問題が及ぶと考えられる．したがって幼児期後期は，児の能力評価に基づき，得意な能力を用いて学習を進められるよう指導する必要がある．一方，学校教育環境の選択も重要な課題となる．子どもの学習言語の発達過程を考慮すると，就学後も経過観察を行い，必要に応じて支援を行いたい．

● 低出生体重のPVLによる脳性麻痺児の支援

山下[7]らは，低出生体重児の社会的発達は，乳児期早期より，視覚的注意の弱さがあり，他者からの視線や指差しに注目し，他者と注意を共有すること（共同注意）に困難さを持つ児が多いことを指摘している．このことは，幼児期以降，他者との社会的相互作用において相手の反応に気付いて，それに応じた行動をとることがむずかしくなるといった社会的発達への影響の他に，注意や認知能力の発達にも影響が及ぶとしている．本事例は，PVLによる痙直型両麻痺の脳性麻痺であり，運動障害の他に視知覚認知障害を併せ持っている．読み書きの学習に至った一方で，発達の初期からコミュニケーションの偏りがみられ，遊びの展開がつたなく，抽象語彙の獲得に困難を示した．これには，見る力のうち，視力は問題がないが，見たいものに視線を移すことや見たいものの動きに合わせて視線を動かすといった眼球の運動機能の低下や，ものの形，動きや空間的な位置関係を把握したり，眼から入った情報に対して，手や身体をどのように動かすか（目と手の協応）などの視覚情報の処理がスムースに行われていなかったことが関与すると考えられる．

見る力が，コミュニケーション，認知発達，言語発達，社会性の発達に影響を及ぼすことに十分配慮しながら，幼児期初期から両親に子どもの特性に留意した遊び方や関わり方の助言をすることが必要である．

また，PVLの児は腹部周辺の下部体幹の筋緊張が低く，姿勢が崩れやすい．姿勢は，視野や空間認知，手の操作に影響するため，指導時の姿勢への配慮は重要である．

（虫明千恵子）

● 引用・参考文献

1) 斉藤佐和子：支援―発達段階にそった支援．幼児期前期の指導．言語聴覚士のための言語発達障害学（石田宏代，大石敬子編），医歯薬出版，2008，pp147-150．
2) 田中昌人，田中杉恵：自我の拡大から充実へ―2歳後半の発達診断4．2次元の弁別．子どもの発達と診断3幼児期I，大月書店，1997，pp149-157．
3) 田中昌人，田中杉恵：自我の拡大から充実へ―2歳後半の発達診断6．数の芽ばえ．子どもの発達と診断3幼児期I，大月書店，1997，pp158-162．
4) 大伴潔：領域・支援目標別活動データベース．語操作・談話領域．言語・コミュニケーション発達の理解と支援プログラム（大伴潔他編），学苑社，2008，pp200-2008．
5) 平田志保：言語的コミュニケーションとその指導．ことばが育つ条件―言語獲得期にある子どもの発達―（小山正編），培風館，2008，pp100-119．
6) 大石敬子：正常言語発達　学童期の発達．言語聴覚士のための言語発達障害学（石田宏代，大石敬子編），医歯薬出版，2008，pp32-35．
7) 山下沙織，永田雅子：低出生体重児の社会的発達に関する研究の外観．名古屋大学大学院教育発達科学研究科紀要，心理発達科学，59：125-131，2012．

[脳性麻痺]

Section 16 脳性麻痺と重度知的障害の重複障害の評価と指導（3〜7歳）

事例

対象児

事例：男児，3歳5か月〜7歳

主訴：ことばが遅い

診断名：脳性麻痺（低緊張型，両麻痺），脳室周囲白質軟化症（periventricular leukomalacia：PVL），知的障害，近視・乱視

生育歴：妊娠中特記事項なし．在胎39週，2,900gにて出生．

運動発達は，頸定：8か月，座位：1歳2か月，四つ這い：2歳6か月，伝い歩き：2歳9か月．

言語発達は，始語：1歳過ぎ，2語文：3歳過ぎ（母親より）．

家族歴：父，母，祖父，祖母，本児，特記事項なし．

相談歴：10か月時，座位がとれないためA病院受診，理学療法（PT）開始．1歳5か月より母子通園開始．当センターにはA病院より作業療法（OT）・言語聴覚療法（ST）を勧められ2歳時に来院．まずOTが開始され，その後STも開始となった．

評価および指導経過

● 初回評価

3歳5か月時．

行動観察による評価：既成のテストでは評価できないので，評価項目を立て，それに従って本児の行動を評価した（表1，2）．

A）コミュニケーション行動：母親ともアイコンタクトや笑顔のやり取りがなく，褒められても笑顔にならないなど感情的なやり取りに乏しい．人見知りがあるものの困ると母親にしがみついており，母親への愛着形成はできている．言語聴覚士

表1 観察項目

	待合室・入室時の様子	入室後の様子							
観察項目	運動の様子 覚醒レベル 機嫌 人への興味 物への興味 発話の様子 親子の様子	A）コミュニケーション行動： アイコンタクト 笑顔のやり取り 感情的なやり取り STへの関心 人見知りの有無 物を受け取るか 共同注視 追随注視 社会的参照 STへ物の手渡しをするか（物のやり取り） STの介入に合わせた反応があるか 模倣（動作・音声）	B）視知覚認知： 物への興味 手を伸ばす 物をつかむ 物を手放す 口に入れるか 物の操作（入れる，叩くなど） 物の見比べ 立体的な弁別（ボール，ブロックなど） 平面の弁別（型はめ，写真・絵カード）	C）理解： 状況 指差し 状況下の指示 ジェスチャー 事物名称の理解 具体的な物 事物の型はめ 写真・絵カード 動作語 大小，色など	D）表出： 要求表現 拒否 指差し ジェスチャーの表現 有意味語の音声表出	E）注意・集中： 課題への集中 課題以外の刺激への反応 一つの教材への持続時間	F）聴力： 聴力検査機材がなくても音・声（ささやき声も含む）の反応は観察する	G）口腔機能： 流涎の有無 舌の運動	H）嚥下機能： ムセの有無 喘鳴の有無

表2 行動観察による初回評価（3歳5か月時）

評価項目	観察内容	評価内容
A) コミュニケーション行動		
アイコンタクト	STと視線が合うと泣く．母親へのアイコンタクトもない．	なし．
笑顔のやり取り	なし．	なし．
感情的なやり取り	褒めても笑顔にならない．遊んでいて一人で笑っているが母親やSTを見ることはない．	むずかしい．
STへの関心	STの動きは見ていて，近づくと泣く．STが退室すると泣き止む．	第三者を気にするが人見知りあり．
人見知りの有無	母から離れない．	あり．母親との愛着形成はできている．
物を受け取るか	開始から約25分経過するとSTから物を受け取る．	できる．
共同注視	興味があるものは注視している．慣れてくるとSTが提示したものを見る，受け取る．	できるがいつもではない．
追随注視	なし．	むずかしい．
社会的参照	母親にしがみついたり手で払うだけで母親を見ることはない．	社会的参照なし．
物の手渡し	手渡しはしない．本児がボールを投げる時は泣き止むが，受け取る側になるとボールを見ていない．	手渡しできずやり取りにならない．
STの介入に合わせた反応	本児が遊んでいるものにSTが介入しようとすると怒る．好きにしていると怒らない．操作する物を置いておくと，本児のペースである．教材を見せても泣いて反応しないこともあるが，急に受け取って促したように操作することもある．	介入を嫌がる．
模倣（動作・音声）	STと同じようにくるりんチャイムのボールを入れる．	模倣できる．
B) 視知覚認知		
物への興味	教材の方を見る．興味があるものは注視．	物への興味はある．
物に手を伸ばす	できる．	
物をつかむ	できる．	
物を手放す	目的のところで手放せる．	
口に入れるか	玩具を口に入れることはない．	
物の操作	タオルを持って顔を拭く．くるりんチャイムのボール，ビー玉を容器に入れる，リングを入れるなど操作する．	物の機能的操作はできている．
物の見比べ	ビー玉入れとリングタワーといった，形も操作も異なる物は2種類の弁別が繰り返すとできる．	明らかに形が異なる2種類の物は弁別できる．繰り返すとできるようになるので，学習できる．
平面の見比べ	見た目が同じ容器のものは弁別できない．2種類の事物型はめの弁別ができた．	形が似てくると弁別できない．平面の型はめで弁別ができ始めている．
C) 理解		
指差しの理解	指差した方を見ない．	指差しの理解ができない．
状況下の指示理解	「ここに入れて」「片付けて」と箱を出すと入れる．「もう帰るよ」と言うとドアの方へ行く．	状況下での簡単な指示がわかっている．
ジェスチャーの理解	ジェスチャーをしても見ていない．	ジェスチャーの理解はできない．
D) 表出		
要求表現	くるりんチャイムを注視する，手を伸ばす．操作を手伝って欲しい時はそのものを差し出す．上手くできない時は「ンー」と怒る．	要求は注視，手差し，物を差し出して示す．
拒否	嫌なことは泣いて示す．気に入らないと奇声をあげる．	嫌なことは泣く，奇声をあげる．
有意味語の音声表出	母親を「オーチャン」と呼ぶ．	有意味語が出ている．
E) 注意・集中	4〜5回は続けて行うことができる．目に入った物は次々と取り出そうとする．	集中持続は4〜5回である．物を使って関わる時には環境調整が必要．
F) 聴力	廊下の話し声にも反応する．ささやき声で話しかけても反応する．	聴力に大きな問題はなさそうである．
G) 口腔機能	流涎あり．常に口唇はわずかに開口している．食物は咀嚼しているがパワーは弱く，回数も不十分．	口腔器官の運動は弱い．
H) 嚥下機能	食物・水分ともムセなし．喘鳴もなし．	嚥下機能は良さそうである．

(ST)が近づくと泣き，その後泣き止んでSTから物を受け取る．しかし，機嫌よく遊んでいても気に入らないと再び泣き，気が向けば課題に取り組むなど非常にマイペースであった．共同注視も乏しく，なかなか三項関係が成立しない．物を受け取るが手渡しはできず，またボール投げでは人に対して投げたり相手の様子を見て受け取るなど，物を介したやり取りがむずかしい．追随注視，社会的参照はみられない．

B) 視知覚認知：物の機能的操作は可能で，小さなビー玉を容器に入れたり出したりができる．形の弁別は，形も操作も異なるものや事物の型はめであれば繰り返すと2種類の弁別ができる．

C) 理解：指差しの理解は困難．「ここに入れて」などの状況下の簡単な指示理解がいくつかできるが本児の要求に合っていなければ応じないことも多い．事物名称など有意味語の理解は困難であった．

D) 表出：要求は注視・手差し・物を差し出して示す，嫌なことは泣く，奇声をあげる，などで表現した．「オーチャン（母親のこと）」「ブー（お茶のこと）」と有意味語が出始めている．

E) 注意・集中：物の操作などは4～5回は続けて行うがそれ以上は困難で，集中が短い．部屋の中で目に付いたものは次々と出してしまう．

F) 聴力：廊下の物音，ささやき声に反応があり，大きな問題はなさそうである．

G) 口腔機能：流涎が多く，全体的に低緊張．咀嚼はパワーも回数も少なく不十分．

H) 嚥下機能：食物，水分ともムセや喘鳴なし．

新版K式発達検査（2歳7か月時，他院で実施）：運動：8か月，認知適応：10か月，言語社会：10か月，DQ：30．

ADL
移動：四つ這い，膝立ちで移動．
食事：通園先では右手にスプーンを持って食べる．コップは介助．
排泄：時間誘導でトイレでできる．
更衣：全介助．

他の訓練での情報（OT）：夕方の来院が多く眠いのか，泣いていることがほとんどで，指導にのりにくいとのことであった．

母親からの情報：「オーチャン」「ブー」（要求する時に使用）と言う．30枚くらいのDVDのなかから見たいもののフレーズを歌って要求する．復唱が増えている．

● 初回評価のまとめ
　言語発達は，理解・表出ともに前言語期のレベルであった．知的発達は他施設の評価で数値的にはDQ 30とかなり重度の遅れが推測された．しかし行動観察では物の機能的操作や形の弁別が可能であること，繰り返すとできるものがあること，母親からの情報でDVDのフレーズを歌って要求すること，などから知的発達の遅れはあるものの，言語獲得に関わる基礎的な認知機能は発達してきていると推測された．コミュニケーションは，アイコンタクトや笑顔のやり取りがなく，遊びのなかでもSTが介入すると嫌がることがほとんどで対人関係が希薄であった．

　言語発達の遅れの要因として，知的発達の遅れと，とくに対人関係が希薄でコミュニケーションの遅れが大きいことが考えられた．

　以下に6歳頃までの指導経過と結果を3期に分けて示す．

第1期（3歳5か月～3歳9か月）

● 臨床像
　本児の興味のあるものなら一緒に遊べるがごく限られたもので，STからの働きかけの受け入れが悪かった．そこでまず本児の興味のあるものからSTとの遊びを促し，そのなかで指差しや状況下のことばの理解を促すことにした．

● 指導目標
　(1) 泣かずにSTと関わる．
　(2) 本児の好きな遊びのなかで楽しくやり取り遊びをする．
　(3) ST主導でやり取り遊びをする．
　(4) 指差しや状況下の指示理解を促す．

● 指導内容
　目標(1)(2)に対して，本児が興味を持ちそうなものを教材として選んだ．具体的には，(a)体を使って遊べるもの（小さいトランポリン，ボールハ

ウス，ボール），(b) 手指を使って操作するもの（くるりんチャイム，初診時に使用したビー玉入れ，リングタワー，歌絵本やピアノなど），(c) 好きな音楽（CD），などを用いた．本児がどの教材に興味を持ち，目標達成に最も適切であるかはわからないので，毎回 (a)(b)(c) の教材を組み合わせて用意した．初めはSTから物を提示すると嫌がるため本児に選ばせるようにし，本児が興味を持った時点でSTも一緒に遊ぶように配慮した．

(3)(4) に対しては，本児とSTが一緒に遊べるようになったところで，STが主導する遊びを取り入れ，指差しの理解や状況下の指示理解を入れるようにした．

具体的な方法を，本児が一番興味を示したCDのやり取りを例に示す．CDを一緒に聞いて楽しめるようになってきたら，徐々にCDケースやCDデッキを見せながら「開けて・閉めて・CD入れて・CD出して」などの音声刺激を与え，一緒に準備をするようにした．さらに，操作するボタンを指差して「ここ，押して」とことばを添え，指差しの理解も促すようにした．

● 指導頻度

月3回実施．

● 指導上の留意点

(1) 椅子への着席はまだ嫌がることも多く，教材のなかには体を使って遊ぶものや転がったボールを取りにいくなど本児の動きが多いものもあったので，姿勢は，マット上で自由に設定し，時には母親の抱っこでも行うようにした．

(2) 訓練室を変更すると場所見知りで泣く可能性も考えられたため，いつも同じ部屋を設定するようにした．

(3) STとの関係ができるまでは，ST主導の遊びを嫌がったらいったんやめて様子を観察し，本児が遊びだしたところで，物を手渡して受け取るのか，褒めると笑顔を見せるのか，母親から離れて遊ぶのか，などこちらの働きかけへの反応を見ながらもう一度関わるようにした．

(4) いくつかの教材を見えるところに置くと注意がそれやすいため，本児が選んだ教材以外は隠すようにした．

● 結果

コミュニケーション行動：訓練開始後しばらくは，体を使って遊べるものも操作するものもいずれも一人でやって楽しみ，STが入るとその遊びはやめてしまった．しかしCDのやり取りには笑顔を見せ，徐々にSTの介入を嫌がらずに一緒に楽しんで関われるようになり，CDの操作を模倣したり指示に従って操作できることが増えた．さらに他の玩具でも同様にSTの操作を模倣し遊べる玩具が増えていった．また，アイコンタクトや笑顔のやり取りが増え，何かできると母親やSTを見ながら拍手をして一緒に楽しんだり喜んだりして遊べるようになった．

理解：「あっち」「取って」と離れたところの物を指差すと指差した方を見て行動するようになった．「片付けて」「ここに入れて」などの状況下の指示理解は訓練場面でも日によって不安定で，日常生活ではさらに不十分であった．

表出：母親の報告では「ババババ（バナナ）」，「ワンワン」といくつか有意味語の表出が増えているとのことであった．

第2期（3歳9か月〜5歳）

● 臨床像

第1期では興味がある教材を用い，共同注視，STと楽しみながらやり取りできるように促してきた．その結果，共同注視ができるようになり，STから物を受け取ったりST主導の遊びも受け入れられるようになった．しかしまだSTへ物を手渡すなど物を介したやり取りは不十分であったので，まずはその安定を促した．

視知覚認知面では，初診時より形の弁別が不十分であったが第1期ではSTとのやり取りに重点を置いて課題としては取り入れていなかった．しかし形の弁別ができることは言語理解の基礎として重要であるため取り入れることにした．

言語面では，第1期で状況下の指示理解が日常生活で不安定であったので，それを確実にしていくことも必要であった．また，いくつか有意味語の表出が増えていたが，理解課題には取り組めておらず表出していても意味を理解して使用できているのか曖

味であった．そのため，言われたことばに反応して型はめや絵カードを選んだり手渡したりして応答する理解課題に取り組めるようにした．さらにこの理解課題のなかで，語彙獲得の促進を狙うことにした．

● **指導目標**
(1) 物を介したやり取りの安定
(2) 状況下での指示理解の安定
(3) 形の弁別の促進
(4) 理解語彙の促進（事物名称，動作語）
(5) 着席の促進
(6) 家族指導

● **指導内容**
目標 (1)(2) は，訓練室への入退室時，教材の操作・片付け，課題など指導全体を通して行った．

(3) には第1期でも使用したビー玉入れ，リングタワー，棒入れ，市販されている公文のソフトパズル，型はめなどを使用した．

(4) では，型はめを用い，事物名称・動作語の理解を促した．実物や絵カードの手渡しができなくても，型にはめるという操作を加えれば応答反応が得られることから，型はめを利用した．具体的な方法は図1に示した．型はめでの反応が安定した段階で絵カードも導入した．絵カードの手渡しが続かない場合は，絵カードをポストに入れる，人形に渡す，などの方法も利用した．

(5) では着席して課題に取り組めるよう促した．入室直後から泣く時は母親の抱っこで行っていたが，泣かずに入室できる頃から股パッドのついたボックスチェアに座るようにしていった．

(6) では母親へは，日常生活のなかで状況下での指示理解を意識して行うよう勧め，STは訓練場面で本児がわかりやすいことばかけのモデルを示すよう心がけた．

● **指導頻度**
月2回実施．

● **結果**
コミュニケーション行動：型はめのやり取りは成立するようになった．絵カードの手渡しもできるようになってきたが持続はしなかった．自分の思うように行かないと怒ったり，また何かのきっかけで急に機嫌が直ったりした．日常生活では，いつもと異なる道順で出かけると怒る，人込みや泣き声で奇声をあげる，などの行動がみられた．

母子関係：母親に対しては，要求が通らないと奇声をあげる，乱暴になる，唾を吐くなどの問題行動がみられた．母親からは「私の言うことは聞かない」との発言があった．

理解：日常生活では状況下での指示がわかることが増えている．語彙は日常生活から拡大している．型はめを用いれば国リハ式言語発達遅滞検査〈S-S法〉の事物名称が全16語理解可能．動作語は〈S-S法〉の5語と日常生活でよく使う語がわかるようになった．

表出：嫌な時は「イヤ」「ナイナイ」，帰りたくなると「ブッブー」（車のこと），その他の要求は「アケテ」や「ンーンー」と物を見せて示す．音声模倣増加．自発語も〈S-S法〉事物名称16語のうち10語可能．動作語は「ネンネ，タベル，ノム，イク」などいくつか可能．「オチャ アケテ」と2語文出現．「バイバイ」と言いながら手を振る．

視知覚認知：8種類事物の型はめの弁別，色は4色の弁別が可能．

行動：椅子への着席はまだ持続しないが，母親の膝であれば泣くことなく取り組めるようになった．母親が用事で退室することがあっても，30〜40分STと課題に取り組めるようになった．

KIDS乳幼児発達スケール（タイプT）：4歳6か月時

運動：10か月，操作：1歳5か月，理解言語：1歳4か月，表出言語：1歳9か月，概念：1歳5か月，

図1 型はめの指導

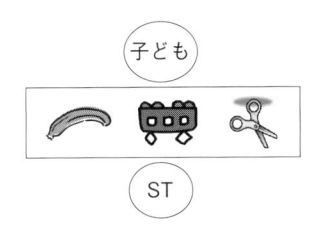

1) いくつかのピースを見せて「バナナちょうだい」と音声提示．どのピースをいくつ提示するかは子どもの言語理解・視知覚認知によって異なる．
2) 音声でわからない時はジェスチャー・サインを添える．
3) さらにわからない時は，下のようにバナナのピースをくりぬいた型はめの板にバナナの絵を貼ったものを見せ，マッチングさせる．

＊1)2)で正答の時も最後は型にはめさせる．

対子ども社会性：1歳0か月，対大人社会性：11か月，しつけ：1歳4か月，食事：1歳3か月．

総合発達年齢1歳2か月，DQ 26．総合発達年齢1歳2か月と全体的な発達の遅れが大きい．なかでも運動・対大人社会性は低い結果であった．概念・対子ども社会性・しつけはよい結果であったが，評価項目が少なく1～2項目の通過で発達年齢が算出されるため高く評価された可能性が考えられた．言語面は比較的よい結果で，理解言語に比べ表出言語がよいのは，表出語彙が増加し2語文の表出もできているためと考えられた．一方理解言語では，話し方で感情を聞き分ける，応答の指差しができる，の項目が不通過のため低くなっており，これらは社会性・コミュニケーション行動の悪さが影響したと考えられた．

第3期（5～7歳）

● 臨床像

第2期では物を介したやり取りの安定と，理解語彙の促進を行った．型はめでのやり取りが安定し，絵カードの手渡しもでき始めている．理解語彙は日常生活から聞き取って増加するようになってきたが，その多くは事物名称であった．今後文の理解に移っていくには述語となる動作語の拡大が必要と考えられ，動作語を訓練語彙として取り上げることにした．また概念を広げるために用途・特徴の理解，大小など形容詞も導入した．

STとのやり取りはできるようになっていたが，母親とのやり取りができておらず，今後日常生活でしつけをしていくうえでも，改善させる必要があると考えられた．

● 指導目標

(1) 理解語彙の拡大（用途特徴，動作語，形容詞）
(2) 2語文の理解
(3) 母子関係の再構築

● 指導内容

(1) 理解語彙の拡大には絵カードを使用し，第2期と同様に実施した．
(2) 2語文の理解にも好きなキャラクターを動作主にした絵カードなどで興味をひきつつ行った．
(3) 母子関係の再構築については，訓練には必ず同席してもらい，STは本児への関わり方を示した．とくに本児のマイナス行動に対して，母親はすぐに制止したり「そんなことするならジュース買わない」といった，本児の嫌がる発話が多く聞かれた．そこでマイナス行動には危険なこと以外は反応せず，正しい行動ができるようにモデルを示したり，少しでもプラスの行動を見つけて褒めること，できないことやむずかしそうなことはスモールステップで本児のやる気を損なわないようにしながら進めていくことを説明した．

● 指導頻度

月2回実施．

● 結果

コミュニケーション行動：絵カードの手渡しが持続するようになり，指差して応答することも出てきた．話し手の方を向いて話を聞き，視線も合わせられるが，追随注視はみられない．気に入らないと奇声をあげることや，興奮すると指示が入らないこと，人によって指示を聞いたり聞かなかったりすることはまだみられた．

母子関係：バギーに乗って母親と静かに待っていられることが増え，母親の指示で動けることも出てきた．唾を吐くなどの問題行動がほとんどなくなった．母親もよく褒めるようになった．

理解：日常生活でも指示理解が良くなっている（例：○○取って来て，もう一個の取って来て）．事物名称，用途，動作語（日常生活で繰り返す基本的なもの）が訓練語だけでなく，日常生活のなかで増加している．色名は赤・青・黄の3色が可．大小，2語文の理解ができてきた．

表出：母親に促されると「コンニチハ」と挨拶ができる．事物名称，2語文増加．動作語はまだ限られている．音声模倣が盛んになってきた．大小＋事物名称の表出が家でもよく聞かれる．

視知覚認知：4色の弁別可能．○△□の線画幾何図形の弁別が可能．絵カードなどは6枚の弁別ができる．積木は積む，並べることが模倣できるが，トンネルは作製できない．パズルは型はめで作った2ピースのものでも困難．描画は殴り書きはするが

好んでしようとはしない．

注意・集中：30分は嫌がらずに課題に取り組める．

その他：支援学校入学後，学校生活にはすぐに慣れ，楽しんで通学している．

現在の評価

● ADL
移動：現在も未歩行．車椅子練習中．
食事：スプーンとフォークで自食．コップは見守りが必要．
排泄：初診時同様，時間誘導でトイレでできる．
更衣：介助が必要．現在練習中．

● LC スケール実施（7歳11か月）
結果：LC年齢（総合：2歳6か月，言語表出：2歳5か月，言語理解：2歳6か月，コミュニケーション：2歳8か月）

検査態度：約40分間，母親同席で実施した．物の手渡しや図版の指差し，呼称，碁石の分類は嫌がることなく取り組めたが，「見立て，積木遊び，積木を協力して運ぶ，文の復唱」などは机上に並ぶと手で払いのけたり復唱を促すと奇声をあげたりした．

検査のまとめ：LC年齢を見ると，生活年齢よりも大きな遅れがみられるが，言語表出，言語理解，コミュニケーションはバランスのよい結果であった．

・言語表出：「対人的表現，代名詞の使用，絵の呼称，疑問詞の使用，事物の定義（一部分）」はできており，語彙獲得はある程度伸びていると考えられた．「対人的ことばの使用」では課題の状況理解が困難であったこと，日常生活でも挨拶のことばを誤って使用していることがあるため，場面に合った語を使うことがまだむずかしい可能性が考えられた．「文の復唱」では，日常生活や訓練時は自然に復唱していることが多いがこの検査になるとできなくなっており，何を求められているのか課題の理解が困難であった可能性が考えられた．

・言語理解：「形容詞（1）」は通過しており簡単な形容詞は獲得できているが，「形容詞（2），量的概念」は困難で，抽象度の高い語彙の獲得は今後の課題と考えられた．「語連鎖の理解」は，訓練では赤・青・黄の色名＋事物名称，大小＋事物名称，主語＋動作語などの取り組みはできつつあったが，検査で出てきた色名や文型の理解はこれまで行っていなかったため理解できなかったと考えられた．理解できる文型を拡大することも今後訓練で行う必要があると考えられた．

・コミュニケーション：「見立て」では「赤・黄色」はわかっているが積木を選択できておらず，見立てることや一つのものから別のものをイメージするなど抽象的な思考のむずかしさが考えられた．「積木遊び」では，積木を積むことはできても「順番，じゃんけんの勝敗の理解」の理解が困難であったことが不通過の要因として考えられた．「積木遊び」の「協力」では一人で強く紙を引っ張ってしまい，相手に合わせることへの困難さもあるが，協力して片付けることを求められている，という課題の理解が不十分であった可能性も考えられた．

まとめ

脳性麻痺と重度知的障害を併せ持つ児の指導経過をまとめた．本児は脳性麻痺児に伴う運動面の問題よりも，コミュニケーションと知的な発達の遅れの問題が大きかった．本児のコミュニケーションの問題では，アイコンタクトや笑顔のやり取りがなく共同注視や追随注視も乏しく，情緒的な交流や感情の共有が少ないことが特徴としてみられた．またやり取りが一方的になりやすく，自己中心的な面が大きかった．さらに道順へのこだわりなどは自閉症スペクトラム障害を疑わせるものであった．自閉症スペクトラム障害についての医学的診断は確定していないが，これらのことから本児の問題点はこのような

特徴にあると考え，指導内容を検討した．

第1期ではやり取りの基盤となる共同注視やST主導の働きかけへの受け入れを改善し，やり取り遊びを行うことに重点を置いた指導を行った．初めは教材への興味が狭くいくつかの教材を本児の反応を見ながら試すことになった．本児の場合はCD操作がきっかけとなって共同注視，物を共有して遊ぶことができるようになり，ST主導のやり取りへと誘導できるようになった．子どもがどの教材に興味を示しやり取りになるかは一人ひとり異なるが，子どもの反応の観察と，常にやり取りの成立に向けた関わりが大切であった．

第2期ではやり取りの安定も図りながら，とくに言語理解の促進に重点を置いた．その結果，日常生活からも理解語彙，表出語彙ともに増加が認められるようになり，また日常生活での指示理解も良くなった．しかし母親への態度はSTに対する態度と異なり，母子のやり取りはむずかしいままであった．

そこで第3期では言語理解の促進に加え，母親指導も積極的に行った．STは母親に対して本児との関わり方のモデルを示し，問題行動への対応を具体的に説明したところ母親の関わりが改善し，本児の行動にも変化がみられ日常生活でのしつけがスムーズに行われるようになった．

現在の評価結果では，言語表出，言語理解，コミュニケーションともにバランスよく伸びていた．初診時はコミュニケーションの問題が大きいと考えその指導を行ってきたが，今回の検査への反応とその考察から，現在ではコミュニケーションの問題よりも理解の悪さが残る結果であり，今後は抽象度の高い語彙を中心に理解語彙を拡大させること，語連鎖や2～3語文の理解促進が必要であることが考えられた．しかし検査態度では嫌なことに奇声をあげるなどの行動もみられ，コミュニケーション・やり取りに配慮した関わりは継続して必要と考えられた．

評価と指導の留意点

本事例を通して，低年齢や発達の遅れが大きい場合の評価や指導上の留意点を以下に示す．

● 評価

(1) 標準化された検査ができない場合，行動観察による評価が重要になる．行動観察では，コミュニケーション行動，視知覚認知，理解，表出，注意・集中，聴力，口腔機能などを評価する．それぞれの具体的な内容については表1に示した．

(2) 本事例のような前言語期のケースでは，コミュニケーション行動，視知覚認知，理解レベル，要求表現の有無とその方法については必ず評価する．

(3) コミュニケーション行動：共同注視，物のやり取りは大事であるが，子どもからSTへの働きかけだけでなく，とくにSTからの働きかけに子どもがどのように反応するかが重要で，その反応がない場合にはやり取りが良好とは言えない．

(4) 視知覚認知：物への興味・関心の有無，物の機能的操作はできるのか，ボール，ブロックなど立体的な物の弁別，型はめ・絵カードなど平面の弁別，できるなら何種類でできるのかなど，どのレベルで弁別が可能なのか，さらにそれらの弁別が正確にできているのか子どもの視線の動きも観察しながら評価する．

(5) 理解：状況，指差し，ジェスチャー，音声言語などの方法なら理解できるのかを評価する．また，例え有意味語の音声表出があったとしても，それがきちんと理解課題のなかで理解できているのかも確認しておく必要がある．

(6) 表出：要求表現は低年齢や発達が遅い子どもの場合，音声言語や指差しのような明らかな表現がないこともあるが，視線や体の緊張の変化，表情，手を伸ばす，時には泣く，など様々な方法で表現しているので，それらを見落とさないように観察する．

(7) その他：とくに低年齢の場合は，初めての場所に慣れずに泣いてしまったり，何もしてくれないこともある．必要なら評価を数回行う．無理に何かをさせようとせず家族からの情報収集をしながら反応を待つことも必要である．また，

泣いたり何もしてくれないことも反応の一つで，その要因として何が考えられるのか，例えば体調が悪い，発作が多い，睡眠が不十分，眠い時間帯である，人見知り，音に過敏，やり取りが悪い，などいくつも考えられるので，それらも考慮しながら行うことが大切である．
(8) 行動観察などの結果から，ことばの発達の遅れの要因を考えていく．全体的な発達の遅れなのか，コミュニケーション行動に問題はないのか，アンバランスはないのかを考える．
(9) 保護者から聴取する日常生活の様子とSTが見ている評価時の様子に違いはないのか，あるならばその差はなぜ起きているのかを考える．

● 指導

(1) コミュニケーション行動に問題があると考える場合には，やり取りを促す指導を行う．
(2) やり取りを促す指導では，共同注視と物のやり取りを促していく．ことばを覚えるには同じものを一緒に見て（共同注視）ことばを聞く必要があり，理解の促進の基本である．次に物のやり取りについては，物を「受け取る」「渡す」は，役割交代があるためより会話に近いものとなる．会話に置き換えると，ことば（音声言語やジェスチャー・サイン）が人の間でやり取りされ，「聞く」「話す」の役割交代になるのである．そのため物を介したやり取りは会話の基礎として非常に重要である．
(3) 子どもがSTの介入を嫌がる場合，無理に何かをさせようとせず子どもが興味を持つものを探し，一緒に遊びながら関係を築く．そのうえでST主導で遊べるように誘導する．
(4) "遊んでいるだけ"にならないよう，遊びのなかにも言語理解や操作・視知覚認知を促す要素を入れる．
(5) 指導の目的を保護者には十分説明しておく．
(6) 保護者と子どもとの関わり方も観察する．子どもに話しかけている語彙は発達レベルに合っているのか，文の長さは適切かなど，ことばかけが適切であるのか，しつけができる関係性であるのか，日常生活での関わりにくさはないのか，なども考慮し，必要に応じて家族指導も行っていく．

なお，本書掲載に関しては，保護者の了解を得ている．

(弓削明子)

● 参考文献

1) 森永京子・他編：脳性麻痺　シリーズ言語臨床事例集第12巻．学苑社，2005．
2) 日本聴能言語士協会講習会実行委員会編集：脳性麻痺アドバンスシリーズ　コミュニケーション障害の臨床3．協同医書出版社，2002．
3) 藤原加奈江：2歳からはじめる自閉症児の言語訓練．診断と治療社，2005．
4) 岩坂英巳編著：困っている子をほめて育てる　ペアレント・トレーニングガイドブック．じほう，2012．
5) 石田宏代，大石敬子編集：言語聴覚士のための言語発達障害学．医歯薬出版，2008．
6) 岩立志津夫，小椋たみ子編：よくわかる言語発達．ミネルヴァ書房，2005．
7) 大伴　潔・他編著：言語・コミュニケーション発達の理解と支援プログラム．学苑社，2008．

和文索引

あ

アイコンタクト　160
アスペルガー障害　9
アルファベット　117
"あげる""もらう"　29

い

異常構音　61
意味性錯読　112
意味理解　120
韻　120

う

運動　35

え

英語　117
英語の学習障害　122
英語の書きことば　117
英語の発達性読み書き障害　117

お

オーラルコントロール　145
応答の指差し　22
太田ステージ　23
音の分解　25
音の弁別　8
音韻ワーキングメモリー　114
音韻のリズム　121
音韻の発達レベル　133
音韻意識　86
音韻記憶　83, 85
音韻検査　107
音韻情報　73, 76, 77, 80
音韻性発達性読み書き障害　108
音韻操作機能　133
音韻操作能力　108
音韻認識　6
音韻表示　111
音韻評価　124

音節分解　6
音素　117
音素の認識　117
音読の強化　121

か

カテゴリー概念　24
カテゴリー分類　47, 73
改訂版　随意運動発達検査　63
書きことば　94
家族，園への対応　79
課題のルールの理解　50
介入　22
絵画語い発達検査　89
拡大・代替コミュニケーション　136
画　112
画要素　112
学習環境　116
学習障害　106
型はめの指導　163
形の弁別　161, 163
活動と興味の範囲の著しい限局性　9
滑動性眼球運動　150
合併症　134
構え　35, 42
間接的なアプローチ　94
感覚　34
感覚の偏り　9

き

基礎学習の獲得　49
機能性構音障害　61
機能的操作　2
擬音語　71, 72, 76, 78
吸啜運動　137
共同注視　160
鏡映文字　127

く

クレーン現象　21
句読点　115

け

ゲーム　26
系統的構音訓練　68
言語コミュニケーション　34
言語コミュニケーション発達スケール　45, 51
言語的診断名　103
言語特徴を掘り下げる課題　85, 89
言語発達レベル　77
言語発達検査　32, 51
言語理解　69
言語理解指標　118

こ

コミュニケーション　53
コミュニケーションスキル　140
コミュニケーションブック　140
コミュニケーションの質的異常　9
コミュニケーション行動　159
コミュニケーション障害　70, 82
ごっこ遊び　157
古語聞き取り　98
個体内差　135
語彙チェックリスト　69
語用性言語障害　82, 84
語連鎖移行期　47, 48, 69
口蓋化構音　61
口腔の原始反射　137
口腔感覚　137
口腔機能　1
広汎性発達障害　9, 34, 45, 53
行動観察　21
行動観察による評価　159
高次の言語発達　115
構音訓練　65, 66
構音検査　5
構成機能　35
構造化　13, 14, 16, 35
構文のモデル　77, 80

さ

サイン　140

サイン言語 98
サウンズアンドシンボルズ 144
サブクリニカル傾向 70
差異化 102
座位保持椅子 137

し

ジェスチャー 46, 140
支援学級 7
支援者支援・環境調整 38
視覚探索 153
視覚的な概念 73
視覚的手段 98
視知覚認知 3, 160, 167
視知覚認知障害 158
字形の誤り 130
字形類似の誤り 130
自己理解 59
自閉症スペクトラム障害 10, 53, 106, 165
自閉性障害 10
自由会話 80
自由会話力 77
質問応答 74
質問応答関係 48
実行機能 34, 35
社会音 98
社会的相互交渉 21
社会適応スキル 56
手話 98
主語 29
受容性コミュニケーション 13, 17
重症心身障害 134
述語 29
処理速度指標 118
書字困難 122, 123
除外基準 83
小学生の読み書きスクリーニング検査 118
象徴遊び 154
衝動性眼球運動 150
状況下の指示理解 162
条件詮索反応聴力検査 3
情報シート 35
食事姿勢 137
食物形態 137
神経心理学的評価 34
新生児聴覚スクリーニング検査 96
新版K式発達検査 161

新版K式発達検査2001 45
滲出性中耳炎 150

す

スケジュール 13
数概念 4

せ

セルフコントロール 42
説明文 114
声門破裂音 61
精神遅滞 10
接続語 115
摂食嚥下機能 137
先天性語聾 95
前言語期 161

そ

ソーシャルスキル 27, 56
早期療育 2
相互的対人関係の質的異常 9
促音 110
側音化構音 61

た

ダウン症候群 1
田中ビネー知能検査 5
田中ビネー知能検査Ⅴ 26, 49, 50, 71, 74
態の変換 29
単語音読検査 107
談話文 113

ち

知覚推理指標 118
知的障害 45, 159
遅延反響語 22
注意 34
注意欠陥/多動性障害 106
長音 110
聴覚記憶 7
聴覚特別支援学校 102
聴性行動反応聴力検査 2
聴性脳幹反応 6

直音 110

つ

津守式乳幼児精神発達質問紙 2
通級指導 7
通常学級 115
綴り 118

て

テスト年齢 29
手ごたえ課題 52
手遊び歌 74
手続き記憶 34
定型発達 113
展望記憶 34

と

飛び越し現象 1
登校渋り 103
動作語の理解 23
特異な構音操作の誤り 61
特異的言語発達障害 82, 83
特殊音節表記 109
特殊拍 110
特別支援学級 10
読解 113

な

ナラティブ 84, 94
ナラティブ再生課題 85, 86
内包基準 83

に

二次障害 115, 135
認知 34
認知作業課題 41
認知発達段階 33

の

ノンワード（古語）復唱課題 85
ノンワード復唱課題 83
脳室周囲白質軟化症 134, 150

脳性麻痺 134, 159

は

ハイブリッド指導法 94
ハノンプログラム 70
はめ板 46, 50
配当漢字 112
発達障害 9
発達障害に伴う構音の誤り 62
発達性失語症 95
発達性読み書き障害 105
発達途上の構音の誤り 61
発話明瞭度 146
母親指導 166
反応速度 133
汎化 122
範疇化 102

ひ

ピクチャーコミュニケーションシンボルズ 140
ひらがな 26
非言語的伝達活動 69
非現前事象 80
非現前事象の会話 79
鼻咽腔構音 62
表出性コミュニケーション 15, 17
表出性言語障害 70, 79
標準化検査 89
標準化言語発達検査 85

ふ

プレスピーチアプローチ 144
不規則綴り 121
不随意運動 137
部首 112
文法形態素の省略 83
分類課題 25

へ

ペース 23
平面の見比べ 160
米国音声言語聴覚協会 70

ほ

保護者支援 38
母子関係 164
母子相互作用 135
本人支援 38

ま

マクロ構造 91
マッチング行動 3

み

ミクロ構造 85, 91
未熟構音 61, 67

む

無意味語 107, 133

め

芽生え年齢 11
名称の理解 22

も

モーラ 105
モーラ削除検査 107
文字を使った学習 27
文字言語システム 117
文字指導 98
目標の設定 30
物と物との関係性 73
物のやり取り 167
物の機能的操作 161
物の手渡し 160
物の見比べ 160
物語の理解 77, 78

や

やり取りの成立 166
やり取り遊び 161
役割交代 167

ゆ

有意味語 107, 133
指差しの理解 162

よ

用途の理解 23
幼児語 71, 72, 76
拗音 110
要約筆記 102
読み書きのスキル 56, 115
読み書き障害 123

ら

ライフステージ 135
ライミングワード 117
ライム 120

り

リテラシー 86
リテラシー指数 32
理解語彙の促進 163
両眼視機能 150
療育手帳 11

る

ルール 27
ルールの理解 46

れ

レイト・トーカー 69, 83

ろ

ローマ字 114

わ

ワーキングメモリー 7, 34
ワーキングメモリー指標 118
ワークシステム 14
分かち書き 113

数字

2 語文　24
3 語文　24
3 ヒント　27
21 トリソミー　1

欧文索引

A

AAC　20
ABR　6
ADHD　106
ADI-R　18
ADOS　18
ASA 旭出式社会適応スキル検査　54
ASD　82
ASHA　70
auditory nerve disease　96
auditory neuropathy　96

B

BOA　2

C

CARS　18
CARS-2　18
CDI　69
CDS　70
COR　3

D

decoding　105
developmental dyslexia　105
DSM-5　69
dysgraphia　105

E

encoding　110

F

focused stimulation　94

I

ITPA　89
ITPA 言語学習能力診断検査　5

K

K-ABC　28
KIDS 乳幼児発達スケール　163

L

Landaw Klefner 症候群　95
late talker　69, 83
LC スケール　47, 49, 50, 165
LCSA　29
LCSA 指数　32
LDS　69
Leonard の操作的定義　83
LT　69

N

NBLI　87

P

PCS　140
PECS　13, 20
PEP-3　18
PEP-R　11
periventricular leukomalacia　150
PEP　18
phoneme-specific nasal emission　62
picture communication symbols　140
PLI　82, 84
pragmatic language impairment　82, 84
primary language impairment　84
PVL　134, 150

Q

QOL　116

R

RAN　107
Rapid Automatized Naming　125
recast　94

S

SCD　70, 82, 84
SLI　83
SLI の臨床マーカー　83, 84
specific language impairment　83
spelling　119
STRAW　118
ST 主導の働きかけ　166

T

TEACCH　16, 18, 20
TEACCH プログラム　35
TTAP　18

V

verbal auditory agnosia 症　96

W

WISC-Ⅲ　7, 29, 54, 89
WPPSI　84
WPPSI 知能診断検査　78

Z

z スコア　107

言語聴覚士のための
事例で学ぶことばの発達障害　　ISBN978-4-263-21939-3

2014年6月25日　第1版第1刷発行
2023年1月10日　第1版第3刷発行

編　者　大　石　敬　子
　　　　田　中　裕美子
発行者　白　石　泰　夫
発行所　医歯薬出版株式会社
〒113-8612　東京都文京区本駒込1-7-10
TEL.(03)5395-7628(編集)・7616(販売)
FAX.(03)5395-7609(編集)・8563(販売)
https://www.ishiyaku.co.jp/
郵便振替番号 00190-5-13816

乱丁,落丁の際はお取り替えいたします　　印刷・真興社／製本・皆川製本所
© Ishiyaku Publishers, Inc., 2014. Printed in Japan

本書の複製権・翻訳権・翻案権・上映権・譲渡権・貸与権・公衆送信権(送信可能化権を含む)・口述権は,医歯薬出版(株)が保有します.
本書を無断で複製する行為(コピー,スキャン,デジタルデータ化など)は,「私的使用のための複製」などの著作権法上の限られた例外を除き禁じられています.また私的使用に該当する場合であっても,請負業者等の第三者に依頼し上記の行為を行うことは違法となります.

JCOPY ＜出版者著作権管理機構 委託出版物＞
本書をコピーやスキャン等により複製される場合は,そのつど事前に出版者著作権管理機構(電話03-5244-5088,FAX 03-5244-5089,e-mail:info@jcopy.or.jp)の許諾を得てください.